U0727000

小学校 大教育 2

主编▼吴甡 副主编▼邓兴军 穆秀颖

XIAOXUEXIAO DAJIAOYU

北京名校长的思考与行动

中国文史出版社

图书在版编目（CIP）数据

小学校，大教育. 2 / 吴甡主编. -- 北京 : 中国文史出版社，2016.11
ISBN 978-7-5034-8649-4

Ⅰ. ①小… Ⅱ. ①吴… Ⅲ. ①中学教育－教学研究－文集 Ⅳ. ①G632.0-53

中国版本图书馆 CIP 数据核字 (2016) 第 285718 号

责任编辑：卜伟欣

出版发行：中国文史出版社
网　　址：www.chinawenshi.net
社　　址：北京市西城区太平桥大街 23 号　邮编：100811
电　　话：010-66173572　66168268　66192736（发行部）
传　　真：010-66192703
印　　装：廊坊市海涛印刷有限公司
经　　销：全国新华书店
开　　本：787mm×1092mm　1/16
印　　张：17.75
字　　数：260 千字
版　　次：2017 年 1 月北京第 1 版
印　　次：2017 年 1 月第 1 次印刷
定　　价：56.00 元

编委会

---

① 吴　甡：北京市广渠门中学教育集团理事长、北京市广渠门中学校长、北京市中学德育特级教师、北京教育学会初中教育研究分会理事长、全国“五一劳动”奖章获得者、全国优秀教育工作者、北京市杰出校长、北京市有突出贡献的科学技术管理人才、北京市政府兼职督学，北京师范大学、国家教育行政学院、首都师范大学、北京教育学院兼职教授，北京市怀柔区、大兴区、房山区、平谷区校长工作室导师。

② 邓兴军：《中小学数学教学报》社长兼总编辑，知名教育专家，北京人民广播电台特约评论员。曾任《现代教育报》社副总编辑，《北京青年报》首席教育记者，新闻作品入选多个版本的中学和大学教材。

③ 穆秀颖：北京市广渠门中学教育集团副理事长、北京市语文特级教师、北京市优秀教师、北京市东城区杰出教师、北京师范大学校长培训学院及北京师范大学校长教师教育研究中心兼职教授。

小学校里办大教育

2015年，北京初中教育研究分会组织出版了《小学校 大教育》一书，为大家分享了几十余名北京校长对于教育教学以及管理方面的思考和实践，深受读者的欢迎和喜爱。

2016年，既是“十三五”基本实现教育现代化决胜阶段的开局之年，也是教育领域综合改革深化之年。在教育深综改的背景下，北京初中教育研究分会继续出版《小学校 大教育（2）》一书。我们希望学会的此举能够为北京、甚至全国探索创造出更多可学习、可推广的有益教育经验。

学校教育综合改革一直在进行中，在北京有一批富有创新实践精神的校长们正深入推行教育综合改革，促进教育均衡发展，致力于为每个孩子提供最适合的教育，他们用几十年不怠的情怀书写着“大教育”的梦想。

2016年，北京教育学会初中教育研究分会举办了多场初中校长沙龙，来自北京10多个区的30余名学校管理者和实践者，讲述了他们对于教育教学以及管理方面的思考、实践以及取得的成果。

小天地大舞台，小学校大教育。办学思想是办好一所学校的灵魂，

这些学校都有着自己的“校魂”，并代代传承发展。

北京市第九十七中学创新实施“美优教育”，助力学校特色发展；北京市大峪中学分校提出“三优”发展愿景，造就学校新状态；北京市育才学校通州分校形成“博物教育”办学特色，创建优质学校；北

京市朝阳区陈经纶中学帝景分校实施“精致教育”，奠基学生幸福人生；北京师范大学亚太实验学校提出“做扎根的教育”的树文化体系，浸润生命成长；北京市大兴区魏善庄中学构建“向善教育”，让学校充满“善”元素；北京市房山区石窝中学以“石经精神”为魂，提出“琢石教育”……

这些学校都构建了自己的一套育人理念和方法，这个教育理念指引着学校为办好人民满意的教育而努力奋斗、并实践着。

北京市房山区良乡第二中学把“培养有品位的人”作为学校的育人总目标；北京宏志中学坚持“不选择学生，不放弃任何一名学生”的育人理念；北京市京源学校构建K-12体系下的“学校德育”系列；北京市平谷区第三中学创建“幸福校园”，让每一个生命都精彩绽放；北京市房山区昊天学校办“育孩子九年 为孩子一生”的教育；北京市前门外国语学校以文化为品牌价值，提出“三知三行”教育理念；北京师范大学朝阳附中提出“让生命绽放教育”……

这些学校坚持文化引领发展，形成了今天具有内涵丰富的独特校园文化，为学校发展奠基。

北京市通州区次渠中学坚持理念引领，筑造和谐“家”园；北京市密云区东邵渠中学布置主题年级文化，营造校园文化氛围；北京市平谷区第五中学通过构建多元开放的德育课程体系，提升教育品质；北京市王平中学构建“学园”课程体系，满足学生个性发展需求；北京市顺义区仁和中学以“仁立天地，和润桃李”为学校文化建设的核心，倡导办学主旋律；北京市广渠门中学房山分校坚定“用生命影响生命 用尊重赢得尊重 让每个生命都精彩”的办学理念，打造“三 yan”校园文化……

他们一直进行着教育综合改革，一直在小学校里办着大教育。

他们说：“作为一名校长，我们的工作关系着学生的前途和希望，肩负着每个学生家长所寄予的重大的责任和使命。因此我们需要依据《义务教育学校校长专业标准》纲举目张，嘉言懿行，把自己的生命融入到学校生命之中，把自己放在“教育人”的立场，时刻用自己的激情点燃师生的激情，用智慧开启师生的智慧，用人格塑造师生的人格，用自己的成长引领师生的成功。”

他们说：“深化教育综合改革中，要求学校教育体现以人为本和面向全体学生，这就要求学校的领导和管理要转向服务，并积极促进转变。因此，互动的领导管理体系，创建自由呼吸的教育，成为学校管理的目标。

他们说：”在学校管理过程中，要坚持以人为本的原则，充分体现人性化，尊重人，信任人，激励人，发展人，调动人的积极性和主动性，激励每个人的创造精神，不断提炼升华学校的文化价值取向，学校形成积极向上的教师群体氛围和师生工作学习的愉悦气氛，彰显出积极向上的教师群体文化，使教师团队形成合力，保障学校各项工作顺畅和健康发展。”

他们还说：“一所学校就像一棵大树，展现在世人面前的是它的树干和枝叶，而它下面的根是不被人发现的复杂的支持系统，这个系统是无形的知识资本和有效领导力的组合体，校长最清楚，只有管理好这个系统，学校才会根深叶茂，不断长大。”

“小学校里办大教育”，这是校长们一致的目标。他们始终坚持初心，坚守教育，努力促进教育的优质均衡发展。北京教育综合改革任重道远，让我们一起理解他们，支持他们。这将是对他们最大的鼓励和认可！

是为序！

吴甡

2016年12月

目录 | Content

K-12 体系下的学校德育系列

北京市京源学校　　白宏宽

作者简介

白宏宽，北京市京源学校校长，学校创始人。他荣获“北京市劳动模范”、“北京市优秀教育工作者”、“首都五四奖章”、“首都精神文明建设奖章”和“北京市杰出校长”等称号。近三年来在他的带领下，京源学校成为了全国教育系统先进集体、全国德育实验校、国家级特色高中项目实验校、全国科技创新教育示范基地、中国教育学会中小学德育研究分会常务理事单位、中国教育学会学校文化研究分会理事单位、首都未成年人思想道德建设先进单位、首都文明单位、北京市教育学会高中教育研究会常务理事单位和初中教育研究会常务理事单位等。

长期以来，德育存在着泛化和碎片化的问题。“泛化”指把德育的任务范围无限扩大，好像它无所不包，无所不能，德育成了一个筐，什么都往里边装，但都流于“一般”，降低了德育的针对性、科学性与实效性；“碎片化”指零散，没有系统，随机而行，随时事而动，好比墙头草和风向标，又好比“狗熊掰棒子”。

中外教育家们都很看重人成长的序列，中国古代的教育家指出“童蒙养正、少年养志、成年养德”，现代西方的教育学家强调“最佳发展期”。他们都在告诉我们，人的成长是依一定次序进行的，在某个特定时期，适时地实施某种教育会事半而功倍，否则事倍功半，甚至徒劳。

K-12 体系下的德育具有系统化和系列化的特征

京源学校力图在 K-12 体系下，从人的社会属性和自然属性特点出发，依据人的成长规律，整体设计学校德育，用系统化和系列化克服德育的泛化与碎片化问题。

我们所说的德育系统化是指按照人的成长规律，各年龄段的认知规律以及知情意行的关系规律，对学生进行系统、全面的政治思想与道德品质教育。

京源学校的德育系统化，首先把学生的成长过程看成一个连续完整的系统，强调遵循学生成长规律，实施完整连续的德育，即德育要贯穿幼儿、儿童、少年、青年初期的全过程；其次把德育内容看成一个完整的系统，关注内容间的相互联系、相互作用，关注德育内容与学生成长过程的关系，强调在适时的时候，施以适当的内容，以提高德育的科学性与实效性。

我们所说的系列化是将德育活动与课程按其特点进行分类，将内容相同或相关，形式相同或相近的德育课程与活动组合在一起开展系列教育，这样做有许多好处：一是可以使教育主题更加突出，在一个时期内围绕同一主题开展系列活动可以强化教育效果；二是这样做有利于德育课程与活动的深度开发，有利于具体的德育工作人员将某一教育持续深入地开展下去；三是这样做可以使德育变得丰富多彩，又能丰富德育工作者开发德育课程的思路；等等。

德育系列的划分与建构也有多种思路：可以按照德育任务的内容来分，如政治教育系列、思想教育系列、道德品质系列等；也可以按活动的形式特点来划分，如走进博物馆系列、阅读系列、主题电影观赏系列、游学系列等。

K-12 体系下的德育目标体系和内容体系

建校20年来，京源学校坚持“以德为魂，育人为本”的办学指导方针，整体构建学校德育体系，初步形成了京源学校的德育目标系统与德育内容系统，建设了若干德育活动与课程系列。

北京市京源学校的德育目标系统

阶段	德育重点	德育目标
幼儿园	人际交往和社会适应	培养幼儿愿意与人交往，能与同伴友好相处，具有自尊与自信，喜欢群体生活，有集体归属感，能遵守基本的行为规范，能克服困难做力所能及的事，有初步的责任感。
小学	良好习惯的养成与积极情感的建立	培养学生的集体荣誉感与集体主义精神，进一步发展其责任感，形成良好的学习习惯、生活习惯与守纪律、守公德的习惯，建立是非观念，发展同学友谊，发展其对中华民族、对国家的认知与作为中国人的自豪感。
初中	人生观、价值观的建立	结合青春期的特点，进一步发展其责任感，学习理解与孝敬父母，开展人的一生应该怎样度过主题教育与理想教育，引导学生学习英雄模范人物，初步建立人生坐标，同时强化社会规则意识，学会遵纪守法。
高中	世界观与责任感的培养	进一步发展学生正确的人生观，通过生涯规划教育，提高学生规划与掌握人生的能力，增强学生的抗挫能力与挑战困难、挑战自我的信心，培养全面、发展、联系、辩证的观察分析与理解世界的能力，学习正确的方法论，建立公民意识，树立“国家兴亡，匹夫有责”的责任感。

与明确的目标系统相配套的是德育内容体系。根据国家的教育方针与学生成长需要，京源学校建构了以爱祖国、爱人民、爱社会主义与民主法治为重点的政治教育，以人生观、价值观、世界观为重点的思想教育，以习惯养成为重点的道德品质教育，以完整人格与自我发展为重点的心理健康与人生规划教育四大德育内容系统，开发了一系列特色鲜明的德育主题系列。

具有京源特色的经典主题活动系列

十几年来，京源学校不断探索青少年成长规律和德育规律，建设了具有京源学校 K-12 特点的 15 个经典主题活动系列，找到了一条克服德育“碎片化”的有效途径。下面举例说明三个德育主题系列：

1. 仪式系列

仪式是德育的常规形式之一。我们高度重视仪式的教育功能，开发了意识系列，包括开学典礼、毕业典礼、入队仪式、退队入团仪式、成人仪式、升旗仪式、运动会入场式等。仪式的特点是庄重、正规，根据主题需要创设特定的环境氛围，给人以或震撼、或感动、或激昂、或沉重等情感、情绪体验，从而达到教育效果。我们重视仪式的设计，强调仪式一定要打动人心，让师生在浓烈的情感氛围里净化心灵，昂扬斗志。我们深入研究、巧妙设计、精心组织实施，如我们的“青春一封信”——十四岁生日主题活动、“离队建团仪式”等收到了良好的教育效果。

2. 初中人生观教育系列

十三四岁是一个人开始思考人生的时候，这个时候孩子们的独立意识增强，崇拜偶像，心中充满英雄情结，关于人生的理想开始萌芽，这是人生观教育的关键期。这个时期学生逆反心理加重，希望摆脱成年人的控制，渴望得到成人的理解与尊重，但亲子沟通易出现障碍。

针对这些特点，我们设计了人生观教育系列活动。初一入学第一次重大活动是徒步十公里远足卢沟桥，参观抗战纪念馆并在那里举行初中少先队建队仪式；接下来，在初一年级开展讲英雄故事，学身边榜样活动，为自己的班级确定学习楷模，召开在英雄的旗帜下集合主题队会，用英雄的名字命名班级；初二年级开展“青春一封信——迈好青春第一步”主题活动，召开十四岁主题生日班会；之后开展最后一次以“红领巾”为名义的公益服务活动；初二年级的六一儿童节到八宝山革命公墓开展“人的一生应该这样度过”离队建团仪式，仪式上同学们在革命先辈墓前庄严宣誓：人民的利益高于一切，为实现中华民族伟大复兴而奋斗！初三年级开展“立志成才，过有意义的人生”教育活动，促使学生思考自己初三毕业志愿选择与个人未来发展问题，激励学生做祖国有用之材。至此，形成初中阶段关于人生观教育的一个完整系列。

3. 从幼儿园至高中的生涯规划系列

近年来“生涯规划”教育受到越来越多人们的重视。京源学校依据个体生涯认知与发展的次序，将其分为生涯感知期、生涯幻想期、生涯探索期、生涯规划期四个阶段。幼儿园至小学低年级是生涯感知期，这个阶段的主要任务是帮助儿童初步了解生活中常见的职业及其工作内容，在游戏中体验职业，培养儿童对劳动者的尊重与对劳动成果的珍惜，诱发儿童对职业世界的兴趣。小学中、高年级学生处于生涯幻想期，这个时期的主要任务是发展学生对工作世界的态度，建立劳动创造世界的价值观，发展学生热爱劳动、尊重劳动人民，爱惜劳动果实的思想感情。

初、高中生处于生涯探索期或称为思考人生期，这个阶段的任务主要是引导学生思考人生价值，促进其正确人生观的形成，明确人生目标，立志成才，形成学习内驱力。从初三年级开始到高中应开启学生的生涯规划期，引导学生探知自我，探知社会，试探性地规划未来职业，帮助学生形成规划自己人生的能力。

高中生处于大学或社会生活的预备阶段，学校要通过系统的生涯规划课程帮助学生了解生涯规划的意义，发现自我的理想、兴趣、性格、潜能，较为具体地了解职业世界与社会发展对人的要求，了解大学的专业等，指导学生学会管理自己的高中学业，制订自己的“生涯规划书”。

京源学校在每届高一新生开学前举办“生涯规划夏令营”，就高中学习特点、如何选择选修课程、学习方法与学习管理策略、自我兴趣类型与人格特征测试等内容进行集训，使高中生有准备地开始自己的高中生活。在后续的高中生活中，生涯规划课程将重点放在“职业体验”“创业实践”“人生观与社会责任感培养”“高中学习规划的反思与修订”“高考志愿指导”上。在这个过程中，学校注意将大量社会资源引入生涯规划课程，为学生提供生涯指导服务。实践中京源学校形成了一批如“走进人生规划局”“走入招聘会”“学生公司”等生涯规划的精品课程。

从幼儿园到高中四个阶段，任务各有侧重，第一、二阶段主要是感知外面世界，第三阶段更关注自我的内心世界，而第四阶段重点是建立外部世界与内部世界的联系，从而帮助学生学会规划人生。

总之，京源学校的德育坚持从小处入手，注重良好习惯的养成，培养孝亲爱友、尊敬师长、文明懂礼、受社会欢迎的好学生；京源学校的德育又坚持从大处着眼，引领学生热爱祖国、胸怀天下、关心世界，培养有能力担当社会责任的优秀公民。

走在与教师共同成长的路上

北京市通州区次渠中学　　陈　勇

作者简介

陈勇，高级教师。他拥有二十七年的教育教学经历，虽然辗转走过四所学校，但一直没有离开农村教育这片沃土，自己成长的同时见证了通州农村教育一步步的发展。朴实无华的这片沃土造就了他沉稳而坚毅的工作作风，爱教育、爱学生、爱教师，享受教育带给自己的成就与快乐。他曾多次获“通州区优秀青年教师”“通州区师德先进个人”“通州区优秀班主任”称号以及“北京市紫金杯优秀班主任一等奖”等。

2010 年 4 月，当时我还在北京市二中通州分校担任副校长，突然接到上级通知，调至北京市通州区柴厂屯中学担任校长兼党支部书记。和大多数新校长一样，我既兴奋激动又焦灼不安。领导和管理这所陌生的学校，我该怎么做呢？两个问题时时在脑海映现：我能为这所学校做些什么？我能带领柴厂屯中学走向何方？带着这两个问题，我与柴厂屯中学的师生一起走过了 5 年有余，至今已有 2000 个日夜的精彩生活。

校长成长，从自我做起

我们知道一个学校发展的关键在校长，校长的办学根子在思想。作为一名校长，只有在不断学习中才能提升自己的素质，只有在不断地实践中才能提升自己解决问题的能力。

学习《义务教育学校校长专业标准》，涵养自身的业务素质。“校长专业标准”提出了“以德为先、育人为本、引领发展、能力为重、终身学习”等 5 个基本理念，明确了校长的道德使命、办学宗旨、角色定位以及专业发展的实践导向和持续提升要求。

“校长专业标准”首次系统建构了我国义务教育学校校长的 6 项专业职责。明确提出了“规划学校发展、营造育人文化、领导课程教学、引领教师成长、优化内部管理、调适外部环境”等校长的 6 项专业职责，体现了倡导教育家办学的要求，得到了理论界和实践界的广泛认同。

“校长专业标准”对校长各项专业职责的专业理解与认识，专业知识与方法，专业能力与行为等提出了明确的要求，这对我们的教育教学活动更具有科学有效的指导作用。学习和实践这些职责要求，不仅能保证教育教学的科学性、有效性，更能促进校长专业的发展。

当下，需要我们做的是嘉言懿行，依据“校长专业标准”，时刻转变校长的职责角色，正确组织与管理学校教育教学工作，引领学校的教育教学工作发展。

向名校长问道和周边校交流

阅读或倾听名校长的办学思想，自觉地向名校长学习，研究他们的经验和做法，进一步更新思想、拓展视野、勤奋实践、勇于创新，使学校办出特色，办出水平。

如由朱永新主编的《中国著名校长办学思想录》书中介绍：高万祥校长如何“和大师对话”，追求“让全体师生在校园里过得更好、活得更好、发展得更好”的境界；刘京海校长“为了每一个孩子的成功”而常常忘了到幼儿园接自己的孩子；邱济隆校长如何从教育思想的高度去提出问题、分析问题和处理问题；吴昌顺校长通过研究导向、科研领略和科研搭桥，使学校拥有了诸多的北京“第一”；李金初校长怎样大胆改革、精心选择，使学校很快发展为“不是重点的重点”；韦力校长在41年的治校生涯中如何精心“编织人才摇篮”，听到他那“体现我生命价值的岗位是教育，是校长工作。人若有来生，我还干这一行”的肺腑之言；冯恩洪校长如何把教育作为一项事业、一门科学和一种艺术而孜孜不倦地“探索明天的教育”；丁浩生校长如何论述校长是“家”不是“匠”， 是“家”不是“神”， 是“家”不是“商”…… 正是在这些名校长办学思想的启发下，结合我校历史与现状，我把学校办学理念定位为：以人为本，科研兴校，环境育人，全面发展。

同时，积极问道于身边的校长，切实提升解决实际问题的能力。我主动与老校长讨教、问道，探寻解决办法；同时进行校际互访，对学校问题进行诊断。通过这一系列学习问道，相信我们会更加明确工作中的重点，少走弯路。

珍惜培训，发展能力

北京市从2013年开始，启动了以教育民生观为引领的首都教育综合改革。《学科教学改进意见》就是其中的一项重要内容，主要从课堂教学的角度提出改革的要求。2015年又新出台了《北京市实施教育部〈义务教育课程设置实验方案〉的课程计划（修订）》。面对教育教学改革，我们的学习必不可少。我十分珍惜每一次培训机会，先后参加了“华南师大校长培训”、教育学院举办的“新任校长培训班”、“农村校长胜任力提高班”、“农村校长高研班”、“通州区校长卡内基培训”等培训，这些培训活动让我对于校长从理念和实践两个方面有了全面客观地认识，同时也提升了自己的教育教学管理水平。

校长的成长与自我努力密不可分，我们应在思想上锻造境界、在理念上提升认识、在能力上发展水平，才能在学校的管理工作中从容不迫、游刃有余。

学校发展，与教师同行

近几年学校管理工作的实践，使我深深体会到：要搞好学校工作，必须全心全意依靠教职工，打造团结和谐团队是学校管理工作的核心。由于柴厂屯中学教师流动大，年轻教师多，因此我把学校中心工作定位于两支队伍建设：领导班子队伍建设和教师队伍尤其是青年教师队伍建设。

规范引领，促进领导干部队伍建设

经过几年的探索与实践，我们推行校长负责制下便捷高效、求实创新的“三线四层”的层级管理模式：“三线”，即：①教学线：校长—分管教学副校长—教导处—年级、科组长—任课教师；②德育线：校长—分管德育副校长—德育处—团支部—年级—班主任；③教辅线：校长—办公室、总务处—年级—职工。“四层”，即：①决策层—党支部会、行政会，负责学校政策和规划的制定；②管理层—办公室、教导处、德育处、总务处，贯彻落实学校的各项决策；③执行层—行政、年级、科组长、团队；④操作层——班主任、教职工。③④两个层面执行落实学校的各项决策。这一管理模式，有效地降低了管理的重心，使各层级做到下层对上层负责，各负其责，各尽其能，提高了管理的效率。建立健全岗位责任制，强化了各级干部的执行力，实现了干部队伍管理的规范化。

搭建平台，促进青年教师快速成长

我们校长的主要责任是组建一个高素质、结构合理的、相对稳定的教师团队。我校35岁以下青年教师占一线教师的85.6%，因此青年教师的成长关乎学校发展的前景。

校长牵头，成立“青训班”，以健全的规章制度促进各项活动制度化、规范化。

定期举行“读书沙龙”活动，促进青年教师专业成长。学校倡导读书活动，营造书香校园；鼓励教师积极参加读书活动，阅读教育理论书籍及教学杂志，丰厚教学底蕴。

“师徒结对”促进青年教师快速成长。为帮助青年教师迅速提高教育教学水平，开展以老带新，互帮互学活动，依据学校现状，在各个学科都有师徒对子。

“专注课堂教学”活动。我要求学校每学期开展“青年教师展示课”活动和“同课异构”活动，教师课前集体备课，课后师生共评，干部与组员一起研讨。在展示、交流、碰撞中，青年教师的专业素养和技能都得到较大提升。

“请进来，走出去”活动，拓展青年教师教学视野。学校每年邀请专家进行专题培训，邀请了“合学教育”张素兰、广渠门中学高金英、研修中心各科教研员、资深老教师蒋中海等专家来校进行讲座学习，这使得学校青年教师在教师角色转变上有了极大提高。同时积极实施“走出去”策略。几年来，我校与北京八中、通州六中建立“手拉手”活动，组织青年教师定期听课研讨，学习交流。同时积极引导青年教师参与市区级相关培训，如闫秀园老师于2012年赴美参加课程培训，刘忠位老师参加全国“高效课堂研讨”活动，崔峥、曹倩、马昊老师参加“绿色耕耘”培训活动，张佑老师参加通州区名师工作室、通州区高端引领培养工程项目，并参加全国“十二五”规划课题展示课活动。

注重现代化信息整合。在大数据的时代背景下，我高度重视现代教育技术在教学中的运用，鼓励青年教师学习并宣传“数字学校”的相关课程，并组织学生积极参与相关活动。在全校范围内开展“微课征集与评选”工作，择优上送研修中心 20 余节校级优秀微课，有效地丰富了课堂教学手段，拓宽了学生的知识视野。

几年来，青年教师不断成长，在通州教育系统中涌现出一批较有影响力的优秀教师和教育教学管理干部。

理念引领，筑造和谐“家”园

记得老师们常开玩笑地说：“陈校，您来这几年就忙着怎么盖房，怎么发钱啦！”的确如此，刚到学校，赶上北京市中小学工资改革和北京市抗震加固建设工程。农村校的教师平均工资由 1000 多涨到了 4000 多，几乎所有农村校的平房都进行重建。因此，教师的工资津贴发放标准设置一直是校长工作的重点和难点，也有一些学校因此闹得不可开交。但柴厂屯中学未出现任何问题，总结起来便是“家”的观念的建设。

建设校园文化，营造“家”的氛围

花园式校园建设

历经三年，我校逐步建起了四区、三廊和两园：教学区东侧学校建立了以宣传中华传统美德教育的传统文化教育区、在学校中甬路建立了校园风采展示区；主甬路建立了校园管理宣传区。体育活动区，在三块场地建设上，即篮球场、综合球场、室内场，突出热爱运动，关爱健康主题。三条长廊，即教室内三条走廊，突出人文教育、科学发展的主题。两园即校内中心花园，南园为励志园，建有学校标志性雕塑，预示学生在柴中经过三年的学习和生活，必将为自己一生打好基础。经过几年的建设，一所春有花，夏有荫，秋有果，冬有绿的花园式学校蔚然形成。

家属院，独特的风景

由于地理位置偏远，我校教师流动性较大，外地青年教师占学校教师比例近一半，他们远离家乡在北京这么偏远的地方工作，因此我们校长又不自觉地扮演着“家长”角色。尤其这几年大量硕士毕业生进入校园，大龄单身青年也是我关注的事情。不仅在工作上，生活上更要关注他们的成长，大多数的年轻教师在校相识、相恋并组建了温馨的家庭。他们以校为家，是学校教育教学的中流砥柱。我校建立五个家属院，给符合条件的双职工居住，在很大程度上减少了优秀青年教师的流失问题。

制度人性化，彰显“家”的温情

同时，学校在制定各种规章制度时，充分考虑到在通州城区居住教师的不便，多次与教委沟通，申请每天发送班车，由副校长发车接送教师上下班，虽然每天早晨5点多出发，晚上将近7点才能回家，但是在城区居住的教师每天能回家与家人团聚，即使再远他们也能安心在学校教书。

我校的规章制度中也糅和了一些人性化成份，如既照顾到老教师们的实际困难，又保护好各类教师的工作积极性，让老师们收获被关爱的亲情。通过制度保障，干部引领，褒扬激励，学校充盈着浓浓的家园亲情文化，激发了教师的工作内驱力，助推了教师职业道德和专业发展的提升。

总之，作为一名校长，我们的工作关系着学生的前途和希望，肩负着每个学生家长所寄予的重大责任和使命。因此我们需要依据《义务教育学校校长专业标准》纲举目张，嘉言懿行，把自己的生命融入到学校生命之中，把自己放在“教育人”的立场，时刻用自己的激情点燃师生的激情，用智慧开启师生的智慧，用人格塑造师生的人格，用自己的成长引领师生的成功。

构建多元开放德育课程 培养精神明亮的五中人

北京市平谷区第五中学 杜云朋

作者简介

杜云朋，中学管理高级教师，现任北京市平谷区第五中学校长、党总支副书记，平谷区政协委员。自2008年8月任平谷五中校长以来，他经过不断摸索与探究，逐渐形成了“以人为本、以德立校，促进学校全面发展；营造每位教师发展的氛围；追求每个学生的学业成功”的办学理念。学校办学实力持续提升，中、高考成绩连年丰收。他连续八年被评为“平谷区标兵校长”“平谷区优秀教育工作者”。

为人类谋幸福是我们社会主义事业发展的终极目标，更应成为基础教育的永恒追求。随着教育教学质量的不断提升，我们逐步意识到形成人精神内核的德育建设的紧迫性与重要性。因此，构建学校多元开放的德育课程体系，就成了学校工作的重中之重。学校以坚定的政治方向，崇高的理想信念，高尚的道德修养作为德育课程追求的目标。通过构建多元开放的德育课程体系，提升教育品质，升华教育信仰。

学科课程——德育课程主渠道

道德意识的形成，最快捷的方式无疑是德育学科课程。因此，国家、地方和学校三级德育学科课程的开发和实施，是道德知识传承和道德品质形成的主渠道；其它学科课程中的德育渗透，则是情感、态度、价值观生成的辅助形式。

（一）三级德育课程的开发与实施

1. 国家德育课程——思想品德课

学校始终坚持开好“思想品德”（初一改成“道德与法治”）课程，并与社会生活，学生思想实际、时事教育紧密结合，确保思想品德教育收到实效。开设好国家德育课程，培养学生健康心理和良好道德品质，主要由思想品德专任教师承担，这就使得打造教学—科研型德育教师团队，成为提升思想品德教学的关键。学校不断通过“三级三课”活动锤炼思品课堂；通过“思研践”螺旋式上升的教研模式，深化课堂教学改革；通过课题引领，培养教师的科研意识。

2. 区本德育课程——生活指导课

平谷区从“九五”期间参与课题研究开始，一直坚持把“生活指导”课作为开发与实施的区本课程。生活指导课与学生班会、团队会融合，注重道德体验和道德实践。依据道德形成规律，逐渐形成学校德育序列。初一年级注重文明礼仪、遵规守纪教育；初二年级注重青春期教育、法制教育；初三年级注重诚信教育、理想教育。采用主题班会、团队活动、社区实践、专题讲座、社会课堂、参观展示等等丰富多彩的形式，长短课结合，对学生进行生活指导。

依据时间推进，具有以周、月为单位的班级主题德育活动设计，以纪念日为单位的专题德育活动设计。德育处组织优秀班会，优秀活动评选，鼓励每个学生献计献策，参与活动，为班级、年级争光添彩。

3. 校本德育课程——呵护心灵课

一直以来，入理容易入心难是德育面临的最大困惑。因此，学校结合本校学生实际，自 2004 年起，开发并实施了德育系列校本课程“呵护心灵”。即初一“心灵导航”，初二“美丽心灵”，初三“放飞心灵”，编写了校本教材，作为学校德育校本课程的蓝本。学校的德育校本课程“呵护心灵”，以引导学生积极心理发展为根本出发点，选取符合学生年龄特点、贴近学生思想实际的案例、故事、活动，让学生在潜移默化中获得启迪，形成良好道德。

（二）学科渗透德育内容

德育不仅仅是思品教师的事情，对于每一位任课教师，利用自己的课堂主渠道，实现德育目标，都具有义不容辞的责任。每学期初，各个学科教师制订学科渗透德育计划，每节课设定德育渗透目标，并对此进行课堂教学评价。如何通过课堂教学来更好地实现德育目标，则是课堂教学改革的一个重要着力点。

文科类课程很容易从现有教学内容中挖掘德育元素，在理科教学中如何体现立德为本的思想则是难点。物理学科渗透社会主义核心价值观的教学设计，“寓爱国情怀于科学史料中，寓文明守法于科学的物理原理中，寓诚实守信于严谨的科学实验中，寓团结友善于小组合作学习中”，并在物理实验中对学生进行德育渗透的方式方法。在学科教学中融入德育内容，润物无声，比显性直接灌输更能打动学生。

活动课程——德育课程的助推器

深刻的教育是一种唤醒，是一种激励，是一种提升。教育本身意味着一个灵魂唤醒另一个灵魂。深刻的教育源于对生活的热爱、发现和感悟。

（一）寓德育于丰富的校本课程中

通过校本课程的实施，挖掘学生的闪光点，为学生搭建展示平台，增强学生的自信心和幸福感，促进学生全面发展。

1. 通过校本课程，培养学生科学精神

根据学生对于学法指导方面的需求，我们先后开设“友善用脑”、“学习管理”和“记忆小超人”等校本课程。为了培养学生的科学精神，还开设了学科拓展类的“电子制作”“电脑DIY”“机器人”等校本课程。课程的开发与实施，提高了学生动手操作能力，引导学生学科学、用科学，形成科学素养。

2. 通过校本课程，弘扬中华民族传统文化

中华传统美德与优秀传统文化是个大概念，在教育教学中落实传承，容易流于笼统和空泛。针对这一现实，学校先后开设了“太极拳”“剪纸艺术与鉴赏”“民族民间舞”“雕刻”“扎染”“书法”“民族风情”“竹竿舞”“茶艺与茶礼”等校本课程。目的就是将传统美德与优秀传统文化具体化，引导学生在动手做，动口说中体验、认同、掌握、传承，实现弘扬的目的。

3. 通过校本课程，养成积极的生活态度

依据教师特长和学生兴趣，开设艺术类校本课程。如深受学生喜欢的“合唱艺术”“吉他”“非洲鼓”“现代舞”等，旨在培养积极向上、情调高雅的爱好和特长。提高师生素养，提升生活质量，养成积极的生活态度。

4. 通过校本课程，形成健康体魄和健全人格

为增强生活中的主体意识，强健体魄，促进身心健康发展，依据初中学生活泼好动的天性，学校开设了学生喜爱的“健身舞”“啦啦操”“健康瘦身”“跆拳道”“棒球”“心理微电影”等身心健康类校本课程，使学生在活动中，形成正确的合作竞争观念，乐观积极的生活态度，团结友善的集体氛围。

在每年新年之际，开展“和谐校园、幸福成长”素质教育成果展示活动。组织全体学生和家长参观展室，观看学生课程成果现场演出。每年岁末，由每位学生返校领取成绩单，变成领取一张素质教育课程成果光盘、一本纪念台历和一册《台前幕后》活动手册。每位学生都能够从光盘和台历中看到他自己和班级的影像，感受到成功的喜悦。

（二）寓德育于多彩的课外活动中

周而复始的课堂教学，容易让学生滋生厌学情绪。校园活动应该是多姿多彩的。运动会、艺术节、社会大课堂、团队活动和各种各样的社团活动，更能够激发学生的兴趣。学生在活动中相互影响，共同提升道德素养。

文学更能熏陶和影响人，鲁迅先生就曾经用手中的笔作为战斗的武器，开启一代人的心智。利用文学社团活动进行德育浸润，是学校德育活动课程的重要组成部分。学校创办了憩园文学社，刊印了社团期刊《飞翔》，十年来一直在困难中坚持，在坚持中发展。文学社不仅对学校师生文学素养的提升具有铺砖引路的作用，更对师生做精神明亮的人具有启迪作用。在憩园文学社的带动下，其它社团如雨后春笋般不断增加。社团还凭借自己学到的技能组织服务队，多次组织艺术社团进社区、到老年公寓演出、为老人送剪纸窗花等活动。

社团活动不仅可以丰富学生生活，锻炼学生的能力，更能让学生把最初的兴趣发展成特长，并应用到现实生活中。社团活动打破了课内外、校内外界限，更具灵活性，更接近现实生活。生活中的启迪和

教育是直接的，也是鲜活的，更容易达成实效。正如在游泳中学会游泳一样，在责任承担中建立真正的责任意识，德育孕育于各种各样的实践活动中。

（三）寓德育于争先创优中

相信每一个学生都是独一无二的。注重过程性评价，通过三级评价卡，评选各级各类标兵，优秀团队，鼓励学生积极为争取班级荣誉做贡献。学校在教室内设置三面黑板，作为学生课上展示平台；在每间教室外设置学生风采展示台，及时展览学生优秀作业、作品，及时表彰先进个人、互助小组，彰显正能量，形成良好的学风、校风。

隐性课程——德育课程的隐形翅膀

校园文化是学校所具有的特定精神环境和文化气氛。健康的校园文化，可以陶冶学生情操、启迪学生心智，促进学生形成社会主义核心价值观。学校的校园文化建设特色体现在：花香满校园，书香能致远，“仪式文化”见规矩，“五声文化”塑形象。“五声文化”的基本内涵是“书声琅琅、歌声悠扬、操声阵阵、笑声清爽、心声舒畅”。

校园文化氛围是德育的隐形翅膀，潜移默化地影响着每一位师生。学校规范的管理，严格的制度是形成校园文化的保障；教师自身素质更是一种资源，是一种可以引起学生共鸣甚至震撼的资源，是一种可以激发出学生潜在能量的再造资源。培养和形成师德高尚的教师队伍，是学校德育课程实施的关键所在。在与学生相处的朝朝夕夕、分分秒秒，教师的一言一行，无不成为学生效仿的偶像。利用教师自身长处为教学所用，围绕教学内容挖掘教育内涵，着意提高自身素质，充分挖掘自身潜能，使教师自己成为学生效仿的榜样，成为活的、可升值的真正资源，是每一位教师不可推卸的责任！

德育是一个用心灵赢得心灵，用人格塑造人格，用智慧呼唤智慧的领域。学校多元开放的德育体系的构建是一个系统工程。学校德育建设没有终点，是一个长期的、螺旋式上升的过程。培育和弘扬社会主义核心价值观，加强人的内心修炼应是根本。强化与熏陶是人的品质内化的重要过程，与学校的课程建设和德育活动相伴的制度建设和环境建设不可或缺。培养精神明亮的五中人，一直是我们不懈的追求……

灵动的教育语言

——百部优秀少儿影片进校园实践

北京市通州区第六中学　　丁永明

作者简介

丁永明，历任中学语文教师、教务主任、通州区牛堡屯镇教委办主任、通州区牛堡屯学校校长兼书记、通州区台湖学校校长兼书记，现任北京市通州区第六中学校长兼党支部书记、通州区教育学会常务理事、中学语文教育学会副理事长。承担中小学教学衔接、教师专业发展、特色校本课程、语文阅读教学策略等多项课题研究工作。发表《京郊农村建立九年一贯制学校背景分析与对策研究》、《发挥区域优势，有效落实地方课程》、《教师培训项目管理长效机制模式的实践与思考》等多篇论文。2014年荣获北京市通州区优秀校长称号。

随着数字传媒技术的日新月异，众多影视作品以一个宽口径状态、多元化、娱乐性的趋势呈现在读者面前，青少年儿童沉溺于网络和影视作品的现象日渐凸显。中国儿童研究中心对全国 30 多个省市的 12418 名学龄儿童进行了问卷调查，调查结果表明，做功课、玩游戏、看电视是中小学生课余生活的三大活动。近年来，少年儿童 1/3 的课余活动时间是在与媒体接触中度过的，多数孩子每天看电视时间达 100 分钟，节假日，收看电视的儿童还会更多。

面对这些新情况、新问题，如何干预和引导青少年儿童收看影视作品？如何利用影视作品这一庞大的教育资源加强未成年人思想道德建设？是教育工作者面临的新课题，也是对教育工作提出的新的挑战。

斯大林曾说过，“如果美国电影的传播能为我所用，控制全世界再不需要其他手段”。影视作品对人类思想意识具有巨大的影响力，所以挖掘影视作品的德育功能，拓宽德育工作思路，充实德育内容，增加德育手段，真正对德育实践起到积极的推动作用就尤为重要。

电影德育，不可忽略的德育传统

让学生走进电影院，通过优秀影片，开展德育活动，是我校多年来一直坚持的德育教育形式之一。

学校把观看电影活动与德育教育有机结合。我们把电影德育纳入德育计划，每学期统一组织一次全校性的观看活动，每次观看制定具体的活动方案，看什么电影，怎样去看，看完了干什么，学校都进行精心策划。观前有指导，介绍影片的主要内容，介绍影片时代背景、国家、民族情况，提示可能出现的疑问。介绍影片的某些特点，如获奖情况，提出观看要求等。观后有延伸，以班级为单位，组织班会，开展讨论，或组织观后演讲，或组织电影手抄报展示，对活动加以延伸，促进德育思想内化。看电影成了为德育增效的重要途径与载体。

多种形式组织学生观片，抓住教育节点和契机。1、常规观片：在学期初制定观片计划，根据政治时事、重大节日安排观片内容，开展相应活动，进行专题教育。2、系列观片：围绕中心活动组织观看。比如，配合爱国主义教育，我们组织观看过《开国大典》、《飞天》、《鸦片战争》、《詹天佑》等；配合感恩教育我们组织观看了《一个都不能少》、《美丽的大脚》、《漂亮妈妈》、《背着爸爸上学》等影片。3、有针对性的观片：组织学生与家长一同走进电影院，邀请家长和学生一起观看《背着爸爸上学》，并组织亲情主题班会，开展亲情创意活动教育。《冲出亚马逊》成为通州六中新生必看的影片。每年新生的培训活动的第二天，把学生带进军营，组织集体观看《冲出亚马逊》。主人翁的形象震撼着每一位学生，冲击着每一学生的心灵；培养了学生严格的纪律作风、坚韧的意志品质。一场电影，胜过千百句的说教，大大提高了培训效果。4、抓住契机观看： 2015 年 11 月初，电影《天河》上映，正逢湖北省十堰市武当山中学教师我校学习交流。我们不失时机的抓住这样的契机，请武当山中学的教师和我校师生一起走进电影院，第二天利用升旗仪式，以“饮水思源，感恩大爱”为题，实施感恩教育。请武当山中学的老师讲述南水北调源头的故事以及他们在迁移时的亲身经历，讲述饮水工程源头的人民顾大家、舍小家的牺牲精神，为学生们上了一堂感人至深的感恩教育课。

优秀少儿影片进校园，德育教育的新平台

2015 年，北京市教工委、市教委推出了全市中小学开展“培育社会主义核心价值观，百部优秀少儿影片进校园”活动。这是北京市教工委、教委落实《北京市中小学培育和践行社会主义核心价值观实施意见》文件要求，培育和践行社会主义核心价值观的一项重要举措。优秀少儿影片进校园活动有助于中小学生更直观、更生动了解世界科技、文化的发展史，了解和感悟中华民族悠久的历史和优秀的传统文化。为学校落实培育和践行社会主义核心价值观提供了内容丰富的教育资源，

拓宽了教育的渠道，也为我校电影德育实践活动搭建了更高层次平台。

为做好优秀少儿影片进校园活动，我们组织干部和相关教师对推荐影片进行梳理、筛选和分类，结合思想品德、政治、历史、地理等学科教学目标和教学内容精选出部分影片，在课堂上指导学生观看或作为教学素材和课件使用；另一部分在主题教育活动中使用或推荐给学生，在老师的指导下学生自主浏览和收看。直观活泼的形式，鲜活生动的人物形象、跌宕起伏的故事情节激发了学生的学习兴趣，拓宽了学生的知识视野，在潜移默化中入脑入心，对社会主义核心价值观有了更深刻的理解，培养了学生积极向上的情感和健康的审美情趣，有效的落实了情感、态度、价值观的教学目标。

大力宣传，营造氛围

利用校刊、校广播、校电视、局域网络大力宣传，将北京市教委推送的百部影片按传统文化、红色经典、优秀人物、历史地理、知识科普等题材加以分类，制成宣传板，展示在校园橱窗的显著位置，让师生天天看，天天见。这样既形成了浓厚的教育氛围，也为师生自主选择、自主观看提供了便利。同时引导学生在认知、理解的基础上自觉践行，做到知行合一。

纳入学校计划，列入学校德育体系

将百部影片进校园活动纳入学校的教育教学工作计划。把优秀少儿影片进校园活动列入到学校常规德育教育体系之中，与学校主题教育活动和课程教学有效紧密结合，形成一定的系列。落实习主席在《从小积极培育和践行社会主义核心价值观》的讲话精神。

围绕社会主义核心价值观教育，2014 年我校构建了通州六中校本德育体系。确定了“习惯养成教育、爱家乡、爱通州、爱祖国教育、中华传统美德教育、中华传统文化教育”等十几个德育教育内容。结合年级特点，确定了三个年级的主题板块。初一年级：“迈好第一步，做合格六中人”；初二年级：“珍惜青春，快乐成长”；初三年级“志存高远，立志成才”。提出了“在活动中育人，在体验中成长”的育人思路，建立了德育资料库，将百部影片列入其中。

上好爱国主义第一课

开学初，配合爱国主义教育第一课，校长召开教育教学工作会，安排部署“百部影片进校园教育活动”，组织全校师生集中观看《激情往事——记中国重返联合国》专题纪录片，培育师生的民族自信心、民族自豪感。以观看影片的形式，上好开学第一课，改变了以往的程序套路，深受师生欢迎。

影视作品融入主题活动，丰富教育内容

把影视作品作为活的教材，融入励志、感恩、文明礼仪等主题教育活动中。体育文化节是我们学校一项传统的体育盛会，活动历时一个月，包含了体育竞赛、体育知识、体育精神等教育元素，2014 年的体育文化节，我们把电影融入其中，组织观看《国球五十年》以及奥运会的影视片，学生们的体育运动热情一下就被激发起来了，提升学生对体育文化认识水平。为配合“志愿服务我先行”主题活动，我们组织观看了纪录片《走近雷锋》，学生们通过影片所展示的史料、人物、事迹，深深地被雷锋精神所感动了，一周的时间，“文明小使者”、“环境小卫士”、“爱心送温暖”等十几个志愿服务社团相继成立，助人为乐，净化环境成了学生自觉自愿的行为。

百部影片进班会，发挥教育效能

在“爱国、敬业、诚信、友善”主题班会观摩活动中，各班级纷纷选用影视资料，利用百部影片提供的英雄事迹，寻典型，树榜样。学生通过身边的人和事，找问题，谈感受，班主任在结合影片中人物的感人事迹，晓之以理，动之以情，导之以行，收到了前所未有的教育实效。刘杰老师的“在心中点亮一盏友善之灯”和孙彩红老师的“诚信，做人的根本”主题班会课，荣获区级一等奖。《优秀人物》《红色经典》

两部分影片的英雄人物和先进人物的感人事迹为学生树立了学习的榜样，使学生更深刻的理解社会主义核心价值观的深刻内涵，引导学生在认知、理解的基础上自觉践行社会主义核心价值观，做到知行统一。

百部影片进常规，形成常态，抓过程，促内化

推进班级观影活动，班主任把观看百部影片纳入班级计划，建立班级学生观影档案，每个学生观看有计划，有记录，有观感。利用班会，定期开展班级交流活动，谈感受，说收获，强化思想的内化。

学校教学楼每个楼层，都安装了视屏窗口，配合主题教育活动，将百部影片中的相关视屏和学生活动视频全时段在视窗中滚动播放，既有高层次的引领，也有学生的现实体验，每个课间都吸引众多的学生驻足观看。

优秀少儿影片融入课程，有效结合课堂教学

让优秀影片走进课堂，融入到教学活动中。作为进入课程部分的影片，学科教师结合教学目标和教学内容在课堂上指导学生观看。语文课上，教师将影片《从四合院说起》、《一代画师齐白石》、《七彩文化》、《颐和园》、《过年》等影片引入课堂，与教学内容相结合。引领学生感受中华文化的魅力与博大精深，对学生进行中国传统文化教育、感受爱国情怀，培养学生正确的思想观念、高尚的道德情操、健康的审美情趣和积极的人生态度。

历史课上，将影片《清明上河图》、《拉萨主旋律》与历史的学习内容相结合，帮助学生了解、认识我国各族人民的密切交往，相互依存，休戚与共，形成了中华民族多元一体的格局。《抗战巫家坝》与近现代历史学习相结合，树立中国特色社会主义理想信念，继承和弘扬以爱国主义为核心的民族精神。

王玉荣老师在思想品德课上，积极探索百部影片和课堂教学的结

合点。在学习《中国特色的社会主义政治》时，观看《共商国事——全国政协第一届全体会议》、《选举的故事》等影片，通过历史的真实画面，更好地帮助学生理解了我国的政治制度。在《国际舞台中的中国——从在联合国地位的变化感受我国综合国力的提升》一课中，观看《重返联合国》，师生分享给自己留下深刻印象的几组镜头。组织学生讨论，感受我国的国际地位从无到有，从有到强的漫漫之路，体会我国作为负责任的大国，在承担责任中综合国力得以大幅度提升，从而激发学生的爱国热情和社会责任感。

精选出的影片在欣赏教学、研究型教学、实践活动型教学等不同类型的课堂上都得到很好的应用。

我们在组织学生观看影视作品时，教师适时地引导学生去仔细观察，去展开联想，产生体验，逐步培养学生的思维能力；不是单纯地给学生上的视觉冲击，而是更注重情感的熏陶、能力的培养、行为的感召。

让优秀影片成为主题教育的灵动语言

培育和践行社会主义核心价值观是实现中华民族伟大复兴、实现中国梦的战略任务，也是推动人文北京、科技北京、绿色北京发展战略，建设国际一流宜居之都的必然要求。优秀的影视作品进校园、进课堂，是进一步加强和改进中小学德育建设，促进中小学生健康、快乐成长，实现立德树人教育根本任务的内在要求。利用优秀影片，开展思想道德教育，适应未成年人身心成长的特点和接受能力，也充分体现了深入浅出，寓教于乐，循序渐进的教育原则，可以大大提升教育的吸引力和感染力。

影视作品作为普及的大众文化，已渗入我们生活的每一个环节中，影视教育对中小学生的审美情趣、价值观、人生观和世界观的形成已经产生着不可低估的影响力。优秀的影视作品进校园、进课堂，让学校的教育教学活动更灵动、更丰富，教育形式也更加活跃，为师生所喜闻乐见。如何更大的发挥影视媒体的教育功能，在班会课、主题活动、实践活动中突出教育实效，在与学科教学结合中提高教育教学的效果，在开展社会主义核心价值观教育中促进德育创新，促进了学生的全面发展；还需要我们不断地摸索规律，积累经验，还需要我们深入地思考与实践。影视艺术教育成了一种最广泛、最普及、最大众化的教育形式。

传承校史精华　提升办学品质

北京市第二十七中学　　冯　云

作者简介

冯云，中学高级教师，毕业于首都师范大学地理系，曾任北京市第二十七中学地理教师、教科研主任、教学副校长，现任北京市第二十七中学校长。曾获得“东城区首届教育新秀”“东城区第一届中青年骨干教师”“东城区骨干教师”“东城区优秀教育工作者”等称号。参与国家、市区级课题10余项，发表和获奖论文30余篇。

北京市第二十七中学坐落在北京市的中心区域，紧邻世界文化遗产——故宫博物院和繁华的王府井商业区，前身是由著名教育家蔡元培先生创建的孔德学校，建校于 1917 年。1952 年，孔德学校更名为北京市第二十七中学，国学大师钱玄同长子钱秉雄为新中国成立后北京市第二十七中学的第一任校长。

在学校近百年的办学历程中，历任校长们一直坚持蔡元培先生倡导的“兼容并包、注重实践、人的教育”的教育思想，牢牢把握“全面发展，成就全人”为学理念，逐步形成了治学严谨、敬业奉献的精神。现在，学校坚持现代中学管理思想，挖掘学校悠久的历史和深厚的文化积淀，形成学校的办学目标，即“以全人教育理念为指导，以五育并举为途径，致力于把学校办成特色鲜明的具有示范引领作用的优质中学”。

人文关怀到家，共建和谐校园

学校管理必须面对两大课题，即对教师的管理和对学生的管理，其管理的起点和归宿都是人。这就要求学校管理者在认清教育工作特殊性的前提下，一切以人为中心，把调动人的积极性、挖掘人的内在动力作为最高宗旨和终极目的。

1. 立校之本有教师，教育之魂重师德

教师队伍建设是学校发展的保证，学校始终坚持把教育教学工作作为学校的中心工作，教师是学校的立校之本，师德是教育之魂，师德建设是教师队伍建设的永恒主题，有道无术不成教，有术无道教无魂。“人文关怀到家”是学校倡导的管理理念之一，这不仅是关心教职工的身心健康，更要在情感上尊重，在工作中信任，对教职工的业绩和进步要不断激励，关注教职工的可持续发展。

情感尊重。管理以人为本，尊重教师内心的需求。学校尊重教师

的主体地位，充分体现教师主人翁的地位，每逢教师生日，学校会及时送上生日蛋糕等生日祝福；每逢寒暑假，学校领导都要有计划地到教师家里拜访，让他们感受到学校这个大家庭的温暖；每逢教职工生病住院或家中有亲人病重，学校也会前去看望慰问，浓浓的人文关怀温暖着教师的心。

民主管理。学校致力于构建和谐的民主管理氛围，让教职工参与学校各项规章制度的制定和执行。积极创造条件，让教师参与学校管理，工作上压担子，引导教师树立勤奋拼搏、团结奉献的精神，与学校共同成长。学校领导班子经常与教师接触、沟通，了解需求，关心鼓励。

业绩激励。学校不断给广大教师争取和创造展示的机会，特别是给青年教师搭台唱戏，开创一个内和外顺的人文环境和发展空间。学校组织有针对性的系列专题培训，开展各种教学评比，并推送青年教师参加国家及市区教学比赛，对于获奖教师，学校给予大力表彰，这些都极大地调动了教师学习、钻研业务的积极性。

关注发展。学校注重教师全方位、专业化的发展，在学校营造出的温馨的工作氛围中，教师们也把自我发展和学校的发展紧密联系起来，大家都在为干好工作而思考。每学年学校的各类研究课、公开课近百节，各类研讨活动、校本教研活动丰富多彩，有力地促进了教师们教学专业化水平的提高。学校抓住时机，启动了新一轮校级评优评先活动，由此把教师良好的情绪转化为积极向上的力量，激发了教师的潜力，提高了工作效率，促进了学校质量的提升。

我们认为，在学校管理过程中，要坚持以人为本的原则，充分体现人性化，尊重人，信任人，激励人，发展人，调动人的积极性和主动性，激励每个人的创造精神，不断提炼升华学校的文化价值取向，学校形成积极向上的教师群体氛围和师生工作学习的愉悦气氛，彰显积极向上的教师群体文化，使教师团队形成合力，保障了学校各项工作顺畅和健康发展。

2. 学生主体尽发展，文化育人显特色

教师团体对学生产生潜移默化的影响，在学校和谐团结的氛围中，教师和学生快乐地成长。

情感尊重。教师的一切时时刻刻影响和引导着学生，学校提倡通过师生之间的平等对话、情感交流，倡导教师用爱心滋养学生，尊重学生的主体地位，将学生作为学习、发展的主体，引导学生成为课堂学习的主人，切实担负起教书育人的神圣使命。

人格塑造。学校要求教师要尊重学生的人格，用健康向上的人格感召学生，学校采取了多样化方式对学生进行人本教育，彰显文化育人特色，从而塑造了学生自信、高雅的精神风貌。学校开展了科技节、体育节、艺术节等传统性教育活动，同时注重构建以学生为主体的高层次教育活动体系。学校的传统品牌项目有金帆民乐团、市女排传统项目等；各类活动课程有军事训练、栽种心愿树、模拟法庭、戏剧表演、合唱比赛以及智能机器人、模拟飞行、街舞表演等；校团委通过少年团校、青年党校、志愿服务队、少年先锋岗、校刊、校电视台等活动形成团队；课程中心设计各种综合实践活动课程，如职业体验、科学实验探索、太空种子种植等，为学生的兴趣发展奠基，学校的各种课程为学生挖掘潜能、展示才华、全面发展提供了广阔的舞台。

发展特长。学校注重发展学生个性和特长，帮助学生在实践中培养责任心、树立身心和谐全面发展的观念；在各级各类竞赛中都有大批学生获奖，包括获得北京市银帆奖、北京青少年科技创新市长奖、东城区特优生称号，国家一级、二级运动员称号等，学校的金帆民族管弦乐团，多次赴瑞典、澳大利亚、加拿大等国家演出，在北京市学生艺术节中多次获集体一等奖。

在全体教师的共同努力下，学校优质的教育效果得到社会的广泛赞誉。教师中有获得教育部表彰的“陈香梅优秀教师奖”，有获得北京市“紫禁杯”优秀班主任称号的教师，有多位老师拥有国家级裁判员资格，有三十多位市区学科带头人和骨干教师、北京市优秀教师、

区师德标兵和“名师工作室”成员等。在全体教师的共同努力下，学校中高考成绩在东城区同类学校中名列前茅。

科学管理到人，促进质量提升

多年来，学校依据管理的基本原则，遵循教育规律，以严明的组织纪律和健全的规章制度为手段，以科学的执行过程为途径，以严谨的管理目标为目的，创造安全稳定的校园秩序。

把科学管理作为维护正常的教育教学秩序、提高教育教学质量的根本保证，坚持用科学的管理，按照一流的标准来规范学校工作，其目的是推进学校工作，提高教学质量，提升学校核心竞争力。

1. 打造核心团队，传承实操经验

学校不断强化六大团队的作用：即以年级组长为核心的班主任任课教师团队；以教研组长为核心的学科教师团队；以备课组长为核心的学科备课组团队；以班主任为核心的任课教师团队；以年级学生干部为核心的学生团队；以年级学生家长为核心的家长团队。学校通过多种途径和方法充分调动六个团队核心的积极性，发挥各自团队的自我管理能力。

校访家访是学校在班级管理中的重要举措。校访是对学生毕业的学校进行回访，尽可能全面、客观、直接地了解学生情况和家长情况。家访是了解学生家庭状况以及学生的学习成长环境，观察学生的基本行为习惯，为学校开展教育工作提供翔实可靠的依据。结合校访和家访得到的资料与信息，年级与备课组分别召开学生分析会，制定有针对性的学生管理策略。

学校提倡打破年级单打独斗的工作模式，传承各年级具有实际操作的管理经验，减少工作中的重复摸索过程，高效便捷地开展各项教育教学工作，使初中和高中三年的工作形成良性循环。在全面分析的

基础上，每年召开新旧年级的经验交流研讨会，进行有实效的研讨。在此基础上结合本年级工作的实际情况，制订出新一年的工作计划。注重经验的传承，同时鼓励不断创新管理方式，形成各年级的管理特点。

多年来我校一直推行由班主任主持召开的任课教师联席会议制度。在班主任的带领下，任课教师定期交流学生的思想状况、课堂表现、作业情况及学困生的成绩提高等问题。大家集思广益，与班主任一同研究学生的教育问题，并寻找对策。班主任联席会议制度，一方面使任课教师对学生有了更全面的了解，为任课教师根据学生情况制定有效的教学策略提供了可靠的依据；另一方面也让所有老师都参与了班级管理，提高班主任工作效率，更发挥了集体的力量，提升了工作质量，使班级管理工作开展地更有效果，教育教学工作更有针对性、更有实效。

2. 关注临界学生，确定导师帮教

为了学校有针对性地对毕业年级学生进行个别指导，在有限的时间内使学生成绩更快地提升，学校在毕业年级结合学生平时成绩和表现，通过班主任与任课教师联席会的多次磨合，确定临界学生，定名为“希望之星”。学校针对每一名“希望之星”的薄弱学科确定导师帮教，对他们进行单独辅导和定期谈心，学校定期进行“希望之星”的成绩分析，旨在清楚地了解这些学生的学习动向和发展趋势，寻找学生的成绩增长点，对他们的学习做到有效、全面的监控和指导。对于成绩有进步的学生，学校用表彰、颁发特别奖学金、给家长发喜报等形式激励他们，同时利用假期对这些学生进行家访，这些举措在学生和家长中引起了很大的反响，极大地鼓舞了学生，激发了他们积极向上的斗志。导师们从学习、生活到考试心理对“希望之星”们的精细管理和人文关怀，使得大多数临界学生的成绩都有了明显的提高，学校也在以实际行动诠释“一切为了学生，为了学生的一切”的教育目标。

3. 质量监控抓数据，找准成绩增长点

为更好地对毕业年级进行质量监控，学校充分利用成绩分析系统，

从试题命制、集体阅卷到成绩统计，利用数据进行研究分析，不仅有各班不同学科的横向比较，也有同一学科同一学生的纵向分析，既可以找到同一个知识点学生的漏洞，也可以找到每个学生的薄弱环节，利用数据有针对性地制定措施，把学生的薄弱点转化成增长点，有效地帮助学生明确自己努力的方向。

综上所述，科学管理明确了各类人员的工作职责，明确了目标和管理程序，提高了管理效率，保证了管理工作的连续性和稳定性。科学管理把管理者既看作管理主体，也看作管理的参与者，使学校的每个人在思想和行动上与学校要求保持一致，自觉提高对自己的标准和要求，从而实现由管理到不管理，由他律到自律的目的，创设文明、和谐的学校文化氛围。

学校坚信精雕细琢铸精品，科学发展育真人，二十七中的全体师生正以前瞻的视野、务实的行动，发挥学校历史优势，凝练学校办学特色，努力使学校成为发挥示范引领作用的优质中学。

“美优教育”助力学校特色发展

北京市第九十七中学　　高俊英

作者简介

高俊英，北京市第九十七中学校长兼党支部书记。她是中学物理高级教师，拥有18年重点高中从教经历。曾获朝阳区“三八红旗手”“优秀教学干部”“教科研先进个人”“优秀党员标兵”称号；《微创新助力学校管理上水平》《“美优教育”引航学校发展》等多篇教育教学及管理论文发表在市及以上刊物，并担任教育部“继教网”组织的中小学校长国培计划（甘肃省）及中国教育科学院组织的中小学校长发展学校的授课教师。

北京市第九十七中学创建于 1957 年，是朝阳区一所普通农村初中校，在教育深综改的背景下，学校围绕“重精细管理、塑优秀教师、育合格人才、办美优学校”的办学总目标，创新实施“美优教育”，着力打造“环境美、质量优、有特色、很幸福”的特色学校。

建立“美优”学校愿景

基于对学校六十年办学历史的传承和发展，基于对学校现有资源和可能创造获取的资源挖掘和利用，学校主动建构“美优”发展前景。“美”特指身体健美、心灵静美；“优”特指品德优良、学业优秀。“美优教育”就是以学生的发展为本，以素质教育为中心，通过为学生提供优质的教育服务，促进学生全面而有个性的发展，实现学生综合素质的提升，进而成就其美好人生。

“美优教育”也是一种实践行为，它通过实施精细管理与人文关怀相结合的“美优”管理；构建内容美、效果优的“美优”课程；培育师德美、专业优的“美优”教师；培养德行美、学业优的“美优”学子；建设环境美、质量优的“美优”学校五部分，形成“美优教育”的校本文化系统，在此基础上对“美优教育”的教育观、管理观、课程观、教师观、学生观做了概念界定、并通过“以人为本、精细管理、科研引领、课程育人”的办学方略，实现学校的内涵式转变和特色化发展。

营造“美优”管理文化

（一）管理制度精细化

学校制定了“北京市第九十七中学常规工作标准规程”，对各个岗位的工作职责和工作标准做了界定，对原有的规章制度按照精细化的要求重新修订、充实、完善，使之真正发挥激励约束和规范个人行为的作用，进而建立健全精细化管理体系，使精细管理意识渗透到学校的一切场所，真正实现用制度去管理人、教育人、评价人，使制度规范成为教师的一种自觉的行为习惯。

（二）管理行为服务化

行政工作坚持以人为本，实行周安排制度，变要求为服务，让周安排成为教师工作生活的指导单，成为学校和老师们之间和谐沟通的桥梁。实行流程管理，变开会布置为按程序落实，精细的文本制度，便于老师留存和对标落实。

（三）管理平台信息化

学校利用现有的信息资源，积极推进信息化工作的开展。建立QQ群，飞信群，微信群，校园网、微信公众号等信息交流平台，借助百度科研在线云平台建立集管理、办公、教学、学习、沟通、生活为一体的校园信息化平台，有效整合学校业务和管理体系，实现了档案管理的电子化，有效提升了学校的管理效能。

培育“美优”教师队伍

学校倡导钻研、拼搏、协作、奉献的从业精神。一方面通过专家讲座、师德月活动、九七大讲堂等形式开展师德师风教育，提升教师的职业认同感、教书育人的使命感；另一方面学校党支部结合“三严三实”教育实践活动，强化对干部和党员的政治思想教育，要求干部做到“两责一则”，即认真履行职责，遇事敢于负责，处处以身作则；组织全体教师学习《中小学教师职业道德规范》等制度，与教师签订“师德建设承诺书”，培养教师严以律己、敬岗爱业的优良品质。

（一）建立教师学习机制，激活发展梦想

强调全员学习，全过程学习，团体学习，使学校成为一个真正的

学习共同体。教师认识到学习不只是为了工作，更是为了自我的生存和发展；学习不仅是数量上的叠加，更是对所学知识的有效经营、盘整和变现。

（二）构建教师培训模式，搭建发展平台

按照“精准定位，分层培养、逐级提升”的原则，学校建立了“北京市九十七中教师层级发展体系”。通过组织骨干教师的专题交流研讨和“每周献一课”活动，发挥骨干教师的引领、示范和辐射作用；依托“青年教师协会”开展青年教师读书交流会活动和“成长杯”教学基本功大赛，加快青年教师的成长；定期召开教学工作会和教科研年会，邀请学科专家进校培训指导；设立每周四下午为“教师成长研修日”，通过让教师进行“个人 SWOT”分析和“个人发展三年规划”的制定，明确发展目标，强化发展意识，以此改进教学方法、提高教学质量。

（三）健全教研科研制度，挖掘发展潜力

我校从实际出发，将教学研究，教育科研、教学管理融为一体。加强校本教研制度建设，建立和完善了北京市第九十七中学“教师集体备课制度”等多项制度，使教科研工作有章可循；拓宽教科研活动形式，实施“研训一体化”模式；创新教科研活动内容，本着问题即课题，需求就研究的原则，倡导教师结合我校学生的特点，开展有针对性的小课题研究和案例研究，激发教研组、备课组的自主发展意识，形成发现教学问题—着手教学设计—实施教学行动—做好教学反思的“四环节”校本教研操作流程。学校坚持将科研课题与课堂教学相结合，创新实施“小课堂行动”，并将“小课堂教学”有效性的研究作为校级课题，全员参与，积极探索，实现了科研引领、课堂落实、质量提升的工作目标。

（四）创新教师评价机制，提供发展动力

首先是管理上入手，变约束为凝聚，建立“教研组量化”考核评

价机制，将教师的个人行为融入教研组，通过建立利益共同体，强化教师们的团队意识和集体荣誉感。其次是变惩罚为激励，以正向激励表扬的方式取代以往检查批评教育的评价机制，使教师们感到劳有所得、功有所奖，从而增加自觉努力工作的责任感，营造出良好的教育教学氛围。第三是生活上关心，变压力为动力，使教师能以一种健康的心态、饱满的热情投入到工作中。

构建“美优”课程体系

我校地处城乡接合部，生源近 97% 是外来务工人员子女，他们基础知识薄弱、学习习惯迥异，家长期望值也不高。十八届五中全会提出“教育供给侧”改革，需要学校尊重和贴近学生的消费习惯，满足学生个性发展的需要，因此我们从学校特色发展、教师深度发展、学生全面发展的三个维度，重新建构了学校的课程体系，突破了国家课程、地方课程、校本课程的壁垒，从内涵、外延和发展三个层面设计，形成了“一个主导、两个主线、三个结合”的“美优”课程体系。一个主导：以做合格学生、做高尚的人育人目标为主导；两条主线：一方面突出培养学生的公民素养，促进学生群体快速融入首都中学教育，为学生的未来发展打下基础；另一方面让学生能学有所长，为学生个性化能力的提升提供助力；三个结合：与学校的办学理念和育人目标紧密结合；与学生的生存和发展紧密结合；与教师的内涵发展和专业提升紧密结合。“美优”课程遵循“修德崇善、求美至优”的核心价值，设置了“道德修养领域、基础知识领域、健康审美领域、生活实践领域”四大课程领域，每一领域又分为基础类、拓展类、特色类三个层级，构成“四类三层”的课程结构，着力提升学生自尊、自信、自律、自立、自主、自强六大核心素养的发展水平，提升其生存与发展、学习与创新的核心能力，培养“德行美、学业优、身心健、有特长、会生活”的合格中学生。

培养“美优”学子

遵循“从小、就近、求实、搞活”的德育工作原则，结合我校学生的思想状况、生理和心理特点，学校创新实施“四化”德育管理新模式，强化德育功能，提升学生的社会责任感、创新精神和实践能力，促进学生全面发展。

品德教育常态化。通过“每日一评”“每周一思”“每月一题”“每期一扬”等“每一”系列课程和“八德”课程的开设和实施，将道德教育融入学生日常学习和生活。强化学校与家庭、社区和各类德育基地的互动，整合社会资源，形成教育合力，有效落实学生德行的培养。

养成教育自治化。构建以值周班、学生会和班委会为核心的学生自我管理系统，有效落实班级事务制责任制、班级文化共建制，学习小组互助制，个人言行自律制。培养学生语言习惯、行为习惯、学习习惯、生活习惯和健康的生活方式，有效落实班级事务制责任制、班级文化共建制，以此激活所有的教育主体，提高学生自治自律能力。

实践活动课程化。构建“四走进、三大节、两服务、一学习”的综合实践课程体系，通过统一规划、保证课时、设置学分的管理措施，实现社团人人有、节目人人演、服务人人做，满足了学生个性化发展的需求，使活动体验与德育教育有机结合，引导学生在参与体验中把教育要求内化为品质，外显为行为。

评价反馈多元化。构建全员育人的德育协同机制，建立心理教育中心、生涯规划教育中心、社团指导中心、生活指导中心和职业教育中心，尊重学生差异，以《九七美优学习综合素质评价》为载体，为学生搭建展示舞台，实现针对每个学生的个性化辅导，满足学生发展需要，让学生有多元的成功体验，促进学生可持续发展。

小天地大舞台，小学校大教育。很多东西在追求前是个梦，追求后则是个回忆，唯追求过程中是首诗，最美丽、最有价值。九七人会坚守自己的教育追求，在“美优教育”大道上继续探索前行！

创建幸福校园 让每一个生命都精彩绽放

北京市平谷区第三中学 侯 婧

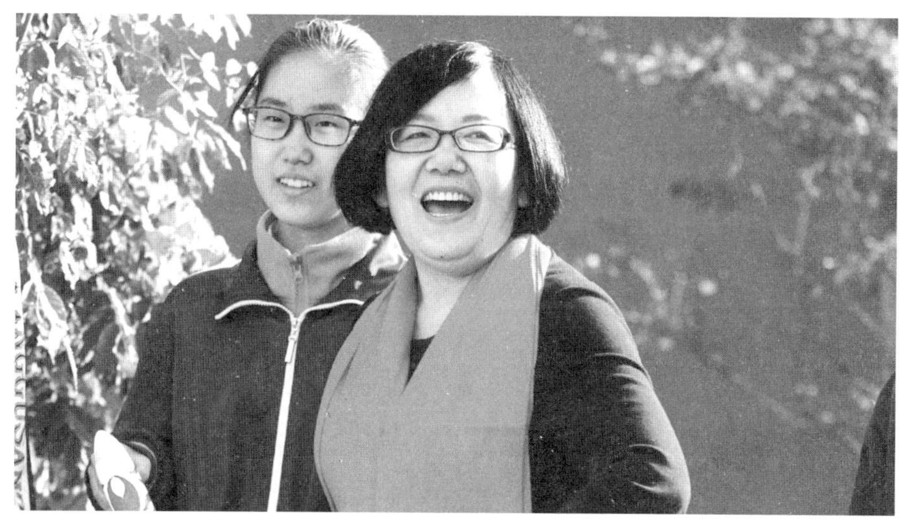

作者简介

侯婧，中学高级教师，国家二级心理咨询师和沙盘治疗师。1985 年毕业于北京师范学院，一直从事学校教育教学工作。曾担任初高中班主任，所带班级多次被评为区市级优秀班集体。曾担任平谷中学年级处书记、心理办主任和德育副校长，有较为丰富的学校管理经验。2016 年 3 月调到平谷区第三中学任校长兼书记。曾荣获平谷区优秀青年知识分子、心理健康教育先进个人、市级骨干教师、教育创新先进个人等荣誉称号。

平谷区第三中学建于1983年，在办学历程中，几代三中人不懈努力、寻真求实，逐渐形成了“为学生的终身发展和幸福奠基”的办学理念和“创建平安三中，品牌三中，和谐三中，幸福三中”的办学目标。2016年3月，平谷中学教育集团（成员校有平谷中学、平谷三中、平谷三小和平谷一小）正式成立，并纳入北京市广渠门中学教育集团管理体系。在集团化管理的新背景下，我们聚焦育人目标，紧紧围绕立德树人和社会主义核心价值观，结合学校实际情况，创设积极向上校园文化体系，创设良好的育人环境，提升学校办学品质，努力打造一所健康幸福的校园。

一、目标引领，建特色校园文化

我们以打造幸福学校为目标，结合学校传统文化积淀，重新规划出校园文化序列，即“一校”“二训”“三步”“四景”“五楼”。

1.“一校”一文化，我们的校园主体文化就是“让生命影响生命，让每个生命都精彩”，将集团的办学理念融入学校的文化之中，在以学生为本、提倡平等的前提下，培养学生的积极心态，注重生命的影响作用。

2.“二训”喻传承，在传承老校训的基础上，我们又结合实际，加以创新，在主体文化下我们提出了新的校训：即“平心若善，积学若谷”。

“平心若善”《礼记·大学》中“止于至善”中的善，意为达到极完美的境界。“平心”有两种解释，其一是平等之心，即师生之间、生生之间、同事之间、家校之间等都要平等对待；其二是平常之心，“平心若善”意为我们学校的师生有着一颗平等、平常的心态就很接近完美了。

“积学若谷”的“谷”有两种解释，其一指谷粒，其二指山谷。即自身积极努力的学习结果就会像饱满的谷粒一样硕果累累，用心学习、积累学识还要像山谷一样有着空杯的学习态度。

首尾呼应，突出了“平谷”的名字，浅显易懂，朗朗上口，让师生牢记于心。

3.“三步”化品质，我们针对三个阶段的不同特点制定了一个三步走的学校软文化建设路线，围绕六大美德二十四项积极心理品质，分梯度设计不同学段的培养目标，融入到年级管理之中。

从初一一直贯穿到初三。初一侧重于好奇心、自律、真诚、幽默、感恩、团队精神、友善等的培养；初二侧重社会职能、坚持、热情、谦逊、谨慎、好学、审美、宽容的培养；初三侧重创造力、开放思维、勇敢、希望、领导力、信仰、公平、洞察力的培养。

4.“四景”美校园，为了让校园更加特色，真正成为师生心目中幸福校园的样子，我们在学校原有的整体布局的基础上，将分别在东西南北四个方位打造四个特色景观，让学生能够在美丽的环境中享受学习的乐趣，疏解师生的压力，培养积极健康乐观的心态。

5.“五楼”绘三中，我们学校的五栋楼全部起了新的名字：三学楼（教学楼）——学做人、学知识、学创新。三善楼（行政楼）——善思、善言、善行。三慧楼（实验楼）——慧手、慧脑、慧心。三味楼（图书馆）——趣味、研味、品味。三和楼（住宿楼）——和善、和睦、和谐。每栋楼都以三开头，不仅有三种品质，更是突出呼应了平谷三中的名字，寓意深刻。

在校园文化建设的总体规划中，我们加强学校的软文化建设，在积极心理学为核心的基础上，不断完善教育教学改革，让心态改变校园，让心态改变教育，真正让校园成为充满幸福灵魂的乐园，让每一位师生都能在积极的心态下感受校园文化。让学校成为教师和学生的心激荡的地方，让学生和教师走进来就能感受神圣、魅力和诗意的地方，让学生有获得感、教师有成就感的地方，让学生和教师都感到快乐和幸福的地方，让每个生命都健康成长、精彩绽放的地方。

二、营造氛围，提升教师幸福感

1. 关注教师情感。

将兴趣爱好与工作融为一体的教师，会把工作当作事业来追求，如此才会在工作中展现出他们特有的敬业精神和乐业精神，才能真正体验到“得天下英才而教育之”的自豪感和幸福感。这是一种积极的情绪体验。所以，教师更多需要的是来自精神层面的情感激励。关注教师的生活，在生活上体贴他们，要做到对每一个教师的家庭都有所了解，安排分工时要渗透亲情，让他们感受到领导的关心与学校的关怀，感到被尊重、理解和被需要，让教师们充满幸福与满足、憧憬与渴盼。

2. 加强沟通交流。

交流让人与人之间更精彩，现在社会由于科技的发达，人与人之间越来越缺少交流，再加上工作节奏的加快，交流的时间也越来越少。对于我们这样的大校来说，有的人参加工作好几年，都未能认全学校里的所有教师，这样对于学校的整体发展，团结协作相当不利，为了打破这样的状况，我们运用团体心理辅导的技术和方法进行教师团队培训，在学校不同人群之间建立良好人际关系，创造条件使各种沟通与交流渠道畅通，使教师们在宽松的环境中工作、学习、生活，增强教师的个人层面上积极的个体特质培养，切实提高教师的爱与工作的能力及勇气，使教师们始终以积极、愉悦的心情投入教学工作。

3. 搭建发展平台。

教师的发展需要平台，尤其是学校这个团队组织平台，可以让他们充分展示自己的才华，为教师的成功创造机会，使他们能够在教育事业中始终处于满足、快乐的状态，自我价值得以实现。我们成立了骨干教师、班主任和青年教师三个协会。学校以三大协会为依托，开展各种各样的活动，让老师们相互交流经验，共同提高。

4. 建立评价机制。

有评价才有进步，要让老师们在评价中了解自己的教学方法和教学成果，尤其是要运用教师的自我评价机制，它可以促使教师由被动的“受评者”升级为主动的“评价者”，激发教师的主体意识，促使教师的职业道德、个体责任感的不断进步，且通过借鉴他人经验来不断提高自己，将对培养教师的宽容与自我发展能力起到很好的促进作用。

这是对教师自身职业的负责，也是对学校的负责，更是对学生的负责。

只有让教师幸福起来，才能真正地让学校健康的发展，加强教师队伍建设，要把握好度，找准方法，在激励的状态下，让老师们幸福的工作，相互团结，拼搏进取。

三、搭建平台，让生命精彩绽放

1. 以课程为平台，让生命健康成长。

构建适合不同学段的校本课程，给每个生命以关爱和包容，以温暖和尊重，呵护每个生命健康成长。遵循“国家课程校本化，校本课程特色化”的原则，开设下午四点半课程，即特色的校本课程和综合实践课程等。为学生提供除书本以外知识的学习，积累适应社会所需要的生活经验，使学生具备热爱生活的高尚情趣，追求真善美的人格理想。同时也满足了学生“了解”“社交”“探究”等多方面需求，并让他们从中领悟人与人、人与环境之间关系，从而形成积极的社会生活态度。

2. 以活动为平台，让生命精彩绽放。

以丰富多彩的活动为载体，让学生们亲身参与进来，让他们在活动中留下记忆，如我们在教师节时举行拜师礼，每周一升旗时举行经典诵读、在长城脚下举行誓师大会、在抗日战争纪念馆前举行“勿忘国耻、奋力前行”的宣誓活动等等，在活动中学会交流、学会感恩、学会……在活动中适应社会、适应生活，主动健康和谐发展，展示成长过程中的精彩。

打造幸福校园不是一日之功，但不可一日不用功；打造幸福校园不是一人之功，但不可一人不用功。在打造幸福校园的路途中，只要用功，就有收获，只有坚持，才有奇迹。我们坚信，只要我们关注教师的专业发展，关注教师的幸福生活；关注学生当前的发展，关注学生终生的幸福，我们一定会把平谷三中打造成打造最具活力的、最具有幸福感的、使每个生命都精彩绽放的学校！

整合管理，聚焦公平，建设开放式的新学校

——教育现代化视野下的学校变革

北京教育科学研究院附属石景山实验学校　　何英茹

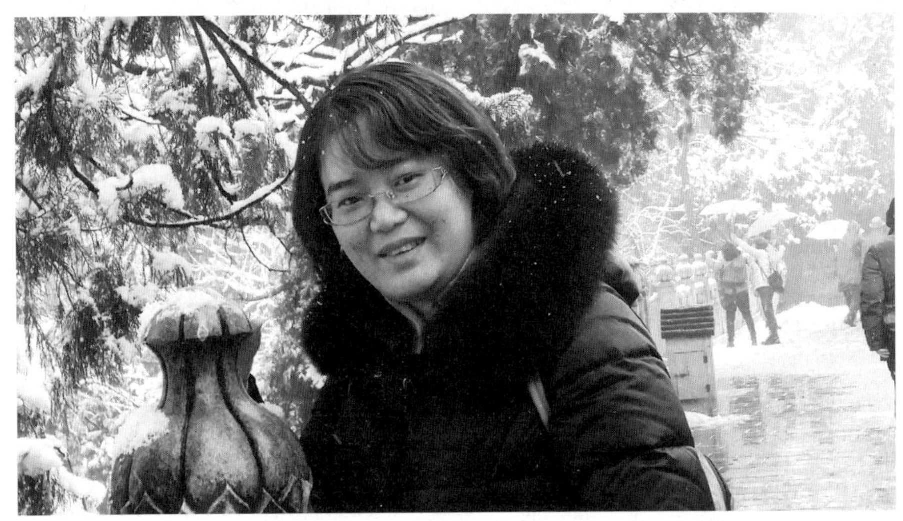

作者简介

何英茹，2010年7月—2015年1月任北京市第九中学副校长，2015年1月至今任北京教育科学研究院附属石景山实验学校校长。在过去18余年的职业生涯里，她尝试做好三个角色：做一名“好地理老师”做一名好“德育工作者”做一名好“管理者”。她曾被授予“北京市青年岗位能手”称号，且多次被评为“区优秀党员”、石景山“区教育先进工作者”、“优秀党员标兵”。

国家政治经济社会的改革，使得社会对教育的需求发生了变化。社会对学校教育尤其是基础教育，更加关注个体的实际综合获得。因此，北京市教委在深化教育综合改革中，立足促进教育公平，使老百姓在家门口就享受优质教育资源。北京教育科学研究院附属石景山实验学校就是在这样的背景下应运而生的。石景山区教委引进优质教育资源支持基础教育，由北京教育科学研究院和石景山教委联合办学，将原有的北京市古城中心小学和北京教育学院石景山分院附属中学整合成一所九年一贯制的学校。在制度上，学校整合了人事、财务、资产，打破围墙，进行学校制度的改革和创新，体现九年一贯的效率优势；从课程上，变本位主义为“为可持续成长奠基”的设计理念，从体能、心理到智能，为孩子健康快乐成长奠基。通过课程设计和实施，达成九年一贯的公平优势。

横纵管理结构，实现学校管理的效率与效益

教育现代化具有国际化和信息化等鲜明特色，但是它的核心价值更加追求公平。而推进教育现代化的“主路径”，理所当然是现代化学校建设。学校管理就要追求理性决策、民主参与、依法治校、公平正义、技术更新等方面。在二合一成为九年一贯制的学校开始，就将“贯”作为所有工作的起点，将“和”作为开展工作的方式，基本形成了横纵管理格局。

深化教育综合改革中，要求学校教育体现以人为本和面向全体学生，这就要求学校的领导和管理要转向服务，并积极促进转变。因此，互动的领导管理体系，创建自由呼吸的教育，成为学校管理的目标。我校在上学期以“精简高效”的原则，重塑组织，再造了管理流程。首先，为了实现更好的管理效率，创建校级——分段——师生的三级管理。减少管理的层级，就减少管理信息的衰减和信息的不对称。基本形成行政教育教学九年的整体纵向管理结构和“五四学制”的分段管理机制。其次，纵向上形成了以九年为时间轴的学科发展研究团队，包括语文、数学、英语、体育、艺术、科学、人文等七个大教研组，以此来保证学科专业化水平和学科素养培养的连续性，配合低中高三段开展教育教学活动。在学生入学到毕业的九年里，保证学科水平的过程公平和结果公平，通过有效的学科过程管理，实现基础教育的效率和效益。

借助两大支持体系，促进教师专业成长

一是加入北京教育科学研究院联盟学校，教科院给予学校方向指引和方法引导，以更加科学、高效的模式整合优势研究力量，全面、综合推进学校发展。一方面涉及专业理论指导，提供不同学校间深度探讨和相互学习的平台；另一方面在课堂教学等方面指导我校教师增强业务素养。具体指导主要突出表现在三个方面：

导——直接业务指导服务。发展决策咨询、学科教学指导、重点改革实验、教师集体提升。

联——为学校提供外联平台。实验校联盟交流、参加全国教育会议、进行跨区域观摩交流、提供展示交流机会、为学校引入其他教育支持性智力资源。

诊——诊断学校发展成效。阶段会诊、年度测查。

通过导、联、诊，促进学校发展，形成学校加速计划（S-A-P）。

二是区教科研部门支持中小学发展项目的助力指导。借助石景山教育分院的专家优势，通过分院的基教研中心、课程中心、教育科学研究中心和德育心理中心深入学校的指导研究，以“学生可持续成长奠基”为目标，学校相应部门对接形成学校的特色项目、发展项目、引领项目和幸福项目，提高教师专业素养和教学实施水平，整体构建学校课程体系，促使教师和学生健康快乐地生活学习，从而提升学校的社会美誉度，办人民满意的优质学校。

学校充分利用专家资源，给学校教职员工搭建了三个发展平台：第一，市级教科所的课程、教育教学等专家平台。通过专家培训、教科所联盟学校互动和教师参加市级各项展示活动，在理念和实践上走在全市最前列；第二，区级教育学院石景山分院的科研、教育教学、心理、信息技术等教研员支持学校发展的专家平台。手把手地指导学校教师的课堂实践和论文撰写，切实帮助教师点滴积累和成长。第三，区内优质学校学科特级教师平台。通过同课异构和课题指导，优质学校学科专家和学校教师共同完成学科发展任务，带领教师发展。三大平台的建立，为教师个人发展开拓了发展空间，保证了学科发展的能力。

在外部助力的基础上，学校创新九年一贯制下的教师内部交流机制，达到取长补短、资源共享、共同进步的目的。逐步形成教师校内纵向交流工作，真正打通义务教育阶段的课程和师资，调整优化教师资源配置，提升学校办学质量。分为三种形式：

①教师跨学段交流：先由高段（7—9年级）教师到中段（4—6年级）担任班主任和任课教师，在此基础上，未来形成教师1—9年级的大循环流动。

②教学研究交流：为形成在义务教育整个阶段学生的连续培养，教育教学研究不再局限在小学和中学两个段，而是纵贯9年的教学研究团队。

③干部流动：即干部实行1—9年级的纵向整体循环管理。

教师跨学段交流是为优化教师配置，利用自身校内优质教师资源，通过教师交流实现整体提升学校教师教育教学能力的目的。为保证该机制的实施效果，建立选拔机制、跟岗学习机制、考核机制、奖惩机制。先按照学校岗位设定的需求，学校评聘委员会发布教师交流岗位信息，教师依据自身发展需求，提出申请，学校优先安排聘任；由于教师跨中小学交流，教育教学管理设立双向跟岗学习机制。同头小学教师和中学交流教师在课堂教学和班级管理中，建立相互学习机制，共同研讨，整体提升两类教师的课堂教学和班级管理能力。通过评价教师交流年级的主题班队会、评优课和教师论文等，考核评价教师的成长。设立奖励性绩效，每学期将总结教师交流成果，对交流中顺利完成任务的教师给予基础性奖励，对交流中完成任务优秀的教师给予奖励。在教师交流项目中，表现突出的教师将在评先评优和晋级评职中，优先推荐。

九年课程计划，实现基础教育的全过程育人

完善学校课程体系，实现课程结构的均衡性、综合性和选择性；开足开齐国家课程，保证落实地方课程，规划设计、完善校本课程；满足学生全面发展及个性发展的需要，落实素质教育目标，提升教育质量，实现区域教育课程培养目标，促义务教育均衡、优质、协调、创新发展。开设校本课程，以民族传统文化为主线，以弘扬民族精神为出发点，落实学校 “建设可持续发展教育特色学校，培养具有可持续发展素养的新型公民 ”的办学目标，以及“培养教师专业素养和学生可持续发展素养”的素养目标，并在实践中践行“为可持续成长奠基”的办学理念，形成“可持续发展教育”办学特色。

合理科学地开设市区级地方课程。课程的开设与大课、长课相结合，每周在每年级设立一节大课（年级学生共同参与），开设专题综合教育等相关课程，采用 60 ～ 80 分钟的长学时方式。为更好地落实新的课程计划，学校根据各学段的特点及课程要求统一安排了大课时间，各段进行统一筹划与协调，同时各学科组也根据各学科及相应学段的要求进行了长短课的设计。长课的时间一般为 60 分钟到半天；大课主要是进行统筹的年级课程、学段课程；短课学时一般为 20 ～ 30 分钟，主要由班主任、学科教师承担，以主题为切入口，针对性强。进行一些小专题讲座，心理健康知识介绍，小主题教育等。例如图书馆老师利用段课时间向学生介绍图书借阅与阅览的相关要求、程序与知识，对学生进行好书推荐，开展主题阅读活动等。小课主要由学科教师班主任等根据实际情况进行设计与有效的开展。

思想引领发展　实干走向成功

——我对校长工作的思考

北京市延庆区第四中学　　胡振坤

作者简介

胡振坤，2005年底至2009年7月，在太平庄中学任校长、党支部书记；2009年8月至2013年6月，在大榆树中学任校长、党支部书记；2013年7月至今，担任延庆四中校长。他无论是在农村中学还是县城初中任职，都取得了累累硕果，连续八年获得“教学质量管理优秀奖”。2007—2008、2008—2009、2011-2012、2013—2014学年度被县教委考核优秀。同时积极参加并带领干部教师进行教育教学课题研究，科研成果获得多项市级以上奖励。

校长是学校办学方向的指引者，教育思想的缔造者，公共关系的协调者，学校管理的决策者，师生、家长的服务者。他的领导才能和工作精神决定着学校的发展速度和教育质量。办出成功的教育，需要校长有上下认同的办学思想和舍我其谁的实干精神。

着眼学校未来发展，不断丰富办学思想

办学思想是办好一所学校的灵魂，它要体现校长在学校发展中的思路、方法和策略，它不完全是一个根据上级要求怎么说就怎么做的问题，而是要在落实办学任务中体现出的领导韬略。当一名校长，就要有与时俱进、切合学校实际的教育思想。那么，校长的教育思想从何而来？

1. 源于不断的学习

学习是思想的源泉，校长要勤于学习，乐于借鉴，让理论在学习中提高，灵感在借鉴中闪现，思想在实践中碰撞。通过学习来更新自己的教育理念和知识结构，使自己紧跟时代步伐，适应教育发展的要求。在教育改革和发展的今天，我们并不缺乏先进的教育理论，而是缺乏结合学校实际的“本土化教育思想”。校长要在纷纭复杂的信息流面前，捕捉并生成自己独特的教育思想。

2. 源于缜密的思考

学而不思则罔，校长要常思学校的出路在哪里，学生的发展靠什么，教师的成长怎么带等问题。反省自己的办学行为是否规范，工作方法是否得当，沟通方式是否得体。

3. 源于悉心的观察

校长不能做“甩手掌柜”。得空之时，要在校园内随处转转，与师生随便聊聊，既能了解他们的需求，又能及时发现学校当前存在的

问题。这些自我观察到的第一手资料会使管理不断走向优化。

4. 源于和谐的团队

校长的办学思想不是个人智慧的成果，而是一个团队经过不断的碰撞与融合后凝练出的成果。激发每个教职员工的积极性和创造性，最大限度地发挥他们的潜能，是学校蓬勃健康发展的重要保证。学校一旦形成一种思想，一种文化，它的力量是无限的。要做到这一点，校长要让全体教师都成为思想者，集思广益，以主人的姿态承担学校主动发展的重任。在常规管理中，校长要放得下架子，听得进不同意见，尤其是教师的建议和批评，不要孤芳自赏，也不要唯我独尊，更不能刚愎自用。要做思想的领导者，只要你的教育思想能够得到学校利益相关者的认同，并转化成教师们自觉的教育行为，你就会有众多的坚定追随者，就会带出具有主体意识和主动精神的教师团队，学校自然会有不竭的发展动力。

“空谈误国，实干兴邦。”站在学校和学生发展的角度去思考，认准的事就大胆去做，而且长期坚持下去，就一定能取得成功，也必将成为一位有思想的好校长。

多元开放，更新管理理念

有什么样的管理理念就会有什么样的办学举措，开放的多元化将决定学校发展步伐的快慢。校长要善于学习先进的管理理念，静下心来读书，丰富自己的理论内涵，走进新课改的课堂，体验学生“自主、探究、合作”学习的乐趣，走进名校，聆听教育专家们的教育见解，走出国门，走上国际教育的舞台。

一年教育管理硕士的学习，使我深刻认识到，信息技术正在改变教育的传递方式，这必将引起教育内容、教育手段、教育过程、教育组织等重大变革。在信息时代，学校之间的差别已不再是学校所在地域、师资条件、教学设备的差别，而是信息技术应用、学习态度和学习机制的差别。当今在加拿大等北美国家，学生在线学习和教师的远程培训具备强大的支持系统。由于有了网络支撑，教师、学生、家长、课程设计专家、学业成绩评价机构可以随时交流，学校间的办学差距较小，每所学校都有自己的优势和特色。面对网络的挑战，校长要强化信息意识，制订软件开发管理和技术整合的行动计划，加快营造数字化校园。因为网络带给学校的不仅仅是现代化的管理工具、教师专业发展平台、学生学习的资源库，而且还能结识合作伙伴，沟通学校与社会的联系，培养学生学习兴趣与获得信息的能力。信息技术应用及远程教育开发是未来教育的发展方向。

敢于管理，勤于管理

学校管理是一门继承与创新相结合的科学，作为一所学校的新任校长，要树立科学的扬弃观。不机械套用以往经验，不彻底否定前任的成功做法。要有扬长避短和为我所用的包容精神，同时也要有打破陈规、直面矛盾的胆识。要勇于改革，努力创新，闯出一条适合本校特点、具有自身特色的办学之路，把学校办出生气、办出活力。管理者和被管理者永远是一对矛盾体，我常和老师们讲，“我们会因为工作关系产生矛盾，但不要因为有了矛盾就不去工作”。所以“和事佬”不可能成为合格的领导者，校长在管理事务中必须有主见，不能人云亦云。一个敢于管理、理性看待矛盾的校长一定能使学校走向兴盛。

学校之政是教学，校长之政是管理。校长应懂得：适度的“躬亲”是一种领导艺术，有效的“超脱”也是一种领导艺术。榜样的力量固然重要，但领导的力量才是本职。作为校长只有学会了“躬亲”与“超脱”相结合，才可能处理好那些自己想干、必须干，但又不擅长干的事。比如，必须以法人代表身份打交道的事，涉及学校大政方针需要“拍板”的事，校长一定要“躬亲”，即使自己不愿做这些事也要努力做好。

因为校长不愿做的事或不会做的事，不等于就可以不做，相反更应该提高做好这些工作的能力。再比如，对一些创新型的工作或特色性工作，像办学思想、奋斗目标、工作思路的确定和教育科研如何开展等情况，就应集思广益，充分发扬民主，在聚众人精华的基础上进行或请比自己高明的下属帮自己做一些相关工作，通过这种有限的“超脱”，尽量把事情做好。

走进课堂，研究教学

对课堂教学的指导能力是校长最基本、最核心的能力。如果校长在指导课堂教学方面缺乏必要的课堂指导能力，就不能与教师在教学领域进行深入、微观的对话和交流，就不能真正地融入教师、融入学校工作之中。校长走进课堂，关注教学，对教师的教学进行直接的引领、指导与对话，才能凸显校长的专业地位，才能走进教师的心中。抓住了课堂，也就抓住了学校工作的“牛鼻子”。

课堂是灵性与智慧的萌发园地，研究是发现智慧和灵性的途径。校长不深入课堂，不积极参加课堂教学的讨论，就无法产生真正的教育思想。校长日常工作中最中心的任务就是听课，要取得教学上的发言权，舍此别无他途。只有在课堂中深入地钻研教育教学过程的微妙细节，和教师一道不断探究教法，这才是干正事、务正业。因此，校长要树立聚焦课堂，立足教学质量提高的主导思想，坚持教师第一的观念，尊重教师，依靠教师，服务教师，做教师专业成长的引路人。

要管理好教学工作，必须是懂行的校长。一个不懂教学业务的校长是肯定管不好一所学校的。因此，校长要多学习新的教学管理理论知识，多思考业务问题，思考如何利用更多的技术媒介来促进学生的学习和教师的专业发展，如何进行有效的课堂教学评估，如何对教学质量进行科学的评价等。在分析本校特点的基础上，制订校内教学督导行动规划。在行动规划的指引下，经过一个教学周期的不断积淀，学校的教学质量将会不断提高。

一所学校就像一棵大树，展现在世人面前的是它的树干和枝叶，而它下面的根是不被人发现的复杂的支持系统，这个系统是无形的知识资本和有效领导力的组合体，校长最清楚，只有管理好这个系统，学校才会根深叶茂，不断长大。

法国作家巴尔扎克说过："世界上的事情永远不是绝对的，结果完全因人而异。挑战对于勇敢者是一块垫脚石，对于能干的人是一笔财富，对于弱者却是一个万丈深渊"。教育管理是一项极具挑战性的工作，只要抱定美好的教育理想，坚持执着的实干精神，我们必定能办出人民满意的学校。

积学储宝当校长　追求卓越干教育

——记北京市延庆区第四中学校长胡振坤

文／程淑丽

胡振坤在担任校长之前，令人惊讶的是，他仅仅是一名普通的英语教师，从未有担任学校中层干部的经历。那么，他是如何走上校长的工作岗位，又是如何出色地履行校长一职的呢？

他的教育生涯在一次演讲过后来了个急转弯

2002 年，延庆教委在教育系统内举办了一次演讲比赛。作为一名普通的英语教师，胡振坤参加了那次演讲，至今，他还清楚地记得演讲的题目是《如果我来当校长》。

机遇总是青睐有准备的人。胡振坤的演讲打动了在座的领导。活动结束后，胡振坤作为青年干部进入县教委中教科进修。

说起这段经历，胡振坤校长说："实际上，在那次演讲之前，我从未担任过任何一所学校的中层干部，就是一名普普通通的英语教师。不过，我这个人有个特点，就是无论干什么事都喜欢琢磨。学校里发生的一些事情，经常会引起我的思考。在这次演讲中，我就把自己平时积累的想法整理了一下，谈了谈。”

三年多的中教科学习，成为胡振坤校长特别难忘的一段经历：“这对我来说是一个过渡时期，实际上是很艰难的。为了迅速提高自己的教育教学管理能力，我唯一能做的就是急速地拼命地学习。本来预备2年的学习期，但是我主动要求延长1年，因为我觉得在中教科对我的磨炼作用特别大，我有一种舍不得离开，学不够的感觉。

“它首先对我的思维成长很有好处。之前，我只是一名普通的英语教师，只要教好我的课，带好我的学生就行了，但进入中教科以后，我接触到了一个全新的领域，使我能够站在一个更高的角度来思考、了解和关注全县的教育教学，让我在以后的工作中少走弯路、少有莽撞之举。其次，在业务科室里担任工作，我经常要督导学校的教育教学。这些经历，让我了解到同一个问题，在不同学校、不同教师、不同学科之间的具体差异，让我学会思考和分析针对不同教师在管理措施上的差异，如何根据教师的特点合理地组建教师队伍等问题。

“因为经常组织各项活动，我逐渐了解到如何进行活动的策划、实施，以及如何跟上级、主管部门沟通，甚至出现意外之后，如何补救等。我还学会了如何获得家长和学生的认可和支持，怎样为学校的工作创造一个好的环境等。”

三年的机关工作经历，让未来的校长胡振坤学到的远不止这些。他还养成了做事情要特别严谨细致的习惯。做任何事情，胡振坤都会深思熟虑，考虑成熟了才付诸实践。久而久之，形成了做事严谨、认真负责，注意细节的工作作风。

胡振坤校长认为，“一位校长，不应不拘小节，除了不断提升个人的人格魅力，还要注意个人的外在形象，要始终以积极负责的态度来面对师生”。

两所农村中学的突围

中教科的进修结束后，2005年底，胡振坤担任了延庆太平庄中学的书记、校长，全面负责学校的工作。

直接担任正职，可见教委对这位新校长的信任。问题是，他能够出色地履行好校长一职，完成好自己的职业首秀吗？

太平庄中学是一所农村初中校，由于种种因素，当时该校的教育教学质量并不理想。但在胡振坤担任校长仅仅一年以后，这所学校的面貌就得到很大的改变，最直接的表现就是中考成绩上的一鸣惊人。为此，他还应邀在全县教育系统内做了题为《幸福在路上》的经验介绍。

胡校长是如何做到这一点呢？

首要这归功于他能够结合学校的实际，制订出可行的发展规划。“我一到太平庄中学，首先就是增强教师的认同感和危机感，并且一再强调全体教师的配合，对于提升学校的教学质量有多重要，强调集体作战。”胡振坤校长介绍说。为了提高全体教师的课堂效能，除了走出去请进来，他还亲自走进课堂。胡校长听课有个特点，就是总是站着听课，这样做是为了观察学生在课堂上的表现，方便准确把握和提升教师的教学行为。

在初三年级的备考中，胡校长注重全体规划与参与。老师、学生、家长，都被他发动了起来。

开学伊始，他带领初三的老师把家长会开到了每一个自然村。

回忆往事，胡振坤校长感慨道：“普通老百姓对优质教育是发自内心的渴望。我们所到之处，每一个村的村干部都非常支持我们的工作。我们主要讲如何给学生创造一个良好的学习环境，告诉家长孩子在家学习的时候，就不要打麻将、互相串门，分散孩子的注意力；还有一些家庭夫妻关系不好的，就不要当着孩子的面吵嘴打架，告诉家长这些事情是如何影响孩子的心理和情绪，影响孩子正常发展的。”

学校对家庭教育的重视，获得了家长们发自内心的支持。家长们敞开心扉，向老师说起了心里话，动情之处，有的家长甚至痛哭流涕。这些心与心的交流极大地拉近了老师和家长以及学生的心理距离，也让老师们意识到自己肩上责任的重大。教师们有了工作的动力和积极性，接下来，想尽一切办法帮助教师们提高教育教学质量，就成了水到渠成的事。

为此，他带领初三年级组的教师，制订了细致到每一天的工作计划，还为每一个孩子量身定制复习计划。辛勤的劳动者总会得到丰厚的回馈。这些工作极大地激发了初三全体师生的潜能，最终创造了学校历史上的一段传奇。

短短的 3 年时间过去了，在全校一盘棋的思路下，胡校长带领太平庄中学的师生，提高了学校的教育教学质量，培养了一批优秀的教师，改善了当地的教育生态。 可以说，胡振坤校长为他的职业首秀交出了一份极其出色的答卷。

2009 年，胡振坤转任大榆树中学校长。这是一所距离延庆城区较近的农村初中校，其教育教学质量并不理想，中考成绩处于全区倒数四五名的位次。

由于中考成绩不理想，很多老师缺乏工作成就感，甚至想转行。面对这种气氛，胡振坤没有气馁。他从激发教师的积极性入手，鼓舞大家的士气。当时有一位年轻的物理教师，毕业后工作没几年，因为教毕业班成绩不理想，她就萌发了转行的念头。胡振坤相信她会成为一名优秀的教师，就任命她接着教初三，并安排教研部门给这位老师把关，从备课、教态、评价等各个环节关注支持这位老师。一年过去了，学生中考的物理成绩特别好，她当年还被评为中教一级教师。这位老师重拾自信，现已成长为市级骨干。

可以说，在任职期间，帮助教师重拾信心，在职业道路上走得稳当的不止一位。

为了激发教师工作的积极性，胡振坤还废除了之前的奖惩制度。胡校长拟定了集体奖励的原则。只要这个班级的总分进步明显，那么所有的科任老师都能获得奖励，这就是强调班级是一个整体，避免老师只关注自己那个学科，避免学生的短板效应。

教师的工作积极性有了，胡校长开始有意识、有计划地将物理化学教研组打造成全县优秀的教研组。两年后，这所学校的物理化学教研组可以说已经成为当地最好的教研组之一。不仅有同行前来听课学艺，学校的老师还常常被邀请到外校讲课。这极大地提升了教师们的成就感，老师们是越干越有劲。

以物理化学为火车头，学校的数学学科也很快成长起来，从而带动了整个太平庄中学的工作。

两年后，大榆树中学的中考成绩就已经非常出色，从原来的几乎垫底到成为全县的先进，轰动全县。胡振坤校长又一次在全县的教育系统内作为先进典型，介绍经验。

积学储宝，追求卓越

2012 年，胡校长参加了为期一年多的加拿大皇家大学全脱产的学习，取得了教育管理学硕士学位。一年的国外学习生活丰富了胡振坤校长的教育人生，在总结中，他这样写道："这使一个农村中学的校长有了开放式办学的国际视野。一年系统理论学习始终都在思考与改变中不断地进行着。

"如何通过反思教学和学习促进自己和学校的提高，如何制订学校发展规划，如何通过更好的沟通实施民主管理，如何在学校周边建立有益于学生学习的社区环境，如何利用更多的技术媒介来促进学生的学习和学校的发展，如何进行学校工作的督导，如何对师生进行科学的评价等。我将把这些学到的理论融合起来应用到未来的管理实践中去，通过实施管理改革行动，为推进首都教育均衡化不断探索……"

2013 年 7 月份，胡振坤调任延庆第四中学担任校长。第四中学创建于2000年7月，此前为延庆一中的初中部，是当地教委直属的公办校，也是当地规模最大的初中学校，教育教学质量在当地数一数二。

如何保持并提升这所学校的教育质量，成了摆在胡振坤校长面前的一个大事。

胡校长首先全面认真分析了学校的现状和所面临的机遇与挑战，

依照学校的五年发展规划，坚持“质量第一，县内示范，市级一流，特色突出”的办学目标，全面梳理了学校办学理念体系，确立了“积学储宝，追求卓越”的办学理念，提出了党纪国法是红线、安全稳定是底线、教育教学是主线的“三线”工作原则，以造就一支以上率下、心存敬畏、敢于担当的干部队伍和一支业务精湛、主动发展、师德高尚的教师队伍为队伍建设目标，推动学校各项工作优质协调发展，彰显名校办学品质为办学定位。

学校坚持推进科技、艺术、体育的特色工作。

特别是在科技教育工作中，本着“全员化”“活动化”“环境化”“社会化”“舞台化”的工作思路，使学校的科技教育不断迈上新台阶。

2013 年学校因地制宜，改造完成的科技长廊植物园。阳光板房里，无土栽培的蔬果花卉植物长势良好，成为喜爱种植的学生的乐园。学校下一步的目标是，要建成一个设施先进、完备的温室大棚，聘请生物学方面的专业人士指导学生开展实践。

2014 年，学校创建了创客实验室，更新了精工、木工专业教室。2015 年组建了组培、水培专室、机器人和航模专室，添置了 3D 打印机。采访过程中，胡校长谈起自己前两天刚刚参观过的一个 3D 打印的博览会，他开始琢磨着怎样把这些先进的知识和设备介绍给学生。学校如果利用好信息技术，就很有可能克服地域以及教育资源的限制，实现教育的均衡发展。

目前，该校各项工作稳步发展，教育质量稳中有升。通过开展多渠道的教育教学活动，第四中学的学生更加爱学、乐学，在学科教学和中考中，表现出较强的实力。三年来，每年有近百名艺术特长生被示范高中录取。学生在升入示范高中后，也表现出可持续发展的后劲。

关于校长一职，胡振坤校长是这样思考的：“一所学校就像一棵大树，展现在世人面前的是它的树干和枝叶，而它下面的根是不被人发现的复杂的支持系统，这个系统是无形的知识资本和有效领导力的组合体，校长最清楚，只有管理好这个系统，学校才会根深叶茂，不断长大。”

立天地，以仁为先；润桃李，以和为心

——我对校长工作的思考

北京市顺义区仁和中学　　蒋吉姝

作者简介

蒋吉姝，顺义区仁和中学校长。她在12年的高中语文教学工作中，带过四届高三毕业生，均获得顺义区高考成绩优秀奖，2005年、2011年被评为顺义区骨干教师，2008年被评为“顺义区优秀班主任”、“园丁新星”，2007、2010、2013、2015、2016年均被评为“顺义区优秀教育工作者”，2011年被评为北京市教育系统“优秀共产党员”、“顺义区百名群众心中的好党员”。蒋吉姝同志是顺义区第三届人民代表大会代表，顺义区青联委员。

学校始终秉承“着眼未来，夯实基础，发展特长，促进学生全面而有特色的发展”的办学理念。

我们始终认为，适合学生的教育才是最好的教育，努力为学生的成长搭建平台，实现让今天的教育适应学生未来发展的办学目标。

“仁立天地，和润桃李”倡导办学主旋律

“仁立天地，和润桃李”是学校文化建设的核心，“仁和”既是我们学校的校名，又是中国传统文化的核心。“仁”的内容包涵甚广，核心是爱人，仁字从人从二，也就是人们互存、互助、互爱的意思，故其基本含义是指对他人的尊重和友爱。“和”，是儒家倡导的道德实践的原则，就是要人和人之间的各种关系都能够恰到好处，都能够调解适当，使彼此都能融洽。

我们用这八个字作为学校文化的精髓，既是希望我们的教育工作者和每一位仁和学子有一颗仁爱之心，对他人能够给予足够的尊重和友爱，同时又希望仁和人可以与人和谐相处，与社会和谐融洽。在仁和校园里，师与生之间、生与生之间乃至师与师之间都能够和谐相处，以仁爱之心实现我们的教育目标。

自上而下，层层推进，引领探索教育本真

引进与培养，加强教师队伍建设

加大培养高素质教师队伍的力度，做好引进与培养，努力推进“名师工程”，是我校教育教学工作中永恒的重要内容。

1. 搭大舞台 请专家引领

我们邀请首师大张彬福教授来校参与指导一线教学，继续深化“三二二一”模式，即三次备课—两次说课—两次上课—一次总结。上

学期张老师三次深入课堂，多次用邮件、短信方式与老师沟通，指导备课。经过反复“打磨”，精心研究，不仅使上课教师能力得到提升，全体参与教师也受益匪浅。

我们多方联系，几经申请，成为市教研部牵头的“北京特色初中数学课程资源建设研究”课题实验校。课题组在我校召开现场会，我校两位青年教师分别献课，市教研员康杰、李青霞，除燕山区以外所有区县教研员，以及实验校教师听评课。

我校邀请北石槽中学杨晓红老师、昌平燕丹学校张蕾老师参加两区三校英语同课异构活动，特别聘请市教研员蒋京丽老师评课。蒋老师推荐我校参加市基本功大赛的贾玉全老师为初一新教材使用录两节示范课，光盘将随教材发放。专家组将到校指导，学校将以此为契机推进英语课堂教学改革。

我们还请到了首师大续佩君教授来校指导物理教学。续教授是北京市物理学科带头人、骨干教师评审委员会成员，北京市青年教师基本功大赛评委。续教授对所听课做了详细点评，并就物理课堂教学如何落实学生主体地位做了深入细致的指导。

我们还邀请北京四中著名教师、国学教育专家连中国老师为全校教师做《如何让我们的学生变得强大——兼议教师的人文素养》的专题报告，帮助教师认识“教育不仅是管理，更是让人的生命觉醒”；教育的本质是“促进学生内心世界完整发展，诱发人的创造力”；而“赋予与点染”的使命要求“教师的生命首先要觉醒”；在国际化视野的今天，“中国痕”的保留尤为重要！

2015年顺义、密云两区骨干班主任主题班会观摩活动在我校举行。老师们听取了我校德育特色活动汇报，参观了我们极富特色的班级文化建设，首师大基础教育研究院副院长王海燕教授全程参与活动，做了精彩点评与细致指导。今年上半年，我们再次请来王教授为全校教师做“坚守教育本质，促进学生发展”的主题报告。

2. 学身边人 邀同伴互助

上学期，我校有六名教师参加北京市青年教师基本功大赛。我们请参赛选手为全校教师展示他们的微格教学，并介绍备赛过程，重点介绍改进提高的过程。这样，老师们不仅真切感受了高品质课堂，更深刻认识到一节好课来之不易。备课无止境、学习无止境、思考无止境，向选手学习，勤于思考、深入钻研、善于学习、不断改进是我们举办这次活动的目标。

我们以建成高效率课堂为目标，广泛开展校级示范课、公开课、研究课、评优课等活动。学校以此为基础举办了仁和中学校级优质课评选活动，并在观摩与分析案例的过程中，形成了“同说一课”。

校本化实施，积极探索课程建设

我们探索校本化实施国家课程，针对一些学科初高中知识点、难易度对接不上的问题，大胆整合教材，做好初高中知识衔接，为学生的高中学习打下牢固的基础。

在初中数学教材中，因式分解初中一般只限于二次项且系数为“1”的分解，对系数不为“1”的涉及不多，而且对三次或高次多项式因式分解几乎不做要求，十字相乘法和分组分解法不做要求，但高中教材许多化简求值都要用到，如解方程、不等式等。又如二次函数、二次不等式与二次方程的联系，根与系数的关系（韦达定理）在初中不做要求，此类题目仅限于简单常规运算和难度不大的应用题型，而在高中二次函数、二次不等式与二次方程相互转化被视为重要内容，高中教材却未安排专门的讲授。因而在初中教学中我们对相关的教学内容做了适度的补充、深化，形成自己的校本教材。

在全面实施国家课程、地方课程的基础上，我校以学生需求为主线，从学生兴趣出发，尊重学生个性发展，确定了“综合阅读”“艺术体验”“科技探秘”“阳光健体”“社会实践”五大类校本课程项目，先后开设了语文阅读课、英语阅读课、英语口语课、机器人制作、初一生活物理实验先修、初二生活化学实验先修、民乐演奏、校园剧排演、书法篆刻选修、羽毛球、乒乓球、篮球等校本课程，供学生选择，为学生个性发展提供平台。

本学期伊始，初一、初二年级实现了长短课相结合的方式，在传统的 40 分钟一节课的基础上，每天 10：10—10:30 增加了一节短课，开设中华传统文化和跨文化交际课程；其次，努力打造跨学科课程，实现多学科之间的综合，每周一、周三利用 100 分钟的时间开设综合实践课，由政治、地理、历史、生物学科组成教研组，由教研组牵头完成专题式教学；最后，在方式上，我们不拘泥于小班课堂，可选择任何有利于教学开展的场地，打破行政班界限。同时我们带领学生走进高校，在高校实验室亲自观摩和操作实验。

（1）实行长短课相结合。每天上午利用 20 分钟的时间，开设中华传统文化和跨文化交际课程，培养民族情怀，开阔国际视野。本学期以来，我校加强传统文化教育，研习汉字的演变历史，讲解汉字的书写规律，欣赏名家书法作品，开展硬笔书法展示活动，开设软笔书法讲座，引导学生热爱本民族文化。同时，我校还开设英文电影欣赏、异域文化理解、英语书法鉴赏、英文书法展示活动，开阔学生视野，培养学生跨文化理解能力。

（2）每周一、周三利用 100 分钟的时间开设综合实践课，鼓励教师跨学科教学。已经呈现了三国演义专题研究、化石的历史、雕版印刷、食物与营养、逻辑学、数学思维训练、魔方拼图大赛、历史剧展演、成语中的历史故事演讲大赛、唐诗中的历史等课程，提高了学生综合运用能力、动手操作能力、逻辑思维能力。

（3）每月半天社会实践活动，加强基于项目的综合性学习，让学生带着任务去实践，培养学生综合运用知识解决实际问题的能力、团结协作能力、思维创新能力，与人交往的能力。如思想品德学科的社会采访活动，既锻炼了孩子的沟通能力，又使他们在人生观、世界观方面受到启发和教育。在鲜花港，有的学生在和历史教师一起探讨水车的历史、工作原理，有的学生在和语文老师共同观察惟妙惟肖的熊猫雕塑，练习动作描写，编写童话故事。

（4）先后三次组织学生走进大学实验室，在大学教授的指导下操作科学实验，初步感受大学实验室的魅力，初步认识到科学实验的严谨，培养基本科学素养。

分层走班，扎实推进分层教学

在新一轮课程改革的浪潮中，我们勇于迈出革新的第一步，尝试在“班级授课制”教学模式的大环境下，进行分层教学，实行“走班制”。

首先领导老师要理顺动态分层与统一考评的关系：这是分层教学的核心。每次统考后，既要对各层进行对比分析，还要回归各行政班进行整体分析，各班和各层要算出成绩。在学生选层“上可上、下必下”的基础上充分尊重学生的意愿。同时这样考评也会大大调动老师的积极性和责任心，各班教学竞争更加激烈，成绩会不断提升，教师的教学成就感也会不断加强。

其次，要理顺分层教学与培优补差的关系：培优补差不能代替常规化的分层教学。培优补差是面向两个极端，而分层教学仍要面向各层全体学生，面向每一个学生。二者教学要求不一样，把分层教学等同于培优补差，难免会陷入分层教学的误区。

分层后，学生学习的积极性明显增强，教师的授课更有针对性，大大提高了课堂时效性。而今后我们要在教学内容和方法层面进行深入研究。

反思分层教学从准备到试行的全过程，在推行教学改革的进程中，既要多方征求意见，更要果断决策推进，认准了就要做！既要做好顶层设计，更要关注具体落实，充分准备是关键！既要全面预设方案，更要及时调整政策，有时协调服务比决策还重要！

课程是学校育人目标与办学理念的载体，课程决定了学校形态。几年来学校在课程的形式和内容上都做了大胆的实践，但还处在起步阶段，面对新形势，我们会更加努力，办更加适合学生发展的教育。

琢石成器　弘德成人

北京市房山区张坊中学（原北京市房山区石窝中学）　　靳京武

作者简介

靳京武，中学高级教师，从事教育教学管理工作13年，现任房山区张坊中学党支部书记、校长。他带领干部教师通过实践，总结出“三案三环节”课堂教学模式；在认真学习和梳理的基础上，提出“琢石教育”学校文化建设思路。个人教育管理格言是“教育即生活，意味着启蒙人、解放人；教育即生长，意味着带动人、成就人”。在“深综改”背景下，带领师生追求卓越，共同成长，办家乡人民满意的教育。

石窝中学，坐落在被誉为“汉白玉之乡”的房山区大石窝镇。学校始建于 1958 年，是一所历史悠久的农村中学。2013 年，学校领导班子对学校五十多年来积淀的文化进行了认真梳理，结合课程改革的背景和人民群众对教育的需求，在继承的基础上，以社会主义核心价值观为统领，以“立德树人”为根，以“石经精神”为魂，提出“琢石”教育建设思路，在实践中逐渐形成了较为完整的文化建设体系。

一、“琢石”教育理念提出的背景

一是“琢石”教育充分体现了地域的优势。房山区大石窝镇是我国华北地区唯一出产汉白玉的地方，被誉为“国宝”的大石窝汉白玉开采与加工雕饰至今已有 2000 年的历史。得天独厚的汉白玉文化、石经文化蕴育陶冶了大石窝人。大石窝镇石材的开采、雕刻和利用的历史可追溯到汉代，历经数个朝代，大批石匠艺人在此定居，逐渐形成自然村落。艺人们以石为业为生，创造出一套石作工艺及习俗文化，相传至今，形成了自身独特的文化区域。2011 年，房山“石经精神”揭晓，即“坚韧不拔、锲而不舍、一丝不苟、默默奉献”。这十六个字不仅是对石经文化的概括，更是我们为人治学的准则。

二是提出“琢石”教育是深化教育改革的需要。党的十八大明确提出“坚持立德树人”。“琢石”教育寓意作为工匠师的老师们用发现的眼光、审美的标准将学生这一块块灵石，雕琢成具有道德价值、艺术价值、实用价值的成品，树立“每位学生都能成才”的学生观。

三是提出“琢石”教育是学校自身发展的需要。学校自建校以来，一代代领导班子及教师培养了一批批的人才。学校将历史素材进行了梳理、概括，凝练出符合学校实际情况的“琢石”教育，为引领学校内涵发展奠定了坚实的基础。

二、“琢石”教育的内涵

“琢石”教育重在“琢”的过程。“琢”是发现人才的过程，即发现每个孩子的天性特征。“琢”要求教师努力发现学生身上与众不同的特点和潜质，使孩子能够取长补短，成为优秀的人。“琢”是因材施教的过程，要求教师充分认识学生发展的潜在性、独特性与差异性，为学生发展可能的实现提供、创造各种条件。“琢”是个反复雕琢的过程，即教育的过程中允许反复，要有耐心。教学，就像雕琢精美的石器一样，需要锲而不舍的爱心和毅力。“琢”是艺术加工的过程，教师在施教过程中要掌握正确的方式方法，对学生多一份关爱，多一份宽容，多一份表扬，多一份信任。

“琢石”教育重在树立正确的学生观。东汉许慎《说文解字》中概括出石有五德——“有仁、有义、有智、有勇、有洁”，这石之五德正是为人的正道。“琢石”教育要落实“立德树人”的根本任务，着眼于促进学生的全面发展，注重个性发展，坚持因材施教。我们的学生是被开采出来的原石，身上具有石的特性——坚毅、善良、质朴、不成材、易雕琢。教师是工匠，用发展的眼光看学生，并坚信经过精心的雕琢，每块石头都可以成材。

“琢石教育”的办学体系

办学理念：像琢石一样育人

办学目标：精心雕琢，奠基人生

育人目标：为人正 强体魄 有本领 勇创新

学校精神：坚韧不拔、锲而不舍、一丝不苟、默默奉献（石经精神）

办学宗旨：促学生成才，办人民满意的教育（“满意”标准）

（1）深化教学改革，教学质量让百姓满意。

（2）搭建成长平台，育人效果让百姓满意。

（3）增长教育智慧，教师素养让百姓满意。

（4）创设文化氛围，育人环境让百姓满意。

办学思路：学校文化引领事业发展，课程建设创新育人途径，课堂改革提升教学效益，专业培训促进教师成长，人本管理构建和谐校园。

校　　训：琢石成器　弘德成人

琢石成器——每个孩子就像是一块璞石，等待着人们的发现、开采、琢磨，雕刻。一个人，不管天资如何聪明，不经过良师的教诲和自身的努力学习，难以明白做人处世的道理。“琢石成器”意在鼓励师生们树立自信，学生们相信自己本就是一块灵石，从而为整个学校营造一种自尊自信、昂扬向上的氛围。

弘德成人——“弘德”出自东晋常璩的《华阳国志》：“思弘德化，思弘德教。”主要含义是弘扬美德。学校以“立德树人“为根，倡导培养健全人格，培育民族精神，以德立身；倡导学生学会做人，全面发展，追求更高的人生目标。

校　　风：抱朴守真　琢而有成

抱朴守真——出自老子《道德经》。抱朴守真指的是，人要返璞归真，回归本心，遵循事物的自然本性。在此基础上，修养良好的品德，积累深厚的学识，不断提升自己的各项能力。

琢而有成——师生犹如一块块石头，只有经过教育的打磨与雕琢，教师才能博学广识，不断充实和完善自己，积淀深厚的涵养，走专业化发展之路；学生才能不断修养身心，美善言行，砥砺性格，为自己的人生打好底色。

教　　风：匠心琢石　精心育人

匠心琢石——侧重于教师的业务水平。“匠心”是指一种独到的、深刻的、极致的“匠心”独运。教师当如石匠一般，在施教的时候，也要如审视石器一般，善于发现学生身上的闪光点，呵护学生天性，尊重个性差异，开启学生的智慧之门。

精心育人——侧重于教师的教学态度。老师怀着开琢石器的心境，用无比的爱心和耐心，来引导和启发学生，使之能展现出天性中的真善美慧。我校以“精心育人”作为教风，就是要求教师用从容、专注的心态对待自己的工作，不急于求成，不心浮气躁。

学　　风：品行如石　笃学求真

品行如石——从上古的女娲炼石补天到近现代繁华的石文化，涉及的领域非常广泛，具有很强的陶冶情操和育人功能。学校将“坚韧不拔、锲而不舍、一丝不苟、默默奉献”的石经精神作为学校精神，这十六个字成为全校师生为人、治学的准则。

笃学求真——“笃学”出自《三国志·吴志·孙瑜传》，意为专心致志、坚持不懈地读书学习、钻研学问。学校将“笃实求真”作为学风，不仅要求学生在学习中认真踏实，更希望学生为人处世能够如石一样，踏实、真实，表里如一。

校徽及释义：

·校徽的整体造型为圆形，寓意着学校事业和谐发展。

·图案造型由红、黄、绿、白、黑五种颜色组成，象征着石窝中学丰富多彩的校园生活，同时也代表着学校工作的全面创新发展。

·校徽主体为学校校名“石窝中学”中的“石”字，是房山著名书法家石岩（藏真）亲笔书写。这个“石”字点明了学校的所在地——大石窝镇，同时寓意全校师生“坚如磐石，稳如泰山”的品质，“锲而不舍，金石可镂”的精神，“精诚所至，金石为开”的态度和“势如破竹，石破惊天”的气魄。

·图案下侧的数字1958说明了学校的建校时间。校徽两侧的图案为绿色橄榄枝，枝条自下而上，形成半圆，象征着和平、进取和高雅。

·文字部分“北京市房山区石窝中学”分别用中文和英文表示，代表了学校开放办学的思想。

“琢石”教育的践行

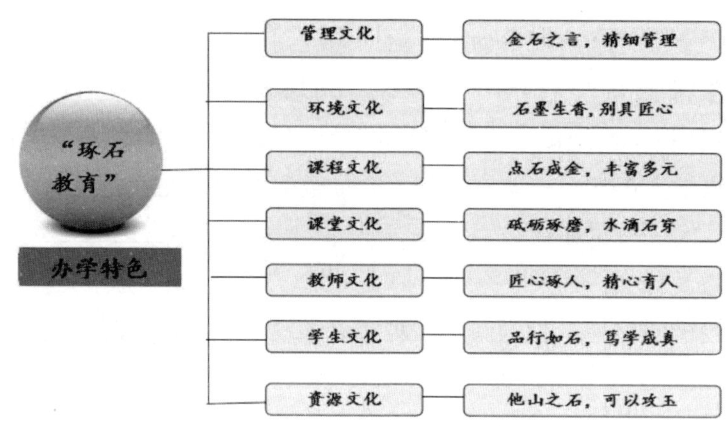

“琢石”教育实践结构图

1. 金石之言，精雕细琢——学校管理文化

管理文化是一所学校凝聚力和活力的源泉，也是推进学校可持续发展的精神支柱和惯性力量。

一是建立人本化的管理文化。运用科学民主的管理方法和手段，充分调动教职工工作的主动性、积极性和创造性。二是建立人性化的制度文化。建立奖励激励制度，激发干部教师的干劲。三是学校尊重教师的主体地位，维护职业尊严，增强其职业幸福感。四是积极营造校本研修、互相信任、敢于交换意见的良好氛围，搭建合作交流平台。

2. 石墨生香，别具匠心——环境文化

以“琢石”作为主线，每一个不同的区域都有着独特的文化内涵。“让一砖一石说话，让一草一木传情。”

一是校园环境，凸显琢石特色。校园环境规划中体现一定的文化内涵，巧妙设计各景点，花草树木布局错落有致、疏密合理。进入校园，尽显地域特色的汉白玉栏板勾勒出核心绿地的轮廓。笔直的林荫大道命名为“璞石路”，通向教学楼的路命名为“灵石路”。教学楼正对的，

是雕刻着“琢石”和学校精神的文化石。在教学楼外墙上是学校的校训“琢石成器，弘德成人”，非常醒目。教学楼两侧，是两尊汉白玉雕刻石像，其中一尊命名为“思”；另一尊为抽象派作品，命名为“韵”。

二是楼宇命名，凸显琢石内涵。怡学楼、笃学楼和慧学楼，分别从心情、态度、方法三方面对学生的学习提出了要求。“怡学”意为学生在“享受生命，寓学于愉悦”的同时，学习不断进步、提升。“笃学”则强调要以求真务实的态度做学问，反对虚假与浮躁之风。“慧学”就是用心去想，去思考，掌握规律，学会学习。

三是楼层文化，凸显琢石目标。教学楼大厅是以“石“为主题的文化墙，上有许慎《说文解字》“石之五德”和曹雪芹的《咏石》。各楼层分别以“坚如磐石”、“金石可镂”、“金石为开”和“石破惊天”为主题，以“认知学校”、“热爱家乡”、“报效祖国”和“胸怀天下”为主要内容进行设计，不仅彰显了学校“琢石”文化的特色，更潜移默化地陶冶了学生的情操。

3. 点石成金，丰富多元——课程文化

经过学习整合、拓展、转变，逐渐形成了国家、地方、校本三者并行的课程体系。课程内容丰富、形式多元，能够增进学生的综合实践能力，在真实情境中，让学生实现为人正、强体魄、有本领、勇创新。

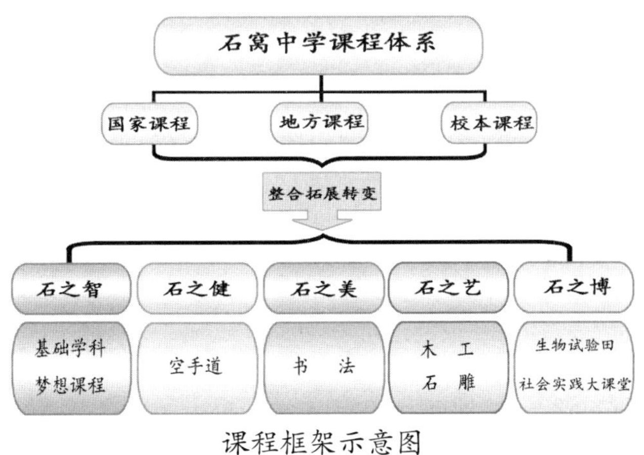

课程框架示意图

一是石之智——主动求知。石之智课程包括基础学科课程和“梦想课程”两大部分，其中“梦想课程”是外引课程，“真爱梦想”课程让学生种下梦想的种子。”该课程采用的是独特的“梦想中心”+“梦想课程”模式，是基于“全人教育”理念，融合问题探究、团队合作、创新创造、情绪智能等元素的跨学科综合素质课程。其核心价值观为“创新、多元、宽容”，核心理念包括：问题比答案更重要；方法比知识更重要；信任比帮助更重要。

二是石之健——身心健康。石之健是体育类校本课程。学校由体育老师独立开发了“空手道”课程。“‘空手道课程’让学生感受到什么是力量，什么是礼仪。”该课程不仅能提高练习者的身体素质和增强体质，还能增加人的忍耐心、责任心、自信心，更可贵的是通过空手道的严格训练，培养人的一种无所畏惧的心理素质。

三是石之美——才艺修身。石之美是指学校的艺术类课程，其特色课程是书法课程。“书法课程让学生将民族文化发扬光大。”学校聘请社会知名书法家为学生上书法课，组织学生参加书法比赛，带领学生与书画院联谊，指导学生当场书写对联。

四是石之艺——勇于探索。石之艺是创新类课程，主要包括木工和石雕两门课程。教师通过组织学生上网查资料、调查、观察，让学生了解木工基础知识，激发学生的设计和动手制作的兴趣。学校将石雕与美术课程相结合，学生不仅掌握石雕的历史以及基本的雕刻技艺，还要做“石文化”的解说员，做石雕文化的传承者、宣传者。

五是石之博——体验实践。石之博是学校的实践类课程，主要包括生物试验田和社会实践大课堂两门课程。学校与本镇一所山庄合作，开辟了农作物种植试验田。老师们带领孩子们拿起锄头、镐头，将试验田翻土、平整、搭架，种植了辣椒、黄瓜、茄子等蔬菜，定期施肥浇水管理，分班级承包。

4. 砥砺琢磨，水滴石穿——课堂文化

这体现在新的一轮课改。2014 年学校提出了“3+3”教学模式，即

“三案三环节”，学案的使用与教学环节密切配合。

三案：预学案、导学案、检学案。预学案用于学生课前预习，学校将“翻转课堂”的理念应用到预习当中。教师尝试进行录制微视频、学生观看微视频进行预习的方式。导学案用于课堂，引领学生掌握本节课知识脉络，在配合三环节教学中起到重要作用。检学案是随预学案同时产生的，主要是完成当堂训练，通过检学结果，教师随时调整教学进度和对难点知识的讲解。

三环节：课堂中研学、展学和检学。与第一次课改基本相同，由于简化了教学环节，因而教师课上有更多的时间让学生展示交流。

该教学模式主张把课堂还给学生，要求老师们注重教学细节，回归教育本真。亮点在于利用现代化的教学手段，将翻转课堂的理念和做法引入改革中来，培养学生学习预习的习惯，激发学生的学习兴趣。

5. 匠心琢石，精心育人——教师文化

立足“琢石”文化特色，将教师比作是雕琢石器的能工巧匠。教师要从“四琢”上下功夫。

一是愿琢，体现教师的敬业精神。愿，老师们要俯下身子，耐得住岗位的寂寞，愿意做一名匠师，做一名与时俱进的匠师。

二是能琢，体现教师的职业素养。教育，需要具有良好的道德品质、优秀的业务素质、健全的人格的教师。

三是会琢，体现教师的业务水平。教师要善于学习和交流，在学习中转变观念，更新思想，感受改革的魅力。

四是善琢，体现教师的教育智慧。学校要求教师帮助每个学生“各显神通”，帮助学生找到自己的位置，发挥所长，体验成功，体现自我存在的价值。

6. 品行如石，笃学求真——学生文化

强化教育要成为学生身心健康的健康基石，成为立德树人的德育之石，成为独立自主的学习之石。

7. 他山之石，可以攻玉——资源文化

注重开发和利用“家长”这一资源优势。通过成立家长委员会，畅通家校之间的关系。通过网络飞信、微信群等现代技术手段，搭建与家长交流的平台。我们还充分利用身边的教育资源，如云居寺、周口店猿人遗址、国家地质博物馆等，作为学校德育活动的基地。

学校文化建设是一个不断反思、提高的整体工程。在新的教育思想引领下，“琢石”教育理念将在不断发展中创新，在不断创新中发展！“琢石”教育理念已形成较为完善的理论体系，学校正全面启动“琢石”课程建设规划的实施，致力于“琢石”教育与教学实践体系的构建，朝着“精心雕琢，奠基人生”的办学目标阔步迈进！

构建多元德育模式　奠定学生人生根基

北京师范大学朝阳附属中学　　蒋立红

作者简介

蒋立红，1985年毕业于北师大地理系，同年7月留校任教。工作期间先后取得教育学硕士学位、理学博士学位。2009年开始筹办、建设北师大朝阳附中，始终坚持“人文立校、科学治校”，并提出了“让生命绽放教育”的育人理念目标。在日常管理的同时，她参加和主持了国家级、市区级研究课题，并带领教师开展教育教学实践探索，科学执教，取得优异的办学成绩。2016年获得“北京市三八红旗奖章”。

北师大朝阳附中是朝阳区引进北师大资源建设的一所公立中学，成立于2009年。学校秉承北师大的百年文化传统，坚持“全人格”的教育思想，坚持“没有爱就没有教育，没有兴趣就没有学习，教书育人在细微处，学生成长在活动中”的教育理念，提出“让生命绽放”的育人目标，力求为每一个孩子提供适合的教育。成立7年来，学校在课程建设、教师队伍建设、德育模式构建等方面取得了一定的成绩，先后承办过市区两级课程建设现场会6次，获得市区两级课程建设先进单位，是全国学校体育工作示范学校、北京市中小学文化建设示范学校、朝阳区素质教育示范学校。

我校德育工作的基本思路是“构建多元德育模式，奠定学生人生根基”，实现学校德育从一元单向式向多元互动式转化，从认知他律式向行为自律式转化，使强制规范、知行脱节的德育向自觉悦纳、知行统一的德育转化，以适应开放多元的信息社会和个体意识不断凸显的社会文化给学生带来的新特点。本文拟从关注学生心灵成长和活动育人两个角度谈一点我们的思考和实践。

实施心理健康课程，引导学生快乐成长

建校以来，学校对每一名新入校的学生都进行智力水平、人格特点、心理健康情况、学习能力特征的测查，近两年还增加了家庭教养方式、自主学习能力的特点测查。并对评测结果进行专业解读，指导教师对学生的总体状况和共性特点进行把握。旨在更好地了解学生实际状况和特点，更好地设计和实施学校教育教学活动。

统观自建校7年以来的学习者分析数据，发现每年均有45%以上的学生存在学习焦虑问题。针对这一结果，学校积极建设心理课程，改善学生的心理状况。学校为初一、初二年级开设心理课程，为初一、初二、初三年级开设心理讲座，并组织心理主题班队会。同时为有需要的同学开展团体辅导、主题特训活动。

学校心理咨询室每天中午向学生开放，进行个体咨询；开设4门选修课供学生选择。指导学生成立了“心心社”心理社团；开展了“男生讲堂”、“女生讲堂”、中考心理调节等心理讲座；进行“减轻学习压力、快乐助我成长”等主题班会活动；开展“寻找快乐、拥抱幸福”心理健康周活动等。还利用定期出版的心理小报、班级心理板报、心理剧等多种形式，将心理健康常识渗透于班级中、学校的走廊中，让学生在日常的生活和学习之余感受到快乐和幸福。通过开展生命教育，教师和家长培训、沙龙等活动，全方位提高学校的心理健康教育水平。心理健康教育在坚持“学生社团”学成长、“学子讲堂”提自信、“男女生课堂”知自我、“生命教育”会珍惜、“家长讲堂”识教育、“教师学堂促提升”的举措基础上，努力挖掘和探索青春期心理健康教育的有效途径。

心理测量的结果及在心理健康教育过程中挖掘到的信息，在课程设置、教与学的方式、学校德育的方式和途径等方面都得到充分考虑，从学生的实际状况出发，构建和谐安全的“悦˙跃”课堂和学校文化氛围。

学校根据测验结果，结合课堂观察，任课教师反馈、访谈、作品分析等方式对学生进行综合分析，为每一名学生建立心理档案。针对不同特性的学生提供个性化的教育和辅导，指导学生掌握科学、高效的学习方法，提升学生的自我效能感，改善学习焦虑的倾向，从根本上提高学习能力和整体素质，并引导他们进行有效的合作交往，提升人际沟通的技巧。根据收集的数据和开展的干预活动，撰写了《初中生学习焦虑问题的现状、成因与对策》调查报告，并发表在国家级刊物上。

学校提倡“让幸福的教师教育幸福的学生”。因此，学校为教师提供专题式的心理成长工作坊，并设置教师放松室，教师活动小组等，另外通过专题讲座、推荐书籍等形式，丰富教师对学生心理发展规律的理解。开展多种形式的教师心理专题培训，包括基于学生心理特点的教师研修班“做一名快乐的教师—与学生沟通技能团体辅导”，初三教师“提升人际沟通力，增强团队凝聚力”心理成长工作坊，教师心理培训之心理个案督导专题，教师的幸福人生专题心理培训，“放飞心灵，感悟幸福”班主任研讨会，萨提亚模式“心父母”工作坊等，切实提升教师的幸福指数，实现师生共同成长。

丰富学生实践课程，突出活动育人效果

学校遵循“学生成长在活动中”的理念，设计开展丰富的活动课程，让具有不同特点的学生都找到发挥自己个性和特长的舞台和机会，用多把尺子去衡量和激励学生，真正促进学生实践能力、领导能力和合作能力的提高。

1. 校节系列课程

学校形成了内容丰富多彩、持续时间长、参与范围广、深受学生喜爱的校节活动，包括 4 月读书节、5 月“51020”阳光体育节、6 月心理节和环保文化节、10 月社团节、11 月科技节、12 月英美文化节和艺术节，以及持续全年的中华传统文化节。这些活动每年确定主题定期开展。

校节活动持续全年，主要由相关的学科教师来组织和策划。这些活动在由学科铺就的平台上，突出学生的参与性、实践性、综合性、创新性，强调学生的自主建构和团结协作，学生收获了丰富多彩的个人体验和经验。老师们感慨，孩子们在校节活动中所表现出来的执着、坚持、热情和才华，让老师们看到一个全新的学生群体，让孩子们发现一个全新的自己。其所带来的积极正向的影响可能远大于活动课程自身的价值。

2. “行走天下”系列课程

“行走天下”课程是我校的特色课程，每一位毕业生在他们离开

的时候都强烈希望母校为学弟学妹保留这个传统课程。这个课程设计的初衷，就是根据少年爱玩的天性，设计他们喜爱的活动。2009 年 10 月，也就是在学校开学仅一个月的时候，学校第一次自主设计开发了北师大朝阳附中“行走天下”课程的第一课——奥林匹克森林公园的趣味定向越野，探索学校德育的新形式。定向越野不但考验人们的体能、智能和定向技能，还考验人们在环境压力下迅速做出正确判断、果断决策的能力及应变能力，以及团队成员的合作能力和团队精神。

7 年来，学校先后组织开展“行走天下”系列课程数十次，初步形成了北京市、江南多地、山东、陕西、甘肃、我国台湾省以及美国等多地的“行走天下”课程实施基地。每个学生在校三年都有多次参与“行走天下”课程的学习机会。课程以祖国的大好风光、民族的悠久历史、优良革命传统和现代化建设成就为广泛的资源，最直观、最直接地教育、感染、熏陶学生。

“行走天下”系列课程分别由学科组、教学科研处和学生发展处牵头开发，整合各相关学科的教师力量共同开发，旨在通过该课程的实施，实现学校对传统意义上春游和秋游、教学实践、参观访问、外出旅游等活动的统筹规划和系统设计，实现学校对教育和教学两大中心工作的整合，实现学校教育、家庭教育和社会教育三种教育途径的整合。最有力量的教育往往是无痕的，“行走天下”让有形的方式升华到无痕的教育意境，少年人的集体行走更是他们陶冶性情、发现美好、走出小我、创造未来的有效途径。

3. 社团活动课程

2009 年 11 月中旬，在北师大朝阳附中建校三个月之时，学校正式启动社团活动，鼓励学生发现自己的兴趣，并鼓励他们以将兴趣转化为其终生志趣为目标。这一举措得到学生的积极响应，当时学校只有初一新生 140 多名，短短半个月就成立了 16 个社团。社团从建立之初就呈现出主题丰富多样的特征，其中包含与学科内容联系紧密的历史、生物、语文、英语、美术、音乐、体育类社团，以及一些娱乐性质较浓的社团，如广播社、街舞社、K 歌社、MX 神话电影社团、笑品人生戏剧社、DIY 社、微拍社等。我们将学生的社团活动作为课程建设的重要内容，在课表中安排固定的时间，重点社团有学校老师指导。

作为学生素质拓展的重要载体——我校社团活动蓬勃发展，成为校园里一道亮丽的风景线。我校社团实现了全面覆盖，实践着“人人来参与，人人做主人”的社团理念。学校的一些品牌社团已在区内小有名气，合唱社团赴欧洲参加青少年艺术展演，参加市级、区级比赛，次次都是折桂而归。健美操队、花样跳绳社团、中文戏剧、英语校园剧都在朝阳区、北京市斩获奖项。我们始终坚守着用全人格教育塑造孩子们的健全人格，帮助他们找到一生为之奋斗的事业疆域！

充分地相信学生和尊重学生是我们的学校德育工作的基本理念，构建多元的德育模式，特别是在活动中、实践中，在孩子的体验和参与中，促进孩子的健康成长是学校德育工作的基本思路。通过丰富多彩的教育实践活动，我们亲耳聆听到了学生们前行的脚步声，亲眼看见了学生们成长的足迹，亲身感受到了学生们身心的日渐发展和成熟。北师大朝阳附中的孩子们，就是这样，在参与丰富多彩的实践性活动中找寻自我，发现世界，构建自身的期待与梦想，又一步步地清晰着他们的未来，并朝着未来坚定地前行。而作为他们的老师，我们在不停地探索和守望，祝愿孩子们的未来因我们而更加精彩。

执着追求 强化管理 奠基成长 幸福学生

北京市劲松第一中学　　李　兵

作者简介

李兵，中共党员，硕士研究生毕业，高级教师。2004年至今，先后任北京市民族学校校长，北京市金盏学校、北京市劲松第一中学校长兼党委书记。曾兼职北京市教育学院初中数学骨干教师高级研修班指导教师，北京教育学院京郊教师“绿色耕耘”高中数学发展培训项目组指导教师。曾获“朝阳教育劳动奖章”，“关心下一代优秀工作者”、“关心教职工的好领导”等荣誉称号。多篇有关教育教学管理方面的论文在市区评比中获奖。

做校长工作的12年，给我留下了深刻的印象。在金盏学校的7年里，随着朝阳教育的快速发展，这所学校发生了巨大的变化。

金盏学校的前身是金盏中学，金盏中学创建于1958年。学校地处城乡接合部，是朝阳区一所规模较小、基础较弱的农村学校，2008年时学校有12个教学班，200多名学生，47名教职工。因教育资源整合，2010年、2011年、2012年分别将原金盏小学、长店小学、星河实验打工子弟学校长店校区的师生并入金盏中学，学校整合成为有34个教学班，1200多名学生（近90%的学生是来自全国22个省市的打工子弟），118名教职工的一所九年一贯制学校，并更名为北京市金盏学校。

整合初期崭新的教学楼落成后，许多小学生上楼后不会使用自动出水龙头洗手，上厕所后不去冲水；许多初中学生放学后因家里不具备安静的学习条件不回家，而是留在学校写作业；我们许多老师因拆迁家庭经济条件比较优越，我校市区骨干曾出现没有人申报，甚至连续几年高级教师职称指标多于申报人数的现象。我们面对的是许多有着不同地区文化背景、风俗习惯，城市生活能力、学习习惯相对薄弱的打工子弟；面对着许多有着不同学校管理文化背景、进取心不足的中小学教职员工。

然而随着朝阳区“三化四区”建设的推进，金盏地区经济文化建设的快速发展，地区百姓对优质教育的需求越发强烈，对学校的教育提出了更高的要求，这也迫使我们不得不思考：这样一所由4所相对薄弱的农村学校整合而成的学校，我们靠什么生存、凭什么发展？我们的发展方向在哪里？我们面对一个棋盘，先走哪一步，再走那一步，怎样出兵，怎样协同作战，让一盘棋走出精彩？

教育的核心是促进人的发展，改变一所学校，首先要改变她的精神面貌，使师生能够自信、阳光地学习、工作和生活，才能促进师生健康全面发展。基于这样的背景与思考，学校领导班子进行了深入调研、全面分析，对学校未来的发展进行了精心设计规划，系统地构建了学校发展规划。制定办学理念：幸福学生、阳光教师、和谐校园；明确育人目标：培养有精神、有素养、有特长的合格人才；确定工作思路："整合促进发展，特色带动发展，文化引领发展"。

围绕着学校发展规划，在以后的三年里，我们重点抓了四个方面的工作。

第一步棋：抓整合，促班子形成合力

随着教育发展，教育资源、校际之间等不同形式与性质的整合屡见不鲜，不同形式与性质的整合势必带来不同的机遇与挑战，作为管理者要把握新机遇、创造新优势、实现新发展；要凝聚人心，从资源的整合到管理的磨合最终实现人员的融合。

（1）整合初期我们提出"整合创造新优势，融合实现新发展"的工作思路，提出全校"一盘棋"即定好位、履好职的管理理念，促进各个层面人员从不了解到了解，从不理解到理解，从磨合到融合，从"你们家"到"咱们家"，凝聚队伍形成共同愿景。

（2）开展各项文体活动，促进师生团结融合。

（3）整合优质资源，打通中小教研组活动，使中小学教师实现教学上的融合，充分发挥了优质资源效益。

（4）不断探索中小衔接，六年级的教师由初中、小学教师混编组成，整体管理纳入初中部进行管理，不断探索"五四制"的管理模式。

（5）全面构建九年一贯学校的管理体系，将九年的教育教学进行整体规划，分阶段落实教育教学重点工作，发挥九年教育连续性的优势。

（6）全面构建九年一贯制学校管理制度，重要工作建立规范管理的流程，对学校每一个层面、每一项工作实施全方位、全过程的管理，使每项工作落到实处，确保各项任务的完成。

（7）以"敬业奉献""勇于担当""锲而不舍""为校争光"的金盏四种精神引领，促进学校文化的融合。

通过几年的工作，大家从彼此不了解到了解、到相互理解、到互相支持，逐步形成了共同的发展愿景，学校的各项工作出现了新的面貌，师生的精神面貌、学习、工作状态出现了明显的改变。

第二步棋：抓队伍，促教师队伍提升

不论教育如何改革，教师队伍的建设一定是核心要素。教师队伍建设的核心是教师职业道德和专业化水平。学校要通过文化引领、专业培养等举措，打造有理想信念、有道德情操、有扎实学识、有仁爱之心的教师队伍。

（1）文化养人：积极倡导做最受尊重的教师、做最有尊严的干部，做有话语权的金盏人，制定学生最喜爱的教师标准，每学期评选最具金盏四种精神的教职员工并给予表彰，大力弘扬永不言败、不断奋进的体育精神。

（2）四个引领：特级教师、专家定期进校指导，听课评课上示范课，从教育教学经验、学科高度、深度引领；教研员、分院教师定期进校指导，从课程标准、教材把握引领；共同体学校、兄弟学校骨干教师进校指导，从实际操作、资源分享方面引领；校内师徒、同伴互助，取长补短。

（3）四个培训：寒暑假的全员培训、学科培训；每月的学科专项培训；每周的例会培训；新教师的常规培训。

（4）两次考试：每学年组织教师进行两次学科知识与技能的考试。

（5）两节公开课：每学期新教师上一节校级汇报课，其他教师上一节展示课。

在“金盏人”精神引领下，广大教师斗志昂扬、传递拼搏奋斗的正能量，教师专业水平不断提高，为学校的可持续发展提供了坚实保障。

第三步棋：抓课改，促学生健康成长

针对多数学生学习基础相对薄弱的现状，我们提出“只有变化，才能提升”“激情投入学习，参与决定成功；激情投入教学，关注决定成长”的学与教的工作思路，推进课堂改革，促进学科发展，提升教学质量。

第一阶段推出教学案机制，促进学生利用学案做好预习，促进教师精讲多练，当堂检测。

第二阶段推进“先学后教、小组合作”的教学模式，深化课堂教学模式改革，实施预习交流、小组展示、精讲精练、课堂检测、总结归纳五环节教学法。

第三阶段将先学后教、小组合作学习与尝试教学进行融合，进一步强调学生尝试先学、合作互助、教师点拨、巩固训练、检测评价。形成了复习检测、明确目标、学教过程、检验效果、评价总结，五部十环节课堂教学模式。

在操作过程中，针对一、二年级，三至五年级，六至九年级制订了相应的工作方案，结合学生年龄特点，将内容与形式进行了适当调整，提高了针对性与实效性。在坚持双赢合作，促进互助保障，构建学生互助学习、互助成长的课堂教学模式的过程中，我们加强了班集体建设，逐步构建起和谐共处、自主管理的班级管理模式。

经过三年的检验，体现了很好的效果，在小组合作教学的组织中，培养和锻炼了学生的能力，调动组内其他同学的内在潜能，也正是这种培养和锻炼提升了学生的自主学习能力，促进了学生学习效果的达成，使师生体验成功的快乐。

第四步棋：抓特色，促学校全面发展

一所学校的发展不可能一蹴而就，方方面面工作千头万绪，结合区域文化，借助自身优势，以特色活动促进学校整体发展。

1. 借助学校体育特色，以体育文化激发学生热爱体育运动，提供身体保障，坚持文化育人，奠基生命成长。

我们通过体育校本课程落实体育运动教育，保证每名学生参加一项体育活动或社团。近年来我校开展的跆拳道和橄榄球等体育运动，受到广大学生喜爱，进一步丰富和强化了学生的体育生活，使学校体育特色迈上了新的台阶。

2. 培养精神意志，助推学生刻苦学习是学校打造体育特色的另一重要目标。为了使学生了解体育精神的实质，以体育精神激励自我，以体育精神克服学习上的困难，我们利用体育校本课程、体育室内课、校园文化、楼道文化、视频播放等手段和形式，开展体育精神的宣传、体育明星和奇人故事的宣讲，意在通过氛围的营造，让学生们去了解、感知体育精神的内涵，让学生去讨论、总结体育精神的实质。通过学习，特别是在体育运动中的锻炼与成长，学生们有了较大收获，例如参与橄榄球让学生学会了合作、团结、坚持、集体荣誉感，学习跆拳道则让学生领悟了自由正义、礼义廉耻、忍耐克己、百折不屈、忠孝节义勇的道理。当学生在学习中遇到困难的时候，体育精神给他们带来了克服困难的勇气；当学生遇到失败的时候，体育精神的坚持带给了他们信心。同学们刻苦努力，坚持不懈地努力，很好地诠释了体育精神的魅力。

经过几年的努力，学校在体育方面取得了诸多成绩，逐步形成了体育特色，师生的精神面貌、工作、学习状态明显改变，有效地推进了学校整体发展，同时为朝阳教育增添了光彩。

柳传志曾说："这世界上有两种人，一种是混日子的人，一点目标都没有，过了今天不知道明天要干什么。一种是奔日子的人，一直有着远大的目标在往前奔。"我觉得要做一个奔日子的人，让你的每一天都能过得超级精彩。

几年来，由于我们树立了全校一盘棋的理念，由于我们脚踏实地地不懈努力，领导班子齐心合力励精图治、率先垂范，教职员工奋发图强、尽职尽责，学生们意志坚强，积极向上，不知不觉中师生的精神面貌发生了很大变化：学生文明了、乐于交流了，变得越来越像城里人，也积极参加各项校内外活动了；教师不再炫耀财富，而是更多地追求专业发展了；学校也有了各类骨干，而且还获了很多奖。随着朝阳教委学区化改革的深入，金盏地区经济文化建设的快速发展以及区域人口结构的变化和学校生源的改变，我们有信心、有决心，发扬体育精神，执着追求，拼搏进取，努力把学校办得更好！

实施精致教育　奠基幸福人生

——“向善教育”的思考与实践

北京市大兴区魏善庄中学　　吕　斌

作者简介

吕斌，男，1970年出生，1990年参加工作。现任北京市大兴区魏善庄中学校长、党支部书记，大兴区名校长培养工程培养对象、大兴区学科带头人（管理）、大兴区教育系统优秀党务工作者，获大兴区教育系统管理工作突出贡献奖。参加工作26年，一直坚守在农村教育岗位。近年来，以干部教师队伍建设为抓手，加快学校内涵发展，在学校文化、科技教育、数字化建设、校园足球项目等方面打出特色，树立了学校品牌。

从远古时代尧舜的禅让、大禹治水的三过家门而不入，到孔子所倡导的“仁”、老子所宣扬的“道”，再到我们当下倡导的“爱国、敬业、诚信、友善”，泱泱几千年的中华文明，善是无所不在、无时不在的。

“向善教育”产生的基础

（一）贯彻党的教育方针必然要求

我们国家的教育方针明确指出“培养德智体美全面发展的社会主义建设者和接班人”。这就要求我们未来的一代人要有高尚的道德情操，要有符合社会要求的行为准则，要有实现中华民族伟大复兴的中国梦的能力。

（二）传承中华优秀传统文化的脉络

传统文化是中国古圣先贤几千年经验、智慧的结晶，以“善”为核心的道德教育是古代诸子百家中不可或缺的重要思想。

（三）挖掘地域历史的文化资源

“魏善庄”地名由来已久。相传在明朝初年，山西省洪洞县陈家台移民至此，时有陈、刘、韩三姓，垦耕成村。

大家都知道，南海子曾经是金、元、清三代的皇家狩猎场，规模宏大。据说每年皇帝都要到南海子围场进行围猎，为彰显皇帝的好生之德，在猎场的南方专为猎物留一个缺口以供逃生，在这个缺口不远处有个小村庄，久而久之这个村就叫魏善庄了。可见魏善庄的“善”由来已久了。

（四）对学校办学历史的传承

魏善庄中学 1958 年建校，至今已有五十余年的历史，在半个多世纪的办学实践中，一代代领导班子满怀对教育的虔诚，用他们的善良与敬业，呕心沥血，带领魏中人团结勤奋，求是向上；他们善思、善学，从筚路蓝缕到艰苦创业，在不断进取中开拓创新，培养了一批批优秀人才，收获满园桃李。

“向善教育”的概念性表达

（一）教育的概念及我国教育目的

从广义上说，凡是增进人们的知识和技能、影响人们思想观念的活动，都具有教育作用；狭义的教育，主要指学校教育，是教育者根据一定的社会要求，有目的、有计划、有组织地对受教育者的身心施加影响，期望他们发生某种变化的活动。

我们国家要求培养的是社会主义的建设者和接班人，要求培养在道德、才智、体质等方面全面发展的人才。

（二）什么是“善”

在一个确定的社会历史时代，凡是符合当时社会普遍公认的价值标准和社会规范的行为活动及其结果，就被社会公认为是合理的、正当的，因而是善的。

苏格拉底哲学的核心之处就在于“善本身是目的”。在他看来，人对善既非完全的无知，亦非完全的已知，而后天的教育正是要把这潜藏在心中的内在原则——善揭示出来，使人们充分认识到自己心灵固有的向善本性。

（三）“向善教育”的含义

真正好的教育，是引导人追求“善”的一种活动。实践的教育是真正的教育，是关注人的生活，在生活中实践“善”，让每个人成为有德行之人，让每个人过“善”的生活的教育。这不仅是教育的追求，也是我们对教育的期望。

“向善教育”的核心价值：为善以德、为善以行、善为以能。

——为善以德

“立德树人”是党的十八大提出的教育根本任务。我们将“为善以德”作为育人的起点，全面推进素质教育。

——为善以行

要为善，就要拿出行动来。为善的行动在生活的点点滴滴。三国时期刘备讲过“勿以善小而不为，勿以恶小而为之”。

——善为以能

“善为以能”是人的智力、能力发展成果的体现。能为重，这里的每一个人习善、至善。在学习、工作、生活中，促进每一个人学习能力、实践能力、创新能力的全面发展。

“向善教育”的理念体系

（一）学校办学理念——“树德启智　修善养行”

学校的办学理念确定为“树德启智　修善养行”。这一理念的关键在于“树立三种道德、启迪三种智慧”。前者指干部树立管理道德，教师树立高尚师德，学生树立公民道德；后者指启迪干部管理智慧，启迪教师育人智慧，启发学生学习智慧。

（二）学校办学目标——把魏善庄中学办成“善源之地 习善之家”

其目的在让学校充满“善”元素，营造向善的氛围，培养学生善的品德，促进学生践行善的行为，提高学生善的能力，构建一个和谐向善的大家庭。

（三）学校育人目标——培养怀善心、践善行、有善能的人

学校和老师的任务是传道、授业、解惑，让每个孩子有正确的人生观、世界观、价值观。为学生搭建多重平台，培养怀善心、践善行、有善能的人。

（四）学校校训——上善若水 止于至善

学校师生要像水那样去对待学习、对待工作、对待事业、对待家庭、对待师长、对待同事、对待朋友、对待家人、对待人生所要面对的一切，要有善心、善行、善能。

止于至善，上升到人性的层面来说就是大真、大爱、大诚、大智的体现。

“上善若水 止于至善”，以此为校训内容，在弘扬中国优秀传统文化的同时，让学校的每位师生明白人的价值与最高境界是用如水德一样的善，达到完美的境界。也许“至善”无法在现实生活中达到制高点，但是魏中人始终在路上，在为善的路上，在善为的路上。

“向善教育”的实践体系

（一）学校管理——和谐善政

近年来，积极探索学校组织变革，搭建各种桥梁，让管理运行机制、协调沟通机制畅通有效。学校力争让各项规章制度以人为本，以调动人的积极性、主动性、创造性为本。学校通过强化业务学习，丰富领导干部的理论知识，提高领导干部的管理能力与水平；通过教职工评价、教代会量化考核等方式，调动领导干部工作积极性、主动性和创造性；通过巡视制度、述职制度、学习制度、主管负责制度、责任追究制度等管理制度的落实，提高学校行政管理的效率与效益。

（二）课程建设——多元善育

1. 国家课程的校本化实施

依据国家课程标准，结合学校实际、学生实际提前下，对课程内容和难度进行相应调整。高中结合生源状况适当降低难度、放慢速度、保障必修、适度选修。初中则与地方课程相结合、与传统文化相结合、与推进学生阅读相结合，适当增加相关内容。

2. 大力开发特色校本课程

目前学校的特色校本课程主要有“善阅则博”的阅读课程、“善体则健”的体育课程、“善美则灵”的艺术课程、“善知则明”的科技课程等。配合特色校本课程建设，学校每年定期举办读书节、体育节、科技节、艺术节，通过主题节日促进了校本课程的开发与建设，为学生搭建了学习、交流、展示的平台。健美操、跳绳、足球、纸质服装、单片机、木梁悬梁、航模等课程已经形成规模、成为学校的传统优势课程，选修这几门课程的学生多次参加市区级的比赛、竞赛，均取得了较好的成绩，学习的成就感更激发了学生的学习兴趣与学习动力。

（三）课堂教学——开放善导

学校倡导“开放善导”的课堂，用一种开放的胸怀，平等地对待每一个孩子，善于引导每一个孩子，让他们具有运用知识解决实际问题的能力，让课堂充满活力与魅力。

1. 课题带动，成果推广

我校鲍亚丽等几位老师的科研课题“小组讲授式教学策略研究”率先在初中地理、历史学科进行了尝试，课题将研究重点锁定在以学生小组讲授式这种教学方式来激发学生学习兴趣，让学生学会自主学习、合作学习，学会思考、合作、探究，把学习变成学生内在的需求。通过一段时间的实验对比，确实收到良好的效果，因此，学校决定加以改进后在其他学科推广。

2. 制定标准，简化操作环节

学校提出了“目标引领、自主学习、同伴互育”的总体要求，突出学生的学习与探究。在具体教学环节上的要求是：复习检测、展示目标、自主学习、同伴互育、练习巩固、归纳内化、教师反思。

3. 加强督促，扎实推进

为推进课堂教学改革，学校制定了激励与督促措施。首先是加强领导班子听推门课制度，对是否明确学习目标、是否突出学生主体、学生学习思考的时间是否充分等重点环节进行督促评价；其次是加强教学设计检查，督促教师探索、尝试新的教学模式；再有就是加强教研组、备课组的听评课制度，促进教师进行改革；最后，学校从奖励激励机制的工资中，专门设定课堂教学改革奖励，调动教师积极性。

4. 开展磨课活动，不断改进课堂教学

借助信息化手段开展磨课活动，推进课堂教学改革。学校定制开发了录评课一体化平台，每学期每位教师要对本学科所有课堂教学实录进行描述性评价和定量评价，同时还要跨学科评课不少于三节。讲课教师可随时查看同事对自己提出的改进意见，后发表评价的教师可以阅读先前评课教师的评价留言。

5. 以学评教，突出主体、突出实效

在日常听评课活动中，改进课堂教学评价方式，由注重教师教改为重点评价学生的学。以学生参与学习的积极性和主动性、学生思维记忆的深度与广度、学生学习目标的达成度作为一节课的评价标准，突出学生在课堂学习过程中的主体地位，突出课堂教学的实际效果。

6. 加强常规管理，保障落实

在日常教学管理过程中，学校通过检查教案、抽查学生作业本、听推门课、学生座谈、问卷评教等多种形式落实教学常规，保证了教学工作的有序开展，保障了课堂教学改革的推进。

（四）行为表现——进取善新

教师方面："进取善新"表现在挚爱教育，发展创新上。这里的每一位教师都有教书育人、敬业爱生的使命感和责任感，对学校具有

很强的归属感。学校针对不同年龄层次和业务能力的老师进行分层培养，为教师的专业发展搭建各种平台。加强教科研建设，为教师的专业发展提供必要的支持与保障。

学生方面：“进取善新”表现在学生的自我发展，自主成长上。学校坚持把社会主义核心价值体系贯穿于学校教育教学的全过程。全面实施素质教育，开展艺术、体育、科技、读书等节日活动，开展多彩的社团活动丰富学生的生活，提高学生的身心健康水平、审美情趣和人文素养。

（五）公共关系——共生善群

学校创建“共生善群”的公共关系，有机整合和充分利用社区、家长及社会资源，让家长走进来，让学生走出去，实现学校、家庭、社会的多元互动，拓宽教育途径。

教师发展“共生善群”的公共关系，可以促进教师间的相互学习、相互借鉴、相互促进，有利于教师的专业成长。

学生构建“共生善群”的公共关系，发展与人合作的意识与能力，这是对学生成长的要求。

（六）物质环境——人文善美

漫步校园，处处体现“人文善美”。学校将教学楼分为A、B、C、D、E、F六个区域：A区为行政区，主题为“善政则和”，目的是让管理者善于治理，做到干群之间、干部与教师之间、干部与学生之间的关系相互平等、信任，关系融洽，和谐发展。B、C区为教学区，一层的主题为“善德则尚”，目的就是教育学生做一个品德高尚的人；二层主题为“善智则成”，教育学生要有一技之长，做一个对社会、对他人有益、有价值的人；三层主题为“善学则聪”，教育学生要善于学习；四层主题为“善美则灵”，告诉学生什么叫美，怎样欣赏美、创造美。D区为教师办公区，主题定为“善喻则师”，这一区域主要是以师德宣传和优秀教师风采展示为主，在教师中树立榜样。E区为各种专用教室区，主题定为“善知则明”，目的是使学生了解科学知识，激发学生学习兴趣，将来为社会做出自己的贡献。F 区为教师、学生阅览区，主题定为“善阅则博”，鼓励师生博览群书，增长知识。

坚守型学校需要坚守

北京市怀柔区渤海中学　　卢国东

作者简介

卢国东，历任首都师范大学附属红螺寺中学教务主任、副校长。现任渤海中学校长。曾获北京市校外教育先进个人，怀柔区第九届青年创业带头人，民团教育先进个人等称号。主持多项课题研究，成果获北京市第六届教育科学研究优秀成果基础教育专项奖（北京市教委）；第四届北京市基础教育教学成果奖一等奖（北京市政府）；怀柔区 2013 年度科学技术创新奖一等奖；2014 年，教育部全国基础教育类国家级教育教学成果奖二等奖（教育部）。

渤海中学是一所初中校，始创于1958年，2002年合乡并镇时由三校合并而成。渤海中学是怀柔区保留的唯一的平房校区，全校占地44亩，有12个教学班，每个年级4个班，每个班近20人。全校215名学生，其中外地借读5人，学生大多数来自渤海镇下辖的20个行政村。最远的学生离校近30公里。教师66人，超编6人。60%以上的教师生在渤海镇，很多就是渤海中学毕业生，家住在县城，坐学校通勤车上下班。

我很喜欢“坚守”两个字，这个词充斥着硝烟的味道。我不知道渤海中学能不能入围坚守型学校的行列，但我很希望渤海中学能入围。下面，我将为大家带来的是发生在长城脚下一所中学的故事。

有责任才是坚守

渤海中学有这样一个孩子，已经初二年级，但她是5年来第一次背着书包走进校门，来到学校上课，每天课上老师教她学拼音、写阿拉伯数字、画画，她听老师讲故事。而课下，她和同学们游戏。她是校长经过多次家访，终于说服家长请回来的特殊学生。学校为她特意召开初二年级教师会，号召老师们对这个“特殊”的学生实行“特殊”的关注，明确目的是将其培养成为群体中的一员，一名社会人。老师们特殊关爱和适时教育，让她有了转折性的变化，不仅懂得了规矩，学会了自理与交流沟通，而且变得更自信与快乐。

老师们在日记中写道“她是不幸的，没有正常的智力水平，由于家庭的原因与社会几乎脱离，但她又是幸运的，在校长那里得到了特殊的关爱和尊重，生活又燃起了新的希望，她快乐着，成长着。”

有一名在北京101中学游学5天的孩子，她从小学4年级发现有很重的心理障碍，一度休学。她能不能去游学，几乎是年级组的大讨论。最后老师们说“我们和她住在一起，两个人看护她，不能让她离开集体活动。”孩子开阔了眼界，生活在伙伴中，利于身体康复。昨天夜里，因发病被接回，短短的5天里会发生许多故事。这是责任，是许多被选择学校特有的一份责任。

学校教育是什么？党的十八大报告指出："把立德树人作为教育的根本任务，培养德智体美全面发展的社会主义建设者和接班人。"指明了今后教育改革发展的方向，指明了学校的中心工作是育人。"不让一个孩子掉队，让每个孩子都成功。"这是一种责任。更多的类似渤海中学的坚守型学校，因为这份责任才是坚守，如果缺失了这份责任那是留守。

有关爱才是坚守

我出生在距北京市区 130 公里外的山村，在七八十年代农村标本式学校上的小学、初中、高中。其中初高中 5 年在离家 40 里外住宿，周末回家，用的最多交通工具是两条腿。我深深地了解农村的孩子，了解他们生活和学习的艰难，即使是现在。渤海中学 60% 生长在本地的老师更知道，孩子需要什么，我们应该给予他们什么。

关爱下一代不是人类的专利，而关爱别人的孩子只属于人类，关爱每个孩子应该是教师的专利。

渤海中学王海伶老师经历过这样一个故事。班里有个女孩叫美华，矮矮的个子，长长的头发但有些乱，衣着朴素且有些脏。她父母年龄较大，与她人无法进行正常交流和沟通。面对这张稚嫩的脸庞，王老师知道她需要什么，王老师更知道自己应该做什么。

每天到班后，先留心她是否有变化，总要和她说会儿话。天冷了提醒她要多穿衣服注意保暖，天热了告诉她少穿多喝水防中暑，午饭时询问是否带了饭钱，晚上叮嘱和她同村的女生一定要和她一起回家。每当孩子生日时，王老师都会送上一张贺卡并写上温馨的祝福。一次，周一升旗后回到班上时，王老师发现她座位的周围湿漉漉的，还略带黄色，上衣坐在屁股下，王老师立刻明白了。王老师带着她回到宿舍，让她穿上了王老师的秋裤，还特意从同事那里借来了裤子，给她换上王老师的上衣。她回到了教室上课。王老师把她脱下的里里外外的脏衣服，放在盆里，仔细认真地搓揉洗。晚上放学，王老师把洗净叠好的衣服给了她。她说“谢谢老师”，王老师笑了。

班主任张玉华老师在教育案例中写到：田田是我们班的生活委员，可是，这一星期的一连几天她都没来，她让别的同学把班门钥匙给我带来了，说她感冒了。

放学后我骑车经过四处打听，终于来到了田田的家，刚到她家门口，眼前的景象就让我心酸不已。房子的墙是石头和泥垒成的，房顶的瓦已经破败不堪了，墙头长满了野草，一扇破木门半掩着。我在门口喊了几声“田田！田田！”院内没人应声，于是，我壮着胆子进门，我又喊：“田田！”屋里有微弱的声音回答“哎！”堂屋一口大黑锅锈迹斑斑，灶台边上堆着几根棒结杆儿，里屋黑漆漆的，墙上泥迹斑斑，一件家具都没有，田田躺在冰凉的炕上，身上盖着破被子，小脸烧的通红通红的，眼睛都睁不开了。我给她穿上外衣，把她抱到我的自行车后座上，推着她来到镇卫生院，医生责备道“为什么不早点来，再晚来会儿孩子就有生命危险了”。交费、化验、打点滴……一直忙到深夜，看着田田的脸不再红了……

第二天清晨，田田睁开眼看我在身边，激动地热泪盈眶，哽咽着对我说：“张老师，谢谢您！”我问她，“好点了吧！为什么家里就你一个人？你父母呢？”听到我的问话，孩子再也压抑不住内心的委屈抱着我嚎啕大哭。田田说，她是父亲领养的，父亲好吃懒惰、嗜酒如命。在她上小学的时候父亲去逝了，养母撂下田田一个人又嫁到别的村里去了。没办法田田就自己住在父亲留下的老房子里，逢年过节去叔叔家吃顿饭，平时就自己过着孤苦伶仃的日子。我听完田田的哭诉，自己简直不敢相信眼前的孩子竟有这么悲惨的命运。怎样才能彻底帮着这个孩子呢？后来，我费尽周折和田田的叔叔一起为她争取到了低保，并把她安排到村里的社区保障中心居住，我隔三差五的为田田带吃的用的。

我们身边这样教师有许多，她们关注着每个有困难需要帮助的学生，也因为她们的关爱，孩子健康成长，实现着自己的人生梦想。坚守型学校，因为特有的那份爱才有坚守，缺少了这份特殊的爱就是看守。

有质量才是坚守

《国家中长期教育改革和发展规划纲要（2010 － 2020 年）》第四章第八条写到“巩固提高九年义务教育水平。义务教育是国家依法统一实施、所有适龄儿童少年必须接受的教育，具有强制性、免费性和普及性，是教育工作的重中之重。注重品行培养，激发学习兴趣，培育健康体魄，养成良好习惯。到 2020 年，全面提高普及水平，全面提高教育质量，基本实现区域内均衡发展，确保适龄儿童少年接受良好义务教育。”

《国务院关于深入推进义务教育均衡发展的意见》国发 [2012]48 号“我国用 25 年全面普及了城乡免费义务教育，从根本上解决了适龄儿童少年“有学上”问题，为提高全体国民素质奠定了坚实基础。但在区域之间、城乡之间、学校之间办学水平和教育质量还存在明显差距，人民群众不断增长的高质量教育需求与供给不足的矛盾依然突出。深入推进义务教育均衡发展，着力提升农村学校和薄弱学校办学水平，全面提高义务教育质量，努力实现所有适龄儿童少年“上好学”，对于坚持以人为本、促进人的全面发展，解决义务教育深层次矛盾、推动教育事业科学发展，促进教育公平、构建社会主义和谐社会，进一步提升国民素质、建设人力资源强国，具有重大的现实意义和深远的历史意义。”

党的十八大报告把“努力办好人民满意的教育”放在“在改善民生和创新管理中加强社会建设”的六项任务之首。

从以上这三段文字我们读出两个字“质量”。对于坚守型的农村学校，质量更加重要。

我大学一毕业就在红中任教，红中的前身是师范学校，也许这个原因，怀柔农村的许多家长都知道我。刚调到渤海中学时，一个孩子好奇的问我“您是犯错误了吗？”我说“没有呀，为什么这样说。”他说“不犯错误，怎么到这来了。”我一下子明白了，但不知道说什么。

有一个女孩来到县城看到了火车，她好奇的问表哥“火车的车胎如果扎了，上哪打气去呀？”

一位在城区上班的妈妈去农村的姥姥家看孩子，孩子兴高采烈的描述着见闻。说“妈妈，今天村里来了一辆好大好大的车。”妈妈问“有多大呀？”孩子想了想比划着说“有粪箕子那么大。”妈妈把孩子抱在怀里哭着说“妈妈再难也要把你带走。”

校长们，大家认为这是故事吗？这就是深山中农村的白描。朴实、善良、勤奋的农村孩子，学校、老师、教材是他们主要的知识来源，通过她才能看到山外的世界。“一些农村学校与城区学校办学水平和教育质量还存在明显差距，人民群众不断增长的高质量教育需求与供给不足的矛盾依然突出。”适龄儿童少年由“有学上”向“上好学”转变。坚守型的农村学校不有效提升质量，让人民群众满意，将陷入因为生源少，可能被撤并，质量差，生源少，优质生源更少，质量更差，更有可能陷于被撤并的怪圈之中。

渤海中学 2014 年在怀柔区义务教育均衡发展督导评价中获得初中校全区第一名的好成绩，并于 2015 年 4 月代表怀柔区迎接国家检查获得好评。一所山区普通初级中学，中考前 20 名平均分 2013 年 504.1 分，2014 年 522.8 分，2015 年 540.5 分连续三年提升。2015 年中考 75 人中，最高分 565 位居全区第 11 名，英语 2 个满分，化学 1 名满分。平均分 479 分，及格率 94.9 分，优秀率 55.9，列入区优质校。81.3% 升入高中，其中 44% 升入市区重点高中。渤海中学能够做到区域的小学毕业生全部留在渤海中学就读，不向城区校转学。这正是教育均衡化所希望的，也是坚守型学校在坚守的案例。

要坚守住阵地，需要有责任的坚守；需要充满爱的坚守；需要有质量的坚守，不然就会“失守”。随着农村老龄化的加剧，青年返乡居住的减少。我们距离为了一个孩子保留一所学校，发一趟班车的时间不会太远。这将更需要坚守型学校负责任的教育坚守，做凤凰涅槃式的坚守。

有危机才需要坚守，无论这个危机来自哪里。群山中的孩子需要一所能就近入学、能享受到和城里孩子一样优质的学校，这是“钢需”，这是“民生”。农村许多坚守型学校需要坚守，做有质量的坚守，也只有高质量才能坚守得住。

我说不清楚教育的责任、关爱、质量、公平、坚守五个词哪个是因，哪个是果。留给我的是一串问号。

因为责任而坚守？

因为爱而坚守？

因为坚守而爱？

因为坚守，才有质量？

因为质量，才能坚守？

因为质量，才有公平？

因为需要，才要坚守？

借我翅膀　助我腾飞

——北京市广渠门中学与房山区石楼中学城乡一体化建设实践与思考

北京市广渠门中学房山分校　　李国民

作者简介

李国民，现为北京市广渠门中学房山分校校长。2013 年 5 月，房山区石楼中学（现为北京市广渠门中学房山分校）与北京市广渠门中学市级城乡一体化正式启动。经过三年的合作办学，学校形成了明确的办学思路：依托总校教育资源，借鉴先进办学理念，聚焦学校内涵发展，注重行为省思改进。坚定了“用生命影响生命 用尊重赢得尊重 让每个生命都精彩”的办学理念，打造“三 yan”校园文化，形成了有本校特点的“三全四化五过程”德育工作思路和条理清晰的“12344”教学管理工作思路。同时形成了网络下的“学案导学，双主互动”高效课堂模式。

学校建设情况介绍

2013年8月进行城乡一体化项目改造共投入2754万元，其中工程共投入1100万元，信息化建设投入648万元，设备投入869万元，其他投入137万元。经过城乡一体化建设，学校现有多功能厅一部、200米塑胶跑道操场一块、标准化篮球场两块、22部专用教室；教学、办公设备实现了现代化、信息化。

一体化使分校干部教师思想实现了快速提高

2013年5月16日，举行了北京市广渠门中学与房山区石楼中学市级城乡一体化启动仪式，签订了合作办学协议。石楼中学正式更名为北京市广渠门中学房山分校，全面接受以吴甡校长任组长的城乡一体化领导小组的领导，为一体化的开展提供了完善的组织保障。

（1）学校班子成员在总校的帮助下，制定了一年走出低谷、两年站稳脚跟、三年形成品牌的目标，进行了年度任务分解，确定了达成目标的方法和途径，明确项目责任人。

在总校的指导下，我校形成了全新的办学理念和办学思路，并达成了全体师生的共识。

办学思路：依托总校教育资源，借鉴先进办学理念，聚焦学校内涵发展，注重行为省思改进。坚定“用生命影响生命”的办学理念，打造“贾岛文化”学校特色，实现“创房山教育品牌，办人民满意学校”的教育理念。

（2）通过联席行政会提高分校干部思想。在会上吴校长的办学理念和办学思想以及生动的讲话深深触动了每位干部的心灵，使分校的干部形成了严谨认真的工作氛围。崔楚民副校长在会上对各个问题的安排和掌控充分显示出领导的驾驭能力，其他领导对分管工作的敬业精神和工作的高水平，都在深深触动着分校的干部，从而使分校的干部转变了工作的惯性思维模式，提高了对自己的工作要求。

（3）通过总校与分校在德育和教学工作的对接转变分校干部工作作风。总校负责一体化项目的刘萍、刘伟兵两位主任的工作热情、工作水平每时每刻都在感化着分校的干部和教师，总校干部教师乐观向上的精神状态、“工作不过夜”的工作作风和严谨求实的工作态度，深深影响着我校干部教师，这带来的是教育观念、教育行为和工作作风的转变。

（4）通过专题报告、送课下乡、师带徒等活动提高分校教师思想。总校派出名师到分校作报告、送课下乡、师带徒，他们对教育工作热情追求、对教育工作的眷恋为分校教师解读了“教师”的含义，他们身体力行地为分校教师做出了榜样。

一体化的具体实施，助推了学校发展

1. 专题培训，更新了干部教师的教育理念

合作开始，吴校长就为分校的培训进行了精心的设计。吴校长给全校教师作了“用生命影响生命，让每个生命都精彩”的专题培训报告；特级教师穆秀颖为我校全体干部教师做校本课题建设的专题讲座；崔楚民副校长给全校干部教师做“新课程理念下的课程改革”专题培训；高金英老师给班主任作了“爱心妈妈”培训；张悦副校长为教师作了“如何备课”“如何制定教学目标及其正确表述目标”“如何做教学设计”等系列专题培训。通过一系列精心设计的高水平培训，分校干部教师的育人理念、教育观念发生了巨大的变化。大家一致认为干部教师好的生命状态将对学生一生产生良好的影响。

2. 德育工作的对接

（1）依托总校“生命教育”办学理念，立足学校实际，坚持把“高品位的师德素养、深层次的专业素养、多方位的能力素养”作为我校

德育工作者的发展定位，促进教师优质生命状态的提升。

（2）在与总校干部教师的合作交流中，分校德育干部、班主任的思想观念发生了转变。“用生命影响生命，以尊重赢得尊重”的教育理念已植根于教师心中。

（3）借助总校人力资源，成立骨干班主任工作室，2014 年 9 月 28 日在北京市广渠门中学举行了骨干班主任工作揭牌仪式。成立了以吴甡校长为总顾问，以崔楚民副校长、李志伟副校长为顾问团，以名优班主任为导师团的专家团队，加强对骨干班主任工作室的领导与指导，为工作室建设提供人、财、物、技术的支持，发挥名优班主任的示范引领作用，加强对班主任的培训与指导。

（4）名师引领，助推班主任专业成长。分校与总校在 2014 年 10 月 28 日举行了隆重的拜师会，全校 16 名班主任、3 位年级主任与总校名优班主任结为师徒，为班主任成长搭建平台。师徒之间通过到总校学习、到分校指导、视频备课、电话答疑等多种方式进行密切的合作交流，起到了相互促进、教学相长的作用。

（5）精心设计，开展班主任专业培训。根据班主任的实际情况和需求，制定了班主任培训计划。2013 年上学期我校先后请张国太老师做的“主题班会的设计与实施”专题讲座；于老师做的“用心投入，守望成长”专题讲座；请刘萍主任、李冬兰主任、刘卫兵老师来校进行的主题班会专题辅导；请徐德春老师做的“用心、慧心、静心、爱心”做好班主任工作专题讲座；请边溪润主任做的“经师易得，人师难求”专题讲座。这一系列精心设计的培训，使我校班主任的育人理念、教育观念发生了转变；教育能力、管理水平得到了较大的提升。

（6）游学活动给学生带来了习惯的变化和学习的原动力。在总校的支持下，分校组织各年级的优秀学生去总校游学 4 次。活动的开展极大地调动了学生的学习积极性。通过学生写游学日记，宣讲游学感受，班内出游学板报、宣传橱窗等多种形式的宣传教育，学生的精神面貌发生了很大变化。升旗、出操、集体用餐等各项集会整齐有序。

（7）家长学校的建设和家长开放日活动的开展，提高了我校的社会声誉。

2013 年 3 月 8 日，我校与总校共同组织了以“搭建交流平台，促进家校联合”为主题的家长开放日。2014 年 11 月 22 日，我校又与总校共同开展了主题为“关注学生，倾听心声，专家引领，共育良才”的家长开放日活动。为破解家长对孩子教育存在的误区，会前由总校与分校一起进行问卷调查，对家长提出的问题进行分类梳理，由总校教师对年级全部家长进行培训，然后分类进行指导。总校几十名干部、教师参与的家长开放日活动取得了轰动性效果。活动从安全教育、青春期教育、家庭教子金言、家教方法等多方面进行指导，普及了家教知识，提高了家长家教水平。

3. 教学活动的对接

（1）在第二届师带徒拜师会上，我校精选出 18 名教研组长、备课组长和中青年教师与广渠门中学的名师结为师徒对子，通过导师带徒形式来加强我校教师队伍建设。

（2）通过派出去的方式，分三批选派了杨立丽、刘红玲等 6 名学科徒弟到总校进行为期两周的学习培训。

（3）定期组织我校教师到广渠门中学听课学习，同时广渠门中学的师傅也定期来我校深入课堂听课、评课，指导徒弟的课堂教学，帮助徒弟修改和制定教学设计，开展师徒共同备课等一系列培训活动。

上学期总校与分校相互听课学习达 100 节课，效果显著。

（4）上学期开学初，在总校的参与和指导下，在我校举办了全区初三年级备课组长参加的中考复习策略研讨会，总校的学科骨干教师陈文真、刘伟兵、张文雁等多名骨干教师在我校做了 2015 中考复习策略研讨的专题报告，我校全体教师分学科参与学习和研讨，效果显著。

（5）定期外聘广渠门中学专家、领导到我校举办学科专题培训。上学期我校以初二年级数学学科为试点，开展走班制教学的实践与探索，每周二、四两天，外请广渠门中学数学高级教师卞老师到我校进行听课、指导。开学至今，卞老师到我校指导初二年级走班制数学教学听课、评课达 30 余次。

（6）开展师徒同课异构活动，提高教学研究的实效性。本学期，我校在总校的指导下，开展师徒同课异构的听课、评课研讨活动，开学至今，分年级、学科共开展了 16 对（32 人次）的师徒同课异构听评课活动，让大家受益匪浅。

一体化工作的顺利开展，提升了我校的质量和声誉

1. 中考成绩喜人

在 2014 年的中考中，分校整体成绩优异，全校 130 名学生，及格率 97.69%，优秀率 33.85%，13 人考入区外市级示范高中（总校 4 名）9 人进入我区示范性高中，29 人进入房山中学、良乡中学、实验中学，34 人考入区内、外其他普通高级中学，录取比例位居全区前列，进入全区前 100 名 8 人，前 20 名 3 人。

在 2015 年的中考中，全校 151 名学生，及格率 96.69%，优秀率 43.05%，进入全区前 100 名 3 人，最高分 564，并列全区第 14 名。

2. 学校社会知名度越来越高，声誉越来越好

学校的进步得到了社会和家长的认同，生源不断增加，特别是本校教师子女已部分转入本校学习（符合房山教委招生政策），生源的数量和质量都在逐渐改善。

城乡一体化合作以来，在东城教委房山教委亲切关怀下，总校分校领导紧紧抓住学校建设的有力契机，结合自身发展需要，明确发展目标，理清工作思路，选准工作要点，确保软硬件建设齐头并进，在课程建设、课堂改革、教研科研、教师专业提升，学生学习习惯培养方面深度对接，实现了合作双赢，谱写了城乡新区一体化的新篇章。

我们坚信：生命因教育而更加精彩，教育因生命而更加辉煌！

经营学校　追逐梦想

——办“育孩子九年 为孩子一生”的教育

北京市房山区昊天学校　　李秋红

作者简介

李秋红，中学高级教师，自2011年至今，任北京市房山区昊天学校校长。工作24年来，坚守“拥有渊博的知识、高尚的人格魅力，能影响学生一生的人”的教育理想。曾被评为“房山区十佳校长”、“房山区优秀教育工作者”、“房山区优秀共产党员”等。获得“全国和谐德育课题先进工作者”，北京市“社会主义核心价值观”宣讲团讲师等荣誉称号。昊天学校连续四年获得房山区中考一等奖、“房山区综合评价一等奖”，“房山区人民满意标兵学校”、“先进党支部”、“文明单位”等众多集体奖。

北京市房山区昊天学校是一所区直属九年一贯制学校，成立于2004年，坐落在良乡东南部地区、古老的昊天塔南侧（始建于隋朝，现为辽代建筑，学校因毗邻昊天塔而得名）。

学校秉承“尊明德 尚博学 重雅行”的办学理念，办“育孩子九年，为孩子一生”的教育。全体昊天人用心经营，践行着让每一名学生快乐成长的“我的梦”；用心经营，提高教师专业水平，营造快乐工作的“教师梦”；用心经营，促进学校科学发展，打造九年一贯制品牌校的“昊天梦”；用心经营，努力为区域教育做贡献的强区强国梦。

搭平台、促成长，打造精英团队

学校将教师视为学校最珍贵的宝藏和财富。深入开展“四名工程”，即以骨干教师为龙头的名师工程，以青年教师为核心的青蓝工程，以班主任为主体的主力工程，以教学组长为领军的学科发展工程；为教师成长搭建了“五个平台”，即理论提升平台、专业引领平台、技能提高平台、交流展示平台、表彰激励平台，引导教师成为“拥有渊博的知识、高尚的人格魅力，争做影响学生一生的贤能之师”。

在以骨干教师为龙头的名师工程中，帮助其突破高原状态，进行任务驱动，在校、区课堂展示、帮带青年教师、外出支教辐射、拜市区名师、带河北师大实习生和首师大实习生、带新疆等多省市的双语骨干培训班学员、以及奖励外出培训等。在以入职五年以内的新教师为主体的青蓝工程中，助力其快速成长，进行压担子搭平台，入职演练多个第一次、规范教学汇报、课堂交流展示、校内骨干师徒帮带、校外专家一对一指点、青年团队互学帮学比学等。在以班主任为主体的主力工程中，挖校内资源讲座交流、专家资源引领服务、奖励外出培训进行拓展训练。在以教学组长为领军的学科发展工程中，以教学例会为载体，开展研讨交流、头脑风暴、学科调研、学科实践活动等。

我校寻找资源，与名校手拉手，加快学校发展。如：学习北京市三帆中学先进的管理理念，开展丰富的教育教学交流、青年教师研讨、教科研月的观摩，聆听著名学者于丹讲座，与诺贝尔奖获得者丁肇中进行科学探索话题的互动交流，开展九年一贯制特色的北师大课题研究等。体悟清华附小灵动的课堂、快节奏的工作频率和开阔的国内外资源。感受前门外国语学校的国际视野，共同举办友好运动会、初三备考研磨，多国学生游学活动等。派中小学 4 名干部教师到清华附小、三帆中学挂职锻炼。开展湖北、河南、河北、内蒙等五省市“友善课堂”展示交流活动。邀请北京前门外语学校、清华附小、三帆中学名师走进昊天。开展友善课堂、班会、心灵拓展、专家学术讲座等。课堂中老师们应用友善用脑的 6M 策略，组织学生合作、交流，充分激发了学生的思维。

昊天人践行着事业责任，感受着职业幸福，追求着“教师梦想”！

挖潜力、拓资源，培育灵动生命

学校以区教委提出的“德育八大领域”为指引，将“培养具有明德、博学、雅行的昊天学子”的育人目标以“三个三”分层推进，低学段养成“三个习惯”（生活习惯、行为习惯、学习习惯），中学段培养“三爱品格”（爱他人、爱集体、爱学习），高学段成为“三有学生”（有理想、有品位、有责任），探索学校育人成效新的增长点，促进学生全面而个性化的成长。

（一）注重养成教育，培育灵动生命

学校坚持“三要”。即坚持向德育常规要学生习惯养成，向德育常规要学生生命安全，向德育常规要教学质量的保障。在常规中着力探索推进“五个一”，唤醒和调动学生的内驱力，促进每个生命个体的成长和绽放。

成长档案——分为“成长、喜报、回顾、祝福、寄语、展望”六个主题，

记录学生九年精彩；励志卡片——伴随和激励学生在自我规划、自我认识中成长；我为人人——“人人都是管理者”让每个孩子都有责任、有价值、有尊严、有展现，促进自我教育，实现互助成长；习惯养成——给家长一把尚方宝剑，有效地提高了家长的教育意识与实效；温馨套餐——一张毕业合影照、一个隆重的毕业典礼、一本精美的“菁菁校园毕业留言册”、一张“成长的足迹”毕业光盘，是母校对学生美好未来的殷殷期盼。

（二）构建校外教育体系，拓宽学生视野

学校敞开校门办教育，初步形成了“123559”校外教育体系，包括以下几个方面：

1 个社会大课堂。丰富社会大课堂内涵，除了一年两次的社会实践活动，精心设计多样化的实践项目，把传统的书写游后感改成摄影展示、寻找知识比赛、绿色环保行动、小组活动项目积分等，进一步丰富了其内涵。把自然资源、博物馆资源、学科实践类资源等进行整合。如：民乐团到中国大剧院享受高端民乐演出氛围、京剧社团观看名家京剧演出，美术社团到中国美术馆去参观，航模小组徜徉于航空博物馆、车模和船模小组到汽车博物馆等等，进一步培养兴趣，提升相应的素养。

2 是全国乡村少年宫活动站、房山区涉台教育基地。

学校是全国乡村少年宫活动站，借助丰富的校外专家资源和校内专业师资团队，探索多样校本课程，如：诵读《弟子规》的传统文化浸润课程；足球、网球、篮球等体育类课程；扬帆民乐团、扬帆合唱团、打击乐等声乐类课程；摄影、绘画、演讲、书法、机器人、园艺等艺术类、科技类、生活类课程，有效地激发学生潜能，展现才华，提升学生素养。

学校是北京市房山区涉台教育基地，学校通过多种形式开展主题教育，如组织学生开展“关心历史、关爱台湾，相亲相爱一家人”主题实践及手抄报活动、结合《弟子规》、《千字文》、《三字经》等做好同根文化教育，活动进一步明确了学生的爱国志向。在“京台基础教育校

长峰会”中，我校积极参加海峡两岸基础教育培训活动，在实施基础教育、培养学生素养、形成国际视野、海峡两岸同根文化交流方面形成了新的思考，认识得到进一步加强。

3个地理优势。为了让学生进一步了解家乡，热爱家乡，学校结合紧邻大学城、昊天塔、刺猬河的地理资源，以历史、地理、生物老师为引领，让学生通过了解历史、区域文化等增强知家乡、爱家乡、建家乡的使命感和自豪感。

5个教育基地。一是成立于2012年底的法制教育基地——房山区人民法院。学校法制教育，以初二的参观法院和模拟法庭案例活动为点，以在校内为学生和家长进行法律大讲堂为面，进行点面结合的普法活动。二是成立于2013年的艺术教育基地——北京工商大学艺术与传媒学院。以小学1——3年级为重点的创意美术和小记者社团为龙头，开展参观大学校园、文化衫设计大赛、趣味运动会、小胖墩活动、联办的一二年级的元旦联欢会等活动，使孩子们受到艺术的熏陶， 并有了成长的榜样，从小树立远大目标。三是于2015年4月30日成立的校本课程基地——云居寺石经博物馆。以五七年级为重点的传统文化的学习，每年端午节，学生石经文化志愿讲解员为游客现场讲解石经文化，感悟传统文化和锲而不舍的石经精神。四是成立于2016年6月3日的校本课程基地——北京市农业职业学院。以八、九年级为重点，享受茶艺、调酒、家用电器等课程。五是成立于2016年9月1日的北京公安消防支队良乡中队。以八年级为实践亮点的，以点带面的消防安全实践基地的拓展训练。基地资源的开发，丰富了课程，提升了素养，渗透了职业生涯教育。

5个社区服务。通过走进伟业嘉园、鸿顺园等五大社区，开展志愿者行动，宣传绿色环保、低碳出行、节能减排等知识，使孩子从小树立自己的家园要靠自己来创造的主人翁意识，培养他们的社会责任感。

9个节假日。结合“三八节、学雷锋日、植树节、六一、普通话宣传周、重阳节、十一、法制宣传日、春节”等分学段侧重开展主题活动。成立“绿野小队”定期为社区的植物剪枝；到人民英雄纪念碑前值先锋岗；

开展“公民道德日”主题活动；到敬老院慰问老人……通过活动，让学生感悟成长的意义。

（三）铭记历史，树报国志向

我校作为房山区涉台教育基地，学校通过多种形式，开展教工团员“胸怀祖国、牢记责任、争当新时代‘四有教师’”的教育活动，开展学生“关心历史、关爱台湾，相亲相爱一家人”的主题教育系列活动。组织教师团员、学生团员、少年队干部、学生会干部到抗日战争纪念馆等开展励志宣誓活动；到昌平实践拓展基地开展体验活动；利用课本剧展演、宣传板报、学生手抄报、摄影作品等增强爱国情怀。

利用房山区进行抗日题材的剧本征集和微电影录制活动，开展动员，有 40 名学生参加了微电影录制，并获得了集体组织奖和个人奖共五项。通过活动增进了学生对艰苦生活的体验，从而进一步明确了爱国志向。

（四）开拓国际资源，提升爱国情怀

几年来，学校的“校外教育”已迈出了国际交流的步伐。2012 年 5 月，敞开校门迎进来——进行中英联谊，双方学生用英语交流、表演节目，孩子们争当英语交流大使和志愿服务者，得到了各方面的锻炼；2013 年 1 月，迈出国门走出去——与中美基础教育联合会合作，组织学生寒假赴美国开展“微游学”，走进美国中小学和著名大学；2015 年 1 月和 5 月，与意大利友好学校进行互访交流活动；2015 年 4 月，学校与澳洲友好学校签订了互助微游学协议，2016 年 7 月开展微游学交流；2016 年 3 月赴韩参加教育教学研讨交流。在国际交流中，学生进一步开拓视野，发挥特长，了解文化差异，强化了个人梦、中国梦。

昊天人努力做“接地气”的德育，重常规、敢创新、突特色，有成效，顺应了新时期德育工作的方向，为学生实现“我的梦”助力。

重学法、学以“渔”，为核心素养助力

学校积极探索推进“3133”教学管理模式，着力打造友善课堂，努力提高教学实效。“3”是指实效课堂三个支柱——课前准备（学案导学建设、学生小组建设、评价激励体系建设）；“1”是指“友善课堂——学案导学，双主互动”课堂模式；“3”是指教师做到三个带进课堂——课上（教师把微笑带进课堂，给学生以信心；教师把激励带进课堂，给学生以鼓舞；教师把竞争带进课堂，给学生以展示）；“3”是指教师在课后辅导中做到三个化整为零，即把时间化整为零，把知识化整为零，把学生化整为零。

学校通过专家引领、核心组建设、骨干教师帮扶、青年教师培养、校际交流、五省市校际课堂展示等，积极开展“友善课堂”的探索推进，坚持“每个学生都是天生的学习者”这一核心理念，运用“小组合作学习、多感官教学、思维导图、脑保健操、音乐、冥想”等6m策略，促进学生真正成为学习的主体、课堂的主人。

授之以“渔”的学法研究——思维导图的建设，逐渐成为学校“友善课堂”中一道亮丽的风景线。构图形状包括“脑神经状的、中心开花状、吊桶状、链状、树状、以及环形、球星、仿植物状、仿动物状、仿建筑状等”，学生们用自己喜欢的图形，喜欢的色彩，自主构建思维导图，每一张都是开启智慧的“金钥匙”，都是一个思维创造的过程，是一颗闪亮的童心，是一曲兴趣与智慧的绝美交响曲！这些智慧的种子闪耀在《昊天校刊》、《花间微雨——师生作品展集》、班级展板、年级文化墙等交流、展示、评比，到处琳琅满目，异彩纷呈。在求知的过程中，孩子们获得无限乐趣，实现了“学会—会学—乐学”。

在改革的进程中，昊天人用心经营逐梦之旅，风雨兼程，坚毅前行……

构建良好家校合作关系　全面提高育人质量

国家教育行政学院附属实验学校　　李淑新

作者简介

李淑新，国家教育行政学院附属实验学校校长。1991 年 7 月分配到大兴区第六中学工作，先后任化学教师、教务主任、副校长。2013 年 8 月分配到大兴区长子营中学任校长。2016 年 8 月，到国家教育行政学院附属实验学校任校长。曾被评为北京市化学骨干教师、北京市优秀教师、大兴区化学学科带头人、大兴区优秀知识分子；曾获得全国化学教师录像课评比二等奖、北京市青年教师基本功大赛二等奖、大兴区教育管理突出贡献奖；撰写的论文先后在《基础教育参考》、《现代教育报》等刊物上发表。

一、构建良好家校合作关系的研究背景。

国家《基础教育课程改革纲要》明确提出要实行国家、地方、学校三级课程管理，建立教育部门、家长以及社会各界有效参与课程建设和学校管理的制度。国务院颁布的《国家中长期教育改革和发展规划纲要（2010 － 2020 年）》中也强调，学校德育要渗透于教育教学的各个环节，要贯穿于学校教育、家庭教育和社会教育的各个方面；政府、学校、家庭、社会必须共同努力，切实减轻学生的课业负担。2015 年，教育部颁布了关于家庭教育工作的指导意见，明确了家庭教育的主体责任，指出了学校在家庭教育中的作用。由此可见，育人的重担需要学校、家庭、社会共同承担，需要学校、家庭、社会形成育人的共同体。

国家教育行政学院附属实验学校成立于 2015 年。建校一年多以来学，各级领导的高度重视、硬件设施的完备、教师队伍的活力等都已成为学校的发展优势。与此同时，学校发展中的劣势也逐渐凸显出来，例如，教师普遍比较年轻，缺乏育人经验和育人技能，特别是在家校合作方面，思想认识有待提高，方法、技能成为他们工作中的短板。

当前的学生家长，对孩子的疼爱和期待是与日俱增的，他们甚至愿意花费较多的成本去培养孩子，从而使孩子们达到他们的期待值。然而他们忽略了生命的差异性和多样性，忽略了育人的一些基本规律和育人策略。

基于这种现状，学校需要对“构建良好的家校合作关系”进行专题研究，通过研究指导家庭教育工作，找到适合学生发展的家校合作的途径，建立良好的家校合作关系，促进育人质量的全面提升。

二、构建良好家校合作关系的研究主题。

构建良好家校合作关系与学校、家庭、社区、教师、学生、家长等利益相关者密切相关。由于存在家庭经济背景、家庭文化背景、教师育人经验等诸多不确定因素，致使建立一个良好的家校合作关系障碍重重。为此，明确以下四个研究主题尤为重要。

（一）构建良好家校合作关系的意义。

构建良好的家校合作关系是学校管理过程中的一项重要工作。对于教师，它可以帮助教师赢得家长的信任与支持，有益于开展教育教学工作；对于家长，它可以帮助家长获得教育子女的方法和技能，有利于开展家庭教育。对于学生，他们获得了一个充满尊重与关怀的成长环境，在这样的环境中生活和学习是安全的（指心理）和愉悦的；对于学校，可以从中获得良好的社会声誉，提高家长的满意度，真正办人民满意的教育。

（二）构建良好家校合作关系面临的挑战。

当前，构建良好家校合作关系面临的最大挑战是沟通。主要表现在以下几个方面。

第一，单项沟通比较多。在多数情况下，双向沟通的效果要好于单向沟通。而当前的沟通多数体现在教师向家长提出邀请或发出信息，家长向老师发出信息的机会和意愿比较少。第二，沟通内容单一。沟通内容大多数集中在学习和习惯两个主题，且多为“存在的问题”。对于“存在的问题”的成因分析比较简单，有时还比较生硬，可以说，沟通没有走进学生的心理，没有真正走进“问题”，即没有找到学生可以接受的解决问题的办法。第三，沟通的形式单一。当前的沟通大多数情况下是使用电子设备，采用“我（教师）讲你（家长）听”或在校园里面对面的“我（教师）讲你（家长）听”的沟通形式进行。这样的沟通在多数情况下都是被动接受，没有信息的交换，也不能产生情感的共鸣，以至于会影响沟通效果，影响良好家校合作关系的建立。

（三）教师在家校合作中的角色。

家校合作中，教师的角色定位是至关重要的，且对合作成效起着非常重要的作用。那么，教师应该扮演什么样的角色呢？首先，教师是学校理念的传播者。家校合作的前提是在办学理念上要先达成一致。学校的育人理念主要依靠教师传递给家长。在家校合作的过程中，教师是学校的代言人，要通过教师的讲让家长了解学校、了解学生。其次，教师是育人的行家。教师的主业是育人。在家校沟通过程中要展示出教师育人的功底，即要把育人的技能展示出来，要把育人的策略展示出来。第三，教师也是学生的家长。教师与学生家长在育人目标上是一致的，是承担着爱与责任进行施教的，所以教师也是学生的家长。在家校合作的过程中，教师要换位思考，即把自己当做学生家长，这样既能减少家校之间的矛盾，还能感同身受，育人的氛围就截然不同了。

（四）家校沟通的有效策略。

随着现代信息技术的飞速发展，家校沟通的策略日渐丰富，实效性也逐渐增强。有效的沟通策略集中体现在发微信、家访、家长讲堂、家长会等。一些老师还会组织一些别开生面的亲子活动等。

三、构建良好家校合作关系的关键环节。

（一）建立一个清晰的家校合作的目标。

学校和家庭必须统一思想，达成共识，将学校的育人目标作为家校合作的目标。合作中的各项工作、各类沟通都必须围绕这个目标去实施。

（二）建立一个家校合作指导团队。

家校合作必须遵循一定的育人规律，同时还必须体现艺术性，因此，这项工作需要加强指导。学校需要聘请专家、校内骨干教师等组成工作团队来指导家校合作的各项工作。

（三）研究家校合作的策略。

以学生为主体，结合学校的办学理念，认真研究学生的发展现状和成长需求，研究家校合作机制、各类家校沟通策略。

（四）加强青年教师的培训。

青年教师在家校合作、家校沟通方面的经验还比较匮乏。通过培训，提高青年教师对家校合作的认识，掌握一定的家校沟通技能。

（五）建立相关的制度。

构建良好家校合作关系需要制度作保证。这些制度要涉及到家访制度、常规家长会制度、合作团队会议制度、奖励与评价、设备管理制度等。

四、构建良好家校合作关系的预期成果。

第一，建立国教实验家校合作机制，形成家校合作课程体系。第二，改变家庭和学校的育人环境。通过研究，树立尊重与关怀的沟通理念，形成合作、和谐的育人氛围，帮助学生建立自信，享受学习。第三，建立良好的师生关系。通过家校合作，在家校之间建立相互尊重、相互信任、相互支持的良好关系，从而改善师生关系，让学生亲其师、信其道。

总之，通过构建良好的家校合作关系，改变教师、改变学生，用他们的改变促进育人质量的全面提升。

文化立校"礼·责"先

——良乡四中学校文化建设的思考与实践

北京市房山区北潞园学校（原北京市房山区良乡第四中学） 李功修

作者简介

李功修，高级教师，中共党员。1995年毕业于首都师范大学，先后任职于北京市房山区中院中学、岳各庄中学、霞云岭中学、房山五中、良乡四中，现任房山区北潞园学校校长，主持全面工作。从教21年，秉承"用心做教育，师生共成长"的理念，爱岗敬业，无私奉献，开拓创新，先后多次获得"房山区优秀教师"、"房山区先进个人"、"房山区中考优秀管理者"、"房山区优秀教育工作者"、"房山区优秀共产党员"等多项荣誉。

学校文化是一所学校的发展历史、价值追求、精神面貌、特色灵魂和核心竞争力的集中体现，是关系学校内涵发展、创新发展和可持续发展的内在动力。北京市房山区良乡四中，立足区政府“一区一城”区域战略规划，大力推进生态房山建设的背景下，结合学校区域位置，着眼于学校内涵发展，积极主动建构发展学校文化。

一、学校基本情况

房山区良乡第四中学始建于 2001 年，坐落在西潞街道太平庄社区内，是房山区一所环境幽美、人文气息浓厚的公办现代化初级学校。学校占地 27301 平方米，学校目前有教学班 15 个，在校学生 450 余人。学校现有教职工 63 人，区骨干教师 6 人。学校先后被评为“首都绿化美化花园式单位”、“北京市文明礼仪示范校”、“北京市健康促进学校”、“体育传统校”、“艺术特色学校”、“房山区教育系统人民满意标兵学校”等荣誉。

良乡四中学校发展面临的基本现状

优势	挑战
各级领导重视。教委、西潞街道都寄予厚望，尤其是关注流动子女的学业。 学校设施齐备。拥有一流的理化生实验室、音美劳、计算机、书法、录课室、图书馆等专用教室；拥有容纳 400 余人的多功能厅和 300 米的环形塑胶操场。 教师队伍素质高。朴实、肯干、敬业、团结、责任感事业心强。 学校环境优雅，人文气息浓厚。 学校有一定的知名度。建校以来的成绩，受到广大家长认可、社会声誉良好。	外地生源多，学生流动性大，给管理带来诸多不便。 教师队伍年龄结构欠合理。年龄偏大且相对集中，发展也走向瓶颈。 家长的文化层次差距较大，他们对教育的理解、对社会未来发展的看法大不相同。 干部、教师的创新意识和服务质量有待进一步提高。 学校信息化急需建设。 办学特色不明显。办学理念体系未成型，实践层面不够具体。

通过上面的分析，我们清醒地认识到：良乡四中虽建校时间不长，但广育群才，深受社会的好评。面临深化教育综合改革的今天，如何继承传统，面向未来，挖掘内涵，引领发展，如何使良乡四中办好人民满意的学校，“价值引领，文化兴校”是学校科学发展的推动力量。

二、“礼·责”文化理念体系

（一）“礼·责”文化的形成

1.“礼·责”文化理念源于时代的发展背景。党的十八大从实现中华民族伟大复兴的战略高度，鲜明提出扎实推进社会主义文化强国建设的战略任务。北京市教委大力推进学校文化建设，树立“价值引领，文化兴校”的发展思路，让文化成为学校发展的推动力量。

2.“礼·责”文化理念源于中国的传统文化。“礼”在《辞源》中释义为“规定社会行为的法则、规范、仪式的总称”。《周礼》《仪礼》《礼记》三部专门阐述礼的经典著作在中华文化中有举足轻重的地位。“责”即责任，《论语》中的“责”表现在它所宣扬的义利观，即天下大道，就是回报社会、造福人类的责任与义务。《老子》中的“责”主张“天人合一”，“物我不二”，强调人与自然的和谐。

3.“礼·责”文化理念源于我校的教育实践。学校自建校之初将“责任”教育作为学校办学育人方向，在近15年办学历程中，积淀了良好的办学传统与文化底蕴。“礼·责”文化的提出是对“责任”教育的传承与发展。

4.“礼”与“责”相辅相成，知行合一。“礼”是“责”之基，只有当一个人知晓行为处事的文明礼仪，才能知悉明确自身的责任；“责”是“礼”之用，我们的“知责”、“承责”、“立责”都是为了更好的行之于“礼”而习于“礼”。“礼·责”文化育人理念，不仅符合立德树人的教育宗旨，也是实践立德树人的个性解读。

（二）学校“礼·责”文化理念体系

1. 核心价值观：求真务实，明礼立责

求真务实——求真，即学校教育应回归教育的本真价值理念。务实，即坚持实事求是的原则和作风。

明礼立责——“明礼”表层含义为“明晓规矩礼节、讲文明”，深层次上表现为“向道而循、向善而为”。“立责”即树立一生恒久的责任心，责任有道德、义务、担当的意思。“明礼”是“立责”的基础，“立责”是“明礼”的表现。

2. 校训：健体、明礼、博学、立责

“健体、明礼、博学、立责”作为良乡四中的校训，直接具有价值导向性，明确提出良乡四中学子的求学与为人所应具备核心品格与行为。“健体”即寓意学生拥有强健体魄，茁壮成长；“明礼”即明事理、辨是非，知礼节，争做文明守礼的好学生；“博学”蕴含着对学生博学多才、学识广博的期盼；“立责”即做有道义、有责任、有担当的优秀学子。

3. 办学目标：办一所具有“礼·责”文化品质的区域优质初中校

在核心价值观引领下，学校结合区域教育规划与办学实际，将“办一所具有礼责文化品质的区域优质初中校”作为学校办学目标。

4. 育人目标：自主合作　明礼担当

“自主合作”即培养中学生具有自主学习、合作探究的意识与能力，在自我管理中获得与人合作的品格素养。“明礼担当”即在明礼节、树行为、承责任中，有所担当。

5. 校徽

校徽整体呈圆形，整体由“L”“S”构成。

从内容、从文化、在造型、从颜色上赋予了不同的内涵。

6. 校歌：《飞扬吧！青春》

旋律朝气蓬勃、积极向上的校歌，展现了四中学习意气风发的精神风貌。

三、学校“礼·责”文化实践体系

（一）管理文化：尊重、合作、规范、尽责

我校管理从人入手，从人心入手，从人的内涵发展入手，依托四大策略，打造尊重、合作、规范、尽责的学校管理文化。

1. 管理理念凸显人本。树立“全员发展”意识，坚持“管理即服务”的意识。我校管理思想体现人本化，形成了以人本精神为指导的管理观。

2. 队伍建设重在激励。在学校里，有效地运用激励手段，可以最大限度地调动起教职工的积极性，充分发挥教职工的潜力。

3. 制度建设刚中带柔。制度的制定体现尊重，内容凸显合作，学校重视教师合作融洽的组织氛围，在合作融洽的氛围中健全完善管理制度，进而落实岗位责任制和责任追究制，建立能上能下的竞争机制。

4、运行机制灵活自主。学校运行机制重视党组织政治核心作用和教代会民主监督作用的发挥，为提高办学效益和教育质量奠定了坚实的基础。

（二）课程文化：“礼·责”课程体系

结合学校育人目标，我校着力打造“礼·责”课程体系，形成了助力学生成长的课程树。课程体系的根基是学校的育人目标，突出了课程的宗旨归根于育人上；树干的重心是结合学生成长规律，开发的“礼·责”校本核心课程，将课程分为“人文与社会、体育与健康、语言与文学、数学与科学、艺术与审美”五大领域，每个领域包括基础和拓展类课程，并逐步开发综合类课程。我校整体的课程体系中凸显了明礼、立责教育理念。

实施精致教育　奠基幸福人生

北京市朝阳区陈经纶中学帝景分校　刘雪梅

作者简介

北京市陈经纶中学帝景分校校长，曾获全国改革创新校长、全国基础教育创新型校长、北京市综合素质评比先进个人、朝阳区教育年度人物等荣誉称号，研究的“七环节有效教学模式的研究与实践”获“北京市基础教育新课改教育成果一等奖”。带领学校获“北京市素质教育先进校”、“课改先进校”、“连年中考优质校”、“区集体劳动奖状”、“三八红旗集体”等荣誉，2016 年中考连续第五次夺得朝阳区第一名，实现“五连冠”，并 2 次培养了朝阳区中考状元。

陈经纶中学帝景分校创建于2007年，是陈经纶中学集团化办学的第二所九年一贯制学校。建校9年，创新实践九年贯通的无痕衔接，实现了学校管理、师资队伍、课程建设等一体化建设；实现办学成绩年年攀升不折头，2016年中考，以平均分546.3分，优秀率、及格率、合格率100%的优异成绩第五次勇夺朝阳区中考第一名；以促进学生全面发展的“七环节有效教学模式”“立体式德育管理模式”“2+1+N”科体艺全方位育人工程，打造了优良的校风，有效的落实减负提质，努力做到让素质教育落地生根。率先成为“名校办分校、校校都精彩”的典范。

规划美好愿景——在传承中追求创新

（一）在经纶文化浸润下实现教育的润物无声

帝景分校作为一所九年一贯制学校，我想这九年意味着什么？意味着一个孩子最美好的九年时光将在帝景度过。因此，帝景一直有一个美好的教育理想，就是陈经纶中学在“建设个性化学校、成就个性化教师、培养个性化学生”办学宗旨引领下，我们希望以自己优雅的气质、深邃的内涵去培育孩子美好的心灵，去激发内在的崇高，去唤醒人的自觉，希望这个雅致的校园能够充满人文关怀，使师生的身心得以浸润，精神得以提升。

（二）在精致教育引领下实现教育的别具特色

帝景分校以“实施精致教育、奠基幸福人生”为办学理念；以“让帝景成为幸福的家园、让教师享受教育的幸福、让学生体验幸福的教育、让家长拥有养育的幸福”为办学目标；以“学校管理的精细、队伍建设的精良、课程与教学实施的精当、育人活动的精心、人际关系的精诚、校园环境的精美”为载体全面落实精致教育。

镌刻坚实足迹——在实干中追求实效

“精心、精细、精彩”是帝景“实施精致教育”的核心。“精心”反映的是工作态度与品质；“精细”体现的是方法与过程；“精彩”呈现的是工作的亮点与特色。

（一）学校管理的精细

什么是管理？就是管就管在该管处、理就理在细微中。跨度九年的学校怎么管？如何实现一体化学校的管理？

1. 构建九年一体整分矩阵式管理模式

创设“一三九整分矩阵式管理模式”，即校长书记领导下的三部：教学研究部、学生服务部、行政物业部，三部分别管辖九个中心。“整分矩阵”整的是学校整体规划、办学目标、学校管理；“分”的是把管理分成一条条线，分阶段、分层级落实。它是以“整分管理”为核心思想，以“矩阵”为表现形式。相互交叉、相互配合，共同围绕办学目标实行九年的无痕迹衔接。

2. 构建九年一体教育教学管理体系

（1）德育管理七大体系：

常规体系制度化：我们把职责、行为、奖惩等零散的制度进一步细化、归类，培训体系专业化：通过对班主任、年级组长、教师的三级培训来提升教师的专业素养和专业技能；流程体系规范化：建立了包含德育处、年级组长、班主任在内的落实到每日、每周、每月、每学期工作的“流程管理体系”；活动体系系列化：把1—9年级系列活动围绕“五育人”展开，对年级活动目标、活动主题、各阶段开展的活动进行系统梳理，形成完整的九年活动体系；评价体系科学化、特色体系鲜明化、家校协同体系多元化充分利用九年一贯的优势，力求九年一贯的逐层递进。

（2）教学管理八大体系：

培训体系综合化：利用学期大培训、每月专项培训、每周微培训提升教师的专业素养；备课体系框架化：通过教研组框架式备课、备课组集备、教师个体备课，这三级备课做到既凝聚全组智慧，又彰显个性；课堂体系自主化：预习、划分课堂、当堂反馈、作业超市在努力落实帝景课堂的大容量、快节奏、高效率；监控体系多样化、分析体系层次化：学校、教研组、年级组和个人三级质量监控、分析体系，做到知己知彼；课程体系个性化：构建九年四段课程体系，保证学生全面发展；流程体系规范化：教学处、教研组、教师日、周、月、学期的流程管理贯穿教学全过程。评价体系人性化：发挥激励导向作用，客观评价教师，调动教师的积极性。

“每一个步骤都要精心，每一个环节都要精细，每一项工作都要做成精品”是我们精细管理的要求。

（二）队伍建设的精良

1. 精细化管理干部抓根本

“干部正则校风正、干部优则群体优、干部强则学校强。”如何建设干部队伍？我们通过三条途径：①我们共同成长每周行政例会的学习，让干部高屋建瓴的观察问题、分析问题、解决问题；②周工作轨迹让干部的定位、标准、逐渐清晰，做到不越位、不缺位、不错位。③“领航者”干部轮流值周，让干部全面负责学校的工作，培养干部的责任意识、大局意识，深入基层让干部先进理念和高效的执行力成为示范。

2. 精细化管理教师抓关键

管理教师，9年来我们一直坚持四个坚持不懈。即抓教师思想坚持不懈、抓教师培训坚持不懈、抓教师基本功坚持不懈、抓教师反思坚持不懈，强化教师的责任意识，“我教我管我负责，我学我研我提升，我苦我累我快乐”的帝景精神深入人心。现如今，我们由建校没有一名骨干教师到现在拥有市区级骨干教师、骨干班主任 38 人，占教师的 48%。

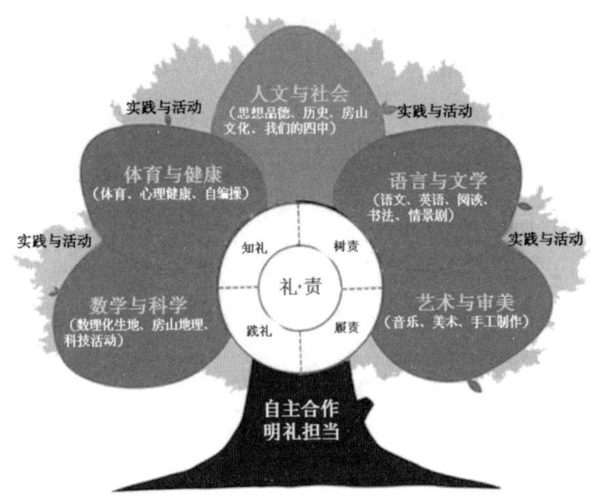

图 1：良乡四中课程树：“礼 • 责”课程体系

（三）课程与教学实施的精当

1. 构建“三、五、十五”九年四段课程体系

帝景分校以学生为主体、以课程为第一支点，追求学生的全面发展和个性成长，构建“三层次、五领域、十五类别”的九年一贯课程体系。以三个个性化为课程建设总目标，以经纶小天使作为课程的育人目标，努力促进学校的可持续发展、教师的专业发展和学生的个性化发展。

2. 创设适合师生发展的有效教学模式

坚持“以学论教”“以学定教”，根据生源质量低、师资不强等问题，量身定做了体现了帝景分校“关注差异、关注过程、关注细节、关注个体生命成长的“七环节有效教学模式”。我们通过“每周早知道”实现家校协作，互通共育；通过寒暑假的大预习、每周末中预习、每日课前小预习的三级预习，层层递进，突破预习不落实的薄弱环节；我们通过“三三三自主课堂”的构建实现高效课堂；通过首创的“作业超市”落实减负提质；少而精的作业，要求老师作业批改要到位、激励批语要恰当，提高学生学习兴趣；通过教师“阳光行动”和学生间的小组合作学习实现对潜能生的辅导，让“阳光”真正播撒到每一个孩子的心田；通过节节清、日日清、周周清让每个孩子看到他的优势、差距、明确下一步努力的目标。

（四）育人活动的精心

活动是育人的主渠道，我们围绕“五育人”把零散的活动梳理成清晰的五条线路。五条线：例行活动、创新活动、临时活动、实践活动、1—9年级活动特色活动。

年级活动包括：常规活动、特色活动。各年级常规活动，要根据活动目标设计一学年系列活动。如：七年级“迈好青春第一步”从“初识经纶”“了解经纶”“感悟经纶”到“读懂经纶”设计的系列活动，抓住了中小衔接的特点，培养学生做经纶学子的自豪感、荣誉感；初二年级“多彩的青春”通过“畅想青春”“感受青春”“感动青春”“飞扬青春”系列主题活动真正让孩子体会到在青春中成长和成熟；初三年级“我们相约一起飞”通过“扬帆起航”“潜心备战”“蓄势待发”“决战冲刺”系列活动激发学生的动力、坚定必胜的信心、培养良好的心态，最终实现自己的梦想。个性化活动则指1—9年级学年特色活动。我们努力以活动为载体让孩子们在快乐中成长、在成长中收获、在收获中幸福。

（五）人际关系的精诚

我们打破以往中小学干部各管一段的格局统抓统管，尝试九年大教研活动方式，教师站在九年的高度设计教学，不再局限于中小学，部分学科采取中小学循环，形成一个九年无间隙的教师团队；成立班级、年级、学校“三级家长教师协会”，形成了一个强大的密切家校关系的团队，构建了梯级领导机制：设会长、秘书长、理事会成员，建立工作章程和实施细则。利用家长资源建立“专家讲师团”“公物维修团”“活动策划团”“课程助教团”，家长成为帝景校园中一道亮丽的风景！精诚所至，金石为开。精诚的人际关系形成了帝景强大的核心竞争力。

（六）创设优美校园环境

帝景分校没有豪华的装修，没有大段的宣传文字，有的是家一样的温馨，有的是此处无声胜有声的氛围，七彩的大厅祥和、安逸又充满生机；生机盎然的绿萝、出淤泥而不染的荷花、游动的小鱼都勾画了一幅人与自然和谐温馨的画卷；走进帝景处处是花香，让学生在花香中养心，在花香中陶冶情操；走进帝景处处是书香，遍布校园的图书角，孩子们在书的世界里陶醉；走进帝景，处处是声香，歌声、笑声、读书声声声入耳；一排排桌椅、一个个靠垫、一盏盏台灯，仿佛都诉说着百年经纶厚重的文化底蕴与为民办学的宗旨。“启智增能的学园、陶情养性的花园、彰显个性的乐园、幸福快乐的家园”是我们永远的追求。

展望美好未来——在创新中追求卓越

建校 9 年，我们实践着、付出着、收获着、快乐着。北京市综合素质先进校，朝阳区三八红旗集体，集体劳动奖状，连年中考优秀奖，课改先进校，少年冰球、高尔夫、健美操、合唱等全国比赛一等奖等成绩已经成为历史。我们将努力在“实施精致教育奠基幸福人生”办学理念的引领下把这九年做细、做精、做强、做出特色、做出品质。真正实现“让帝景成为幸福的家园、让教师享受教育的幸福、让学生体验幸福的教育、让家长拥有养育的幸福”的美好愿景。我们将“在不断地改进中超越自我、在不断地创新中追求卓越”！

城乡一体促均衡　打造特色创优质

北京市育才学校通州分校　　李竹林

作者简介

李竹林，中学高级教师。现任北京市育才学校通州分校校长兼党支部书记、北京市中学高级职称评审委员会副主任委员、北京市优秀中青年工作者研究会常务理事、通州区中学教师高级职称评审委员会副主任委员、通州区中学数学研究会理事长。先后获得“通州区骨干教师”、“通州区优秀班主任”、“通州区优秀管理干部”、“通州区优秀校长”、“通州区优秀教育工作者”等称号。多项科研课题和论文在国家、市区级刊物上发表或获奖。

北京市育才学校通州分校于2007年9月2日投入使用，与北京市育才学校联合办学，九年一贯制体制。近年来，学校以城乡一体化建设为契机，不断深化教育综合改革，努力打造和谐优质、办有特色、人民满意学校。

依托城乡一体　促进均衡发展

（一）城乡一体 师生共成长

我校借鉴育才本校先进管理理念和管理模式，以“依托名校、传承创新、深化合作、办好分校”为合作办学的基本思路，实行“中小分部、统分结合”的管理方式，从“干部、教师、学生”三个维度开展城乡一体化建设，建立“干部、教师、学生交流互访互学制度”，学校在管理素养、教学质量、师生水平诸方面得到迅速提高。

1. 建立干部交流学习机制，提升干部科学管理素养

我校干部积极参与本校教学工作计划会、干部周工作例会、学期工作总结会、干部培训交流会等活动；本校干部也常深入我校指导工作，使我校干部的管理能力得到有效提升。

2. 构建教师学习交流平台，提高教师教育教学能力

两校联合组成学科专家队伍，对应聘教师进行严格规范的笔试和面试考核；组织师徒结对，通过专题研讨、相互听评课、教法指导等方式，促进我校教师专业素养提升。几年来，两校教师面对面交流学习500余次，成效显著。

3. 创造学生交流互访机会，促进学生全面健康发展

我校组织学生走进本校，参观校史馆，参加专家辅导、学生科技节、实践课堂和外聘专家交流等大型活动，使学生开阔了视野、提升了能力。

本校学生也多次走进分校校园，领略城市副中心建设风貌。两校学生间的交流互访缩短了城乡差异，使均衡发展更进一步。

（二）均衡发展　百姓同受益

1. 创造条件，实现学生入学机会均等

学校严格落实相关入学政策，学生学位不断增加，确保片区内适龄京籍、非京籍儿童入学。

2. 加强关爱，确保弱势群体接受义务教育

学校现有 4 名随班就读学生，依据《通州区随班就读管理办法》，学校将随班就读工作纳入计划，精心安排教师任教。蔡旭、唐晓晶两位老师分别获得通州区“启慧杯”特殊教育奖。

3. 落实责任，促进办学条件达标

根据通州区义务教育均衡发展要求，2007 年至 2014 年，市区两级政府及教委分别拨款 1900 万元、2005 万元和 4000 万元用于设备设施购置、校舍改造，使我校达到《北京市中小学办学条件标准》要求。2015 年 4 月我校代表通州区、北京市圆满完成“北京市推动义务教育均衡发展工作国家级验收评估”和“全国义务教育均衡发展推进工作考察团现场观摩”活动，受到北京市委教育工委、北京市教委、北京市人民政府表彰。

打造办学特色　创建优质学校

我校集师生家长之期盼，承基础教育之使命，通过“课程体系构建、教师队伍建设、学校环境创设”三位一体育人平台打造“博物教育”办学特色，博爱厚德、博学笃行、博艺尚美的现代少年在育才茁壮成长。

（一）搭建“博实课程”平台，为培育“博物少年”助力

“博实课程”，即通过认真落实国家、地方课程，积极开发内容广博充实的校本课程，培育“博物少年”。

1. 课程体系

围绕办学理念，通过问卷、访谈等多种形式，发挥专家、教师、学生、家长集体智慧，确立育才分校“博物教育”课程体系。课程内容包括国家、地方、校本三级课程，课程类型包括“博爱厚德、博学笃行、博艺尚美”。

2. 实施践行

（1）学科拓展。依据“国家课程标准”，教师挖掘学科教学内容，找准“博物教育”拓展点，有选择地补充课外知识，开阔学生视野。

按照地方课程设置要求，教师钻研地方课程，挖掘整合地方资源，对课程内容进行适当延伸，突出地方特色，努力培养学生知家乡、爱家乡，立志为家乡做贡献的高尚情怀。

为更好地发挥课程育人功能，开发博爱厚德、博学笃行、博艺尚美三大类四十余门校本课程，学生填写校本课程选课单，安排教师授课，满足学生成长需求。

（2）主题活动。围绕“博爱厚德”，开展“培育和践行社会主义核心价值观”系列教育、文明礼仪教育、“三爱”教育、“爱在心灵”主题教育、优秀国旗班展示、“五好班级”评选以及“诚、信、孝、忠、礼”中华传统美德教育等，培养学生知爱、懂爱。举办青春期教育讲座，结合学科特点进行青春期知识渗透等，引导学生健康、快乐成长。

围绕“博学笃行”，开展“行在社会”主题教育活动，抓住社会大课堂、“四个一”工程、综合实践、志愿服务等活动契机，带领学先接触社会、接触自然，培养主人翁意识和社会责任感。同时开展“书香溢满校园，好书伴我成长”系列读书活动。创办学生社团，开展文学、科技、体育、社会公益等活动，学生在体验中感受生活、收获成长与快乐。

围绕“博艺尚美”，开展“美在校园”主题教育活动，通过名家进校

园、育才书画苑、美林教室、课外活动一小时、“三大球”进校园、科技大篷车等活动，培养学生感受美、表现美、创造美的能力。每年定期举办艺术节、科技节、体育节、足球节、元旦大联欢等，尽展学生才华。

（3）社团建设。学校高度重视学生社团建设，制定了《北京市育才学校通州分校学生社团管理建设实施方案》，组建了“育才书画苑”、“美林教室”、“文体排练厅”等社团活动场所，成立艺术修养、科技创新、体育运动、传统文化、语言文学、爱心公益等六大类社团，涵盖声乐、舞蹈、器乐、书法、国画、版画、机器人、天文、海模、足球、篮球、体操、国学诵读、演讲口才、志愿服务等29个活动项目。同学们在活动中倾情投入、积极参与，促进育才学子全面发展、健康成长。

（二）强化“博雅教师”培养，为培育“博物少年”护航

“博雅教师”，即具有广博知识和优雅气质的教师团队。

1.培养“博爱、博学、笃行、尚美”之师

组织教师学习《义务教育法》《教师法》《中小学教师职业道德规范》等法律法规；重温学校办学理念、规章制度；每学年围绕“博爱”主题，开展“用爱心开启学生心灵之窗”案例征集、“爱与责任”演讲比赛、“师爱进千家”家访、评选“我最喜爱的教师”等活动，努力打造遵规守纪的博爱之师。

组建教师“学习共同体”，每学期开展同读一本书、“教育教学经验一例谈”、教研组及备课组交流研讨、引进专家培训、校外培训等活动，提升教师的专业水平。

指导教师制定“教师五年职业发展规划”，开展“帮学对子”、教师基本功竞赛、“新苗杯”“硕果杯”校级评优课、骨干教师“风采展示”，举办青年教师培训班，组织班级管理经验交流活动。一支勤学向上的笃学之师迅速成长。

组织教师开展名家指导、学习交流、拓展培训、才艺展示等活动，促进教师艺术情趣的培养和美学修养的提高。

2. 打造“研究型教师”团队

结合“博物教育”育人主题，开展“尊重个性发展，创建校本课程体系，培养博物少年行动研究”、“以社会实践活动为载体，开发学生学习潜能实践研究”、“整体构建学校和谐德育‘四线三育’式方法研究”、“三段五环”教学模式研究等国家市区级规划课题研究工作，引导教师向研究型教师转型。

3. 激励导向“做幸福教师”

制定“学校教师绩效奖励激励工资分配方案”、“初三毕业班工作奖励办法”、“优秀年级组奖励办法”、“先进教研组奖励办法”、“先进备课组奖励办法”等制度；开展“师德之星”“爱生标兵”“优秀班主任”“优秀共产党员”评选等活动，使教师在体验成功的同时，享受职业幸福。

（三）加强“博约环境”建设，为培育“博物少年”筑基

“博约环境”，即营造既尊重个性需求与发展（人性化），又有制度与道德约束（制度化）的育人环境。

1. 创设民主和谐的管理环境

我校坚持“制度化”与“人性化”相结合的“人本管理”理念，对干部提出“常规工作讲规范、重点工作创业绩、特色工作出亮点”的工作要求。常规工作采用“处组制”管理，重点工作采用“低重心”管理，综合性工作采用“项目制”管理，教育教学专业性较强的工作采用“学术性组织”管理，事关教师切身利益的学校发展规划、各种制度、方案、办法的制定等重大事项采用“教代会”管理；德育工作采用“一四三”管理模式；教学工作采用“一三五”管理模式。

2. 营造温馨舒适的育人环境

围绕“博爱厚德”，行政楼以“修德、敬业、勤思、高效”为主题，展示古今中外47位教育家、政治家、哲学家的思想理念和成就。

围绕“博学笃行”，教师办公区突出“厚德、钻研、乐教、创优”主题，悬挂励志名言警句，展示教师风采，激励教师树立良好师德和教风。

围绕“博艺尚美”，文体馆以“博艺、广趣、活力、健美”为主题，制作文化浮雕，在书法、篆刻、剪纸、乐器等知识介绍和学生作品展示等方面，营造浓厚文体氛围。

3. 构建“博物教育”的家校环境

围绕“博物教育”特色，打造家校共育平台，开创学校、家庭合力的育人良好局面。成立泡泡家长学校、家长社团，通过“好家长”评选活动、亲子诵读、家长开放日、团体辅导等途径，构建“四结合”教育格局，实现了家校共建、和谐共生。

近年来学校先后获得“全国教科研优秀实验校”、“全国学生综合实践活动课题研究先进单位”、“全国传统文化教育课题示范校”、“北京市基础教育课程建设先进单位”、“北京市中小学生综合素质评价工作先进单位”、“北京市中小学艺术教育特色校”、“北京市中小学科技教育示范校”、“北京市校园足球特色校”、“北京市模范职工之家”、“首都绿化美化花园式单位”、“通州区师德建设先进单位”、“通州区初三毕业班工作先进校”、“通州区办学特色优秀校”、“通州区创建学习型学校先进单位”、“通州区廉洁教育示范单位”、“通州区教育系统干训基地”、“通州区素质教育综合评价优秀校”等诸多荣誉，育才分校科学规范的学校管理、昂扬向上的精神面貌、优良的教育教学质量和鲜明的办学特色受到社会各界的广泛称赞。家长自发向学校赠送锦旗，上书“放心的教师，满意的学校”。

今后，在北京城市副中心建设和教育综合改革大力推进的新形势下，我校将继续秉承“崇德立教，博物育人”的办学思想，开拓创新，扎实工作，努力用智慧和汗水不断创造育才学校通州分校新的辉煌！

学校课程建设与课堂改进的学思行

北京市大兴区德茂中学　　孙　健

作者简介

孙健，北京市大兴区德茂中学（公立）校长，北京市特级教师，北京市生物学科带头人。曾被评为“全国教育科研优秀教师”“北京市优秀教师”“大兴区十大杰出青年”。先后主持国家级和市级课题研究工作，获得北京市评优课一等奖。现主持北京市教育学会“十三五”规划课题“初中校开展活力教育的理论与实践研究”，所在德茂中学被评为北京市首批学校文化建设示范校，荣获北京市金帆民乐团、大兴区教育教学一等奖等。

从社会功能看学校，学校归属于社会服务领域范畴，学校的产品是课程不是学生，课程建设是一所品牌化学校建设发展中的重点问题。课程改革当中明确要求学校要建立三级课程管理体系，即国家课程、地方课程、校本课程，无论那一层级的课程建设中，教师既是实施的主体，又是开发的主体。

一、不同角度回答什么叫课程

（1）从学校角度来看，课程是为实现学校的教育目标而规定的教学科目及其目的、内容、范围、分量和进程的总和，包括为学生个性的全面发展而营造的学校环境的全部内容。

（2）从学生角度来看，课程是学生在学校教育环境中所完成的学习活动与所获得的学习经验。

（3）课程以学科为主要组织形式、以教材为主要载体，在实施过程中注重计划性与目标达成度，强调教师主导与学生主动学习相结合，使学生在学习过程中获得经验与体验、培养意识与能力。

个人认为：课程是直接服务于学生发展的学校活动总和，课程具有极强的国家意志，是学校所有教职员工在课堂内外组织实施的具有教育目标的活动。

二、不同的课程分类

1. 必修课程与选修课程

必修课程是学生必须修读的课程，主要包括基本理论、知识和技能类课程、体育以及实践性较强的一些教学实验、社会调查等课程。

选修课程是允许学生在一定范围内因人而异自由选择的课程，学校提供一定数量的备选课程，以便更加体现因材施教原则。

2. 学科课程与活动课程

学科课程是根据国家教育行政部门的安排，并以预先安排的、有组织的学科内容作为课程组织的基础，就是学校不同学科教师实施的分科课程，突出表现在学科领域内的知识和能力。

活动课程也称经验课程或实践课程，是一种综合性课程，通过合并相关学科的办法，减少教学科目，把几门学科的教学内容组织在一门学科中，其根本目的在于克服学科课程分科过细的缺点。它打破学科逻辑组织的界限，以学生的兴趣、需要和能力为基础，通过组织一系列活动而实施。

活动课程包括兴趣活动、学校文化活动、综合实践活动等。其中，综合实践活动是一种特殊形式的活动课程，该课程强调学生通过实践增强探究和创新意识，学习科学研究的方法，发展综合运用知识的能力，其内容主要包括研究（探究）性学习、劳动与技术教育、社区服务与社会实践等，当前北京市组织实施的社会实践活动和科学实践活动就属于这个范畴。

3. 拓展性课程的外延更广泛

拓展，开拓扩展的意思，有延伸、展开之义。拓展性课程是指在课堂教学之外的延伸，充分利用课堂教学的基础知识去解决课堂之外的实际问题，使课堂所学知识得以不断的延伸和发展，扩充到生活中，要会实际的应用。拓展型课程是在核心课程基础上，学校根据自身学校的特点进行再创设的“校本课程”，可以是为学生量身定制的，主要以体现知识扩展和综合能力为主，是学生终身学习的重要载体。拓展型课程在功能上不仅注重对基础学习能力的培养，更注重发展学生各种不同的能力，培养个性，培养为终身学习打基础的发展性学习能力，兼顾创造性学习能力的培养。它是学生在 21 世纪学习能力培养的具有创意的课程内容。

三、以学生为中心的课程管理

校园有了学生才成了学校，品牌化学校要实现以学生为中心的课程文化，有三个方面的支撑作用，领导与管理、教师、课程，这三个方面是实现学校内文化建设的重要支撑，同时这四个方面又是相互支撑相互作用的。如下图所示：

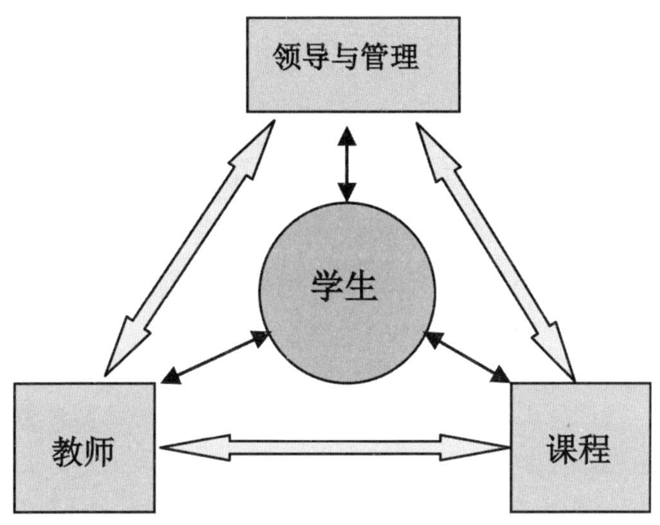

学校内的行政体系要改变以往的层级式管理体制，进而形成以学生为中心的课程领导体系，随着课程改革的推进，课程管理的成本越来越大。

领导与管理：贯彻国家课程意志，整体建构与学校发展匹配的课程规划和评估方案，组织开发本校特色课程，开展教师研训活动，确定育人方向。

教师：落实学科课程标准，实施学校课程计划，树立终身学习理念，不断提高课堂教学效能，管理学生课程学习全过程，促进学生全面发展。

学生：接受教师培育、指导与评价，学会沟通与信息筛选，具有批判性思考、系统性思维、责任感与合作协调能力，树立为明天而学习的信念。

四、教师面对课程改革的跟进

课堂教学改革更多关注“怎么教和怎么教好”的问题，而课程改革关注教师“教什么和用什么教好”的问题。课程是学校的产品，是学生成长的“营养素”，一套课程好比“一桌餐宴”，学科教学就是专心做好我这一道“菜品”，课程改革关注的是一桌“菜品”如何让学生都吃点、吃下去，保证学生“全营养素”成长的获得。新课程改革下的课堂改进，是这些“营养素”本质不变，教师如何变着花样呈现出来，让学生“爱吃、吃好、吃饱”。

新课程提倡教师要“用好教材，超出教材”。这是因为新的课程标准适应普及义务教育的要求，所提出的要求是基本的要求，是“下限”，绝大多数学生经过努力都能够达到，所以鼓励学生要超越标准，只有下限没有上限。过去是“教教材”，现在是“用教材教”，这是一个很大的变化。如果是教教材，教师就要紧扣教材教，学生就要紧扣教材学，考试就要紧扣教材考。过去教师的任务就是把教材完完整整地教给学生，唯恐有什么遗漏，语文要逐句逐段分析，数学要一个例题一个练习题地去做，历史就是分析教材给出的每一个史料含义。而新课程提倡“用教材教”，教材只是范本，教材中的例题和例子也不是唯一的，可以借鉴其他版本的案例素材，可以用另外的例子来说明这一部分知识，只要有利于学生的学习，教师可以不按教材的顺序和例子来讲。教师在处理教材的过程中要“走进走出”，一是走进教材，二是走出教材。所谓“走进教材”是指教师首先要引导学生掌握教材中的基本知识和基本技能，不能一开始就游离于教材之外。让学生学好教材，这是课堂教学的根本。但仅仅学习书本上的东西还不够，还要“走出教材”，着眼于学科学习的通用工具使用上，给方法、给思路、给方向，不断开发课程资源，为差异性教学提供更多的空间，让不同层面学生“吃好、吃饱”。

五、新课程下课堂教学核心技术的改进

不管怎样的课程设置，都是靠一节节课堂实现课程立意的，课程目标的实现、课程内容转化为学生实际获得离不开教师课堂教学技术

层面的有效行动，下面四个方面的课程教学方法可以称作课堂教学核心技术。

1. 检测导入与整体感知

实施课堂检测是提高课堂教学有效性的策略之一，课堂检测在课堂教学环节中出现的位置主要包括导入检测、重难点检测、课尾学习评价性检测，最为有效的是导入检测，检测让学生一上课就进入高效学习状态，课前时间一般在5分钟之内完成，检测不是孤立于新授课内容之外的，往往是对于前概念知识的梳理与铺垫，通过展示课堂学习知识树框架的形式自然进入新课学习。

2. 展示环节后的要点精析与合作学习

教师在课堂上的任务应从教知识为重点转化为教方法为重点，从而生成学生的学科能力。课堂的要点就是重点和难点的解决，一是通过集体备课解决，二是通过课堂观察实时性处理。合作学习及其展示，就是让学习小组在内部交流中实现思维的互动，学生对于新问题的认知过程不同于“修炼”已久的教师，可能对一个问题的认识走了许多弯路，学习过程是“原生态”的，学生在合作中会得到许多启迪和帮助，找到合适的解决概念学习的方法。

3. 反馈环节的探寻规律与练习回归

无练习课堂是低效的课堂。课堂上学生的学习效果可分为四个层级，分解下来就是：听懂—记住—学会—活用。课堂的核心环节就是学会。这一环节就是着力解决这一学生困惑，课堂结构化强化课上训练，教师在课堂教学设计环节精选了与教学目标相匹配的例题与习题，及时插入每一个学习任务之后，学生通过教师引导下的自主探索可以找到解决问题的内在规律的方法，不断深化对学科概念、原理的记忆，即使方法不太成熟，出现错误的理解和概念的含糊不清，学生还是亲身体验了整个学习过程，同时这一环节还帮助学生不把学科知识固化在书本上，让课堂与生活链接，引导学生关注社会热点和生活实践，培养学生在实际生活中应用学科知识的能力。

4. 拓展提升与整体思考

新课程改革理念指导下的课堂从知识本位转向能力本位，知识和方法可以传授，能力是无法传授的，“课堂”是学生完成学习的“学习场”，学生的学科素养、学科能力的养成是学生运用学科知识和学科方法解决生活实际中的问题中产生的。课堂的结构化教学模式要始终以课堂知识体系和回归上位知识体系为指导，所以在课堂结尾三分钟教师必须留给学生，让其思考本节课学到了什么，把一节课的结构化知识再现给学生，运用学生小组合作画概念理解图作为小结，可使一节课的知识与学段或学科知识构成体系，帮助学生理顺各个学习单元（一节课）的关系，这种整体思考方法可实现课堂学习的有效性。

学生的课程学习发生在课堂，学生的知识与能力的形成在课堂，学生的情感态度和价值观成长在课堂，就让学生课程学习充满着绿色生态和生命活力吧！

专注让他的生命丰盈又深刻

——记北京市大兴区德茂中学校长孙健

文／程淑丽

翻开北京市大兴区德茂中学校长、北京市特级教师孙健的履历表，每一个人都能感受到他对教育事业的执着追求，以及他付出的艰苦的努力。用他自己的话来说：“你没有成就，是因为你从来没有努力过，或者是你努力不够。”

二十余年来，他对教育事业的高度专注，使他的职业生涯取得了巨大的成就，伴随而来的，是生命的丰盈和深刻。

冲！冲！冲！聚沙成塔，勇攀高峰

1991年，从首都师范大学生物教育专业毕业后，孙健来到北京师范大学大兴附属中学，担任生物教师。尽管刚刚大学毕业，孙健显示出超出同龄人的理性，这表现在他对教育事业高度的专注和自觉追求，表现在每一个阶段他都给自己设定了事业的发展目标。其初步目标，就是站稳讲台，做一个受学生欢迎的教师。

此时的孙健对自己进行了理性分析，他觉得自己学科的知识储备是相对充足的，也学过一定的教育理论、学生心理学，最为匮乏的就是教育教学的实践经验和对当时发展迅猛的现代教育技术不甚了解。

“三人行，必有我师。”书本、同行，以及学生，在刚刚走上讲台的孙健看来，都是自己积极主动学习的对象，他也是这么实践的。

为此，他围绕这些方面读了很多书。大兴区有一座校长大厦，那是孙健常去的地方，因为大厦的二层有一座“太学书店”，里面有很多教育方面的书籍。寒假暑假这些大块的时间自不必说，就连晚饭后散步，孙健也是习惯在那里止步，一看就是一个晚上。开始时是他自己，后来就带来了妻子，再后来带来了儿子。孙健说，学习能够使理论提升，理论提升了，触角就灵敏，教师的触角灵敏，就能抓住全新的东西给学生。

孙健还积极向老教师学习，向教育行业的专家学习。

在听完名师讲座后，孙健会主动走到老师面前，记下老师的联系方式，把自己的电话留下。然后他找机会去拜访这位老师，把自己编辑好的材料送过去请老师指导，把自己的课录好了请老师指正。

勤学善问，孙健获得了长足的进步。他笑着说：“名师毕竟是名师，水平确实高。能得到他们的指导，就等于站在了巨人的肩膀上，对自己提高业务水平帮助太大了。”

孙健认为，信息时代，很多学生获取知识的能力会优于老师，所以，教师要向学生学习。从2000年开始，孙健组建了科技小组和科技俱乐部，和学生一起搞专题研究，跟学生一起学习，互帮互学。

无论是向书本学习，还是向优秀教师学习，他的目的都是把学习到的东西运用到实践中去。他说，只有把学习到的东西应用到实践中去，才会产生属于自己的真正理性上的认识。

为了丰富自己的教育教学实践经验，孙健曾经是学校的“问题班”班主任专业户，连续接手四届问题班。不做班主任之后，他又自封为第二班主任，仍然非常注重对学生的思想教育。他说，任何一个科任教师都要自觉地做第二班主任，仅进行学科教育的教师不足以称为优秀教师。

在学科教学上，孙健利用业余时间搜集整理了全国所有省市的历届高考生物试题，逐题进行仔细研究。

“不积跬步，无以致千里；不积小流，无以成江海。”正是这些日复一日的坚持和探索，年轻的孙健很快成长起来，他的教学成绩始终名列全校同学科第一名，可以说，专注令他迅速成长，在很短的时间内尽可能获得长足的发展。

孙健说：“冲！冲！冲！聚沙成塔，勇攀高峰，就是我从工作初期开始持续了多年的工作状态。”

这种对成长为优秀教师的渴望和拼劲，让他迅速成长为校级新秀，他所教的班级，总能保持同学科第一的好成绩，2000 年，他被评为大兴区生物学科骨干教师。

干！干！干！富集内涵，理性发展

“富集”是一个生物学术语。生物富集作用又叫生物浓缩，是指生物体通过对环境中某些元素或难以分解的化合物的积累，使这些物质在生物体内的浓度超过环境中浓度的现象。

孙健说，富集内涵，理性发展，可以说是他职业生涯第二阶段走过的路。成长为学校的教学新秀，成功实现了第一阶段的目标后，孙健并没有沾沾自喜，而是又开始了新的追求。孙健认为，要想成长为一名优秀教师，就要以研究的态度去工作，他把“做科研型的教师”

作为自己成长中期的追求。

“九五”期间，孙健开始作为核心组成员，协助主管领导主持学校的课题研究；“十五”开始，他已经成为学校科研主任，独立申请了一个市级课题，同时主持学校的国家级课题研究。

在他成为学校科研的骨干之后，他肩上的担子越来越重，不仅要负责学校的科研、师训、科技教育（针对学生的），还连续3年担任年级主任。这些年来，他每天夜里12点之前都没有睡过。有时候为了抢时间，也为躲避外界的干扰，孙健会带上几包方便面，把自己关在学校实验楼里。他印象最深的是刚入冬的那几天，还没有暖气，实验楼里又阴又冷，他一个人在实验室里读读写写，感觉手脚都麻木了，就站起来跳几下，暖和暖和手脚。爱人心疼他，给他做了好吃的，也只能隔着铁窗把饭菜递过来。

凭着这样的意志，孙健边工作，边学习，边研究，使自己快速成长为一名优秀的科研型教师。

他所辅导的“凤碱河污染调查分析与对策”等活动，一年就获得了4个市级一等奖，他个人也连续两年获得了“北京市金鹏科技论坛优秀辅导员”称号。他主持的课题成果显著，学校在2003年和2005年两次被评为“北京市教育科研先进校。”

随着业务水平的提高，孙健对自己又提出了进一步的要求，那就是成长为专家型教师。在他看来，“专家型教师”不只是一个学科的教师，他要成长为“教育者”。

随着自己教育教学水平的提高，孙健开始陆续承担学校的一些职务，包括科技辅导员、年级主任、教科室主任，以及教学处主任、学校发展研究中心主任、副校长。25年来，孙健都坚持在一线上课，多年来一直承担着不少于8课时的授课任务。他认为，作为一线的管理者决不能脱离课堂。

同时，他主动参与各种学术活动，提升专业水平。2005年，他被聘为中国教育学会中学教育研究中心教学指导组成员，多次到陕西、山西、辽宁等地做高考复习指导。他还到本区的农村中学支教。对此，孙健解释说："老在一个学校是发展不起来的，因为学生都熟悉了，觉得你可以了，容易止步不前。而走出去的目的是为了给自己提出更高的要求，使自己获得"膨胀性"发展。

为了鞭策自己，他在多个场合明确表态，下一个目标就是成为特级教师。这样做，就是为了让自己不懈怠，让自己具有破釜沉舟的勇气，努力向前。在教学中，他注重挖掘不同学段生物学科的特点。担任初中生物课教师，孙健侧重于学生生物学科兴趣和学科观念的培育，让学生的学科知识与生活实际紧密结合；在高中教学工作中，他着重培养学生的学科素养和理科综合能力。

近五年来，孙健紧密结合课程改革步伐，把研究的重点放在了课堂教学有效性方向上。针对生物学科知识零散、概念形成源于探究过程等特点，在课堂教学策略上运用"整体—分步—整体"的单元式思维模式，使学生学习过程系统化，总结出了创新性中学生物课堂教学模式："创情引思、自主学习、合作互补、迁移运用、整合延展"五环节教学。

孙健还把自主学习、合作学习、探究学习与现代教育技术应用原则综合运用到生物课堂教学中，课堂教学操作上逐渐构建活力课堂的文化元素，即"四有三动手一案"课堂实施策略。这一课堂实施策略包括，四有：有自学、有展示、有质疑、有生活连接；三动：动口、动手、动情；一案：用学案，大大提高了课堂学习的有效性，促进了教师专业发展和名师队伍建设，使同学科和相关学科骨干教师数量形成了一定的规模，在全区乃至全市都有一定的影响力。

天道酬勤，2014 年，孙健被评为北京市特级教师。

长！长！长！宁静致远，追求卓越

2012 年，孙健被任命为北京市大兴区德茂中学校长兼党支部书记。"宁静致远，追求卓越"，成了他今后努力的方向。他说，这是由学校的地位和校长的角色决定的。

北京市大兴区德茂中学是一所公办初中校，深受当地家长的好评，中考成绩一直保持在全区的前3名。大批德茂教师爱生爱岗，特别是2002年至2005年，学校引进了一批大学生担任教师，形成了一支优秀且稳定的教师队伍，大家齐心协力，创造了农村校中的奇迹。

关于校长角色定位，孙健认为，校长应当从事务性的工作中解脱出来，用课程建设引领学校建设，为学校长远的发展做好规划。现代学校管理中，校长要成为学校课程建设的顶层设计者。课程是解决教给学生什么的问题，而课堂是要解决怎么教的问题，教师似乎更关心课堂怎么教的问题。校长管理一所学校要从文化引领入手，以课程体系构建为途径，以静心打造高效课堂为基点，要让学生学得高兴、学得有价值。

任职3年来，通过参加大兴区名校长培训工程，孙健跟随理论导师北京师范大学的毛亚庆教授和实践导师北京市第八十中学田树林校长，感受到大家的风范和睿智，完成了研究课题“构建学校文化　打造特色学校”的研究，还与校长班的学员一起到外地学习先进的学校管理经验，到北京市八所知名学校进行考察。

在学习进修的基础上，孙健率领德茂中学的管理班子，通过与教师们一起理性思考和实践探索，结合长期以来对特色办学思考和对学校发展过程的分析，确立了“为每个学生创造美好未来”的总体办学理念，提炼出“情真致美，学高德茂”的校训，确定了”树品牌意识，创京郊名校”的总体办学目标，提出了“活力教育”的办学特色，构建了一体两翼的德茂课程体系，即科技类课程（左翼）、智育类课程（核心体）、美育类课程（右翼），并在三大类课程中注重德育的落实。

围绕活力教育的办学特色，学校构建并实施了“六大行动策略”，落实学校文化建设方案。这包括活力教师文化构建行动、活力课堂文化构建行动、活力班级文化构建行动、活力环境建设行动、活力课程构建行动以及活力作业构建行动。

德茂中学提出让每一位学生都能成为课堂真正的主人，快乐学习，快乐成长。为此，在孙健校长的主持下，德茂中学构建了新型教学模式“五有四动七环节”（五有：学习中有自主探究，有学生展示，有质疑解疑，有生活链接，有评价体系；四动：动脑、动情、动口、动手；七环节：导入、自学、交流、展示、反馈、提升、小结）。

值得一提的是，为了切实解决孩子课业负担重的问题，德茂中学提倡活力作业，在作业的趣味化、作业多样化、作业时间规范化上狠下功夫。功夫不负有心人，在 2012 年 6 月进行的第一次调查问卷中，40% 的调查对象认为学校的课业负担过重；2014 年 3 月进行的第二阶段调查中有 27% 的调查对象认为学校的作业负担过重，说明此项工作还是富有成效的。

关于学校下一步的工作，孙健校长认为，智慧管理和学术发展将是德茂中学的两个支点，驱动学校实现“树品牌学校，创京南名校”，不断追求卓越的办学目标。

“铁人精神”薪火相传 “五唯文化”引领发展

北京石油学院附属中学 孙玉柱

作者简介

孙玉柱，中学高级教师，中共党员。曾担任清河中学校长，现任北京石油学院附属中学校长，北京教育学会会员。《追求学校内涵发展，提升学校竞争能力》《自主行动、自主参与、自主能力》《“铁人精神”薪火相传、“五唯文化”引领发展》《让学校站上“不选择学生的”高度》等十几篇文章发表在《人民教育》《现代教育报》《北京初中教育》上。

北京石油学院附属中学创建于1960年，是一所包含初中、高中的完全中学，2011年被评为海淀区示范高中校，2012年被评为“全国特色学校”。学校长期坚持将石油会战中的“铁人精神”作为“校魂”，坚持“继续发扬铁人精神，努力构建‘五唯’文化”的学校办学思路，确立了“真爱每个学生，为每个学生的发展优质服务”的办学思想。

这是一所以“铁人精神”为校魂的学校

北京石油学院附属中学长期坚持“铁人精神”的传承和发扬，这也是全国唯一一所以“铁人精神”为校魂的学校。新时期，学校将“铁人精神”进一步深化和发展，逐步把“五唯文化”作为培养学生的核心素养。近些年，学校始终坚持“真爱每个学生，为每个学生的发展优质服务”的办学宗旨，始终坚持将学生、教师放在主体地位，始终坚持将“满足学生需要”作为学校发展的工作主线，始终坚持将“学生的全面健康发展，为国家培养优秀人才”作为学校的追求，积极探索教育教学改革的新途径、新办法，推动了学校快速发展。

学校先后获得“全国特色学校”、“全国教科研百强校”“全国信息技术教学应用示范校”“全国中学化学新课程实施先进单位”“全国海洋意识基地学校”“北京市文明礼仪示范校”“北京市最佳育人环境中学”“北京市健康促进学校”等近百项荣誉称号。同时，学校还是中国石油大学、北京科技大学、北京语言大学、北京工业大学等多所著名大学的生源基地学校。

这是一所学生可以自由选择的学校

1. 优秀的教师队伍可供学生选择

学校拥有一支以特级教师为领军、骨干教师为核心、中高级教师为主导、知名专家为补充的优秀教师团队，为学生们提供了选择空间。

学校现有教职工 147 人，专职教师 121 人。特级教师 1 人，市区级骨干教师 35 人，占全体教师的 28%。其中高级教师 59 人，一级教师 49 人，占全体教师的 89%；同时，学校还外聘周京昱、朱京力、聂成军、陈敬川等多名特级教师和知名专家，到学校为学生常态性上课。这样一支师德高尚、业务精湛、结构合理、充满活力的教师队伍，为学生的全面健康发展提供了可靠的人力保障。

2. 学生可以选择班级类型

学校在坚持“满足个性需要，适合学生发展”的理念指导下，在高中设置了铁人班、实验班、平行班，在初中设置了铁人班、乐器班、平行班等不同班型。学生可根据自己的优势和爱好，由学校统筹，在公平公开的原则下分配班级。这既满足了学生需求，又立足学生个性发展实际，为有特长的学生创设特殊的发展机会，为培养全面而又富有个性的优秀毕业生建立了良好的机制保障。

3. 学生可以自由选择校本课程

学校在坚持“国家课程校本化实施，学生活动课程化设置，社区资源合理化利用”课程建设的理念指导下，在开足、开齐国家课程，确保国家课程有效实施的前提下，积极推进国家、地方、校本三级课程的整合。积极鼓励学生开展综合社会实践活动，逐步建设成立了以小语种为特色，以科技类、体育类、艺术类、自然科学类、创新课程类课程为补充的 70 余门课程。特别是可供学生自由选择的韩语、日语、西班牙语等 7 类小语种，共 14 门特色语言课程成为学校特色，深受学生喜爱。

4. 学生可以自由选择学生社团

“让每一个学生在校园里幸福地生活”是学校一直追求的教育目标。学校现有足球队、篮球队、健美操队、管乐团、合唱团、天文社、公益社、模拟联合国等 20 多个学生社团，特别是学校足球队、管乐团、健美操队等团队多次获得全国或市级比赛的冠军。2014 年学校管乐团参加第34届德国安斯巴赫国际音乐节获得最佳演奏团体奖。学校“铁人”足球队在2011年获北京市金帆杯冠军，学校还获得“北京市健康促进学校”“北京市阳光体育明星学校”等荣誉称号，并成为“首都体育学院国家级特色专业（体育教育）实习实践基地”。

这是一所育人能力超强的学校

近四年来，学校教育教学质量稳步提升，高考本科上线率从2012年的95.75%，逐步提升到2015年的99.1%；特别是2015年高考成绩再创历史新高：首先是理科一本线上线率77%，文科一本上线率70%，平均超区24%；其次是文科连续两年本科上线率100%。第三是“高分段”、“一本率”和“铁人班”的成绩提升显著，“高分段”中600分以上者77人，650分以上5人。按2012年当时“入口”计算，预计能够达到600分的学生仅为5人，2015年我校为77人，净增72人；按2012年当时“入口”计算，预计能够达到650分的学生为0人，2015年我校为5人，净增5人；2015年高考一本“出口”比例比入口比例提高了55.3%；铁人班区排名平均提高2900名！

学校文科状元刘鸿彬，高考成绩652分，考入南开大学（2012年入学时，区中考排名全区5995名，未进入一本行列）。学校理科状元王宁，670分，位居海淀区782名；考入了中山大学（2012年入学时，位列全区4811名，刚刚进入一本行列）。

这是一所具有国际视野的学校

1. 成立“北京语言大学国际学校”

学校依托北京市“大支小”项目，在2014年与北京语言大学达成了“优势互补、资源共享、合作共建、协同发展”的合作建设协议，并成立了“北京语言大学附属国际学校”。学校充分利用北京语言大学分布在世界各地的100多所国际孔子学院的有利资源，进一步面向国际教育，拓展“北京语言大学国际学校”的发展之路。

2. 开设“小语种”特色课程

学校常态开设韩语、日语、西班牙语、法语、德语、俄语、葡萄牙语等7类小语种，共14门特色语言课程，采取了“走班”教学的学习方式，并形成了有学校特色的教材，授课教师全部来自于北京语言大学的部分教师和硕士研究生，学生可以根据自己的兴趣，网上选取自己需要学习的内容。目前，小语种特色教学已经成为学校发展中的一大亮点。

3. 对外交流活动丰富多彩

近半年多的时间，我校先后接待了新加坡孔子学院研修团、马来西亚教师代表团、意大利米兰圣心天主教大学孔子学院教育代表团、日本高中教育参观团、加拿大HERITAGE WOODS SECONDARY SCHOOL中学生代表团、北京语言大学东京分校、ISI国际学院的日本高中生访问团等多个国际代表团的参观考察工作，并与之开展了深入交流活动。

同时，学校积极组织师生开展对外交流活动，2006年组建的学校管乐团多次在北京市中小学生器乐管乐合奏比赛中取得优异成绩，并应邀出访美国、加拿大、德国、奥地利等国家；今年暑期学校将有港澳台夏令营、乐团赴英国交流等多个国际友好交流的项目。

北京石油学院附属中学这所优质的品牌学校，已经走过了56年的光荣历史。学校的历史，是一部“铁人精神”的传承史，是一部附中人努力拼搏的奋进史，更是一部学校快速发展的成长史。同时，56年的历史，也记录了一代代石油附中人薪火相传、奋斗不息的光荣历程！56年的历史，也铸就了石油附中人艰苦奋斗的创业精神、严谨求实的治学精神和勇于拼搏的进取精神！56年的历史，更积淀了“铁人精神”，凝练了“五唯文化”，成就了优质的办学品牌。

开展科技教育　培育学生科学素养

北京市延庆区第二中学　　时之远

作者简介

时之远，1991年7月参加工作以来，先后在延庆职业高中、延庆第一职业学校从事共青团、德育教育和历史教学等工作10余年，在延庆永宁中学从事教育教学管理、历史教学工作4余年，在延庆第二中学从事教学和行政管理工作10余年。2015年2月任延庆第二中学校长，两年来，时之远坚持继承与创新相结合，实施依法治校、生态发展策略；推进德育教育、宏志教育、科技教育、心理健康教育等工作特色发展，促进学生、教师、学校共同进步。

一、科技教育是学校教育重要组成

科学技术的进步是推动生产力的首要力量，也是促进社会进步的决定性因素。建设创新型国家，核心在自主创新，关键在创新人才，必须培养大批具有创新精神和创新能力的创新型人才，积极应对国际经济科技竞争。学校是培养创新型人才的主阵地。在学校开展科技创新教育，培养学生的创新精神和创新能力，是全面推进素质教育，深化教育综合改革的重要任务。培养学生的科技素养，帮助学生树立乐于探究、敢于实践的精神，这是学校教育在培养学生实践能力和创新精神方面肩负着特殊使命。科技教育是素质教育重要组成，是学校教育重要内容之一。

二、科学素养是学生核心素养之一

科学素养包括科学知识、科学技能和科学观念三个方面。科学素养分为自然科学素养和社会科学素养两个方面。在学校，科学素养包括课程教材内学科知识、学科能力和学科观念，同时包括科学探究、科学实验和科学创造。

中学阶段是学生全面而有个性成长的关键阶段。健康素养、阅读素养、数学素养、科学素养、技术素养和问题解决素养使学生核心素养组成部分。其中，科学素养既影响到学生人生观问题，也影响到学生成长中的方法论问题，更影响到培养一大批适应经济社会需要的创新人才问题。在当前经济社会快速发展时期，加强学生科学素养的培育尤其显得重要。

三、开展科技教育，提升学生科学素养

提升学生科学素养路径很多，开展科技教育是其中重要途径之一。多年来，我校在开展科技教育、培育学生科学素养方面进行了积极的尝试。

（一）坚定工作理念，建立保障机制

根据学校“创造适应学生发展的教育，建设师生幸福学校”的办学理念，我们确定了学校科技教育的工作目标为：以培育学生科学素养为核心，以课堂教学为主渠道，以科技多彩活动为补充，加强科技知识的传播，培养学生的科学意识、科学思维、科学方法、创新精神和实践能力，以科技素质的提高促进学生全面素质的提高。

学校成立了以校长为组长的科技教育领导小组和以主管校长为组长的学校科技教育工作小组，具体负责学校的科技教育工作，以保证学校科技教育工作的扎实有效开展。学校组建了一支爱岗敬业、无私奉献、扎实肯干，包括专、兼职和校外专家组成的科技教师队伍。

学校专门成立了科技教研组，具体负责课内外的科技教育工作。学校重视科技教师的培训工作，采取“走出去”和“请进来”的方式，组织教师参加市、区组织的机器人和创客科技培训活动，参加市、区组织的 3D 打印、高中生技术设计培训，参加区组织的科乐思教具培训活动，参加风筝、软陶的市级初、高级培训活动。学校聘请专家指导团加盟学校的教学工作，在初中开放科学实践活动和综合社会实践活动中，邀请北京市的资源单位给初一、初二的学生讲解《可替代能源－风能发电》、《植物标本采集制作》、《智能小车设计制作》、《机器人在我身边》等课程，对我校的科技教育起到了极大的推动作用。

学校建立并逐步完善了与科技教育有关的各项制度及奖励办法等共 40 多项，为学生搭建创新教育平台，鼓励学生根据个人兴趣开展创造性的科技活动。

（二）立足区域特点，面向三个发展

我校的科技教育立足于“面向三个发展”，积极发展特色项目，逐步形成学校科技教育特色。

第一，面向学生发展。依据多元智能理论、扬长教育的理念，根据不同学生的特点与特长，根据学生发展的需求，特别是立足于学生

的终身可持续发展，对学生进行传统文化和社会主义核心价值观教育，向学生提供全面、优质、丰富具有时代特点的科技教育。如机器人项目、创客实验项目等。

第二，面向区域发展。根据我区是国家级生态示范区，北京市旅游区、世界地质公园、农业生态涵养区，我区即将举办2019年世界园艺博览会和2022年冬奥会，我们的科技教育立足于区域的可持续发展，发展以生态科技、地理人文、素养等相关的内容。如气象观测、天文观测等项目。

第三，面向农村发展。根据我区是北京市生态涵养发展区的特点，我们的科技教育立足于农村发展，为我区农村、农业的发展输送优质的科技和建设人才。力争通过我们的工作，使学校、延庆生态蔬菜基地、相关科研院所形成研究、活动系统，为延庆的发展服务。如楼顶生态科技实验园项目。

（三）课堂教学融入、科技校本课程、课外科技活动“三位一体”发展

课堂教学面向全体学生，科技校本课程突出重点项目，课外科技活动培养学生科技特长技能。

1. 加强学科融入，培育学生科学基础素养

中学的科技教育是以传播科学知识和方法，培养学生的科学观念、科学态度、科学思维以及科学实践能力为目标的教育活动。开展科技教育，课堂是主阵地。我校非常重视“科技教育走进课堂”，认真做好科技教育融入学科教学，强化学科教学中的科技教育。教师们在教学中，特别注重培养学生树立正确的科学态度，尊重科学、实事求是的科学精神。无论是文科，还是理科，都从知识、方法、情感态度等方面认真挖掘教学内容，科学设计教学过程，做好科技教育的融入工作，不断培养学生科学素养。

学科教研组在集体备课中认真研究如何在教学过程中融入科技教

育，并且力戒穿靴戴帽，生搬硬套，做到潜移默化、润物无声。

2. 建设科技校本课程，提升科技教育内涵。

我们依托科技教育示范校建设，充分挖掘资源，开发科技教育系列校本课程。以生态科技园为基地，重点开发生物组培、无土栽培、标本制作等校本课程，为初中、高中研究性学习提供观察、实验等项目服务。以校气象观测园为基地，重点开发气象观测与教育等校本课程，为初中、高中相关研究性学习项目提供服务。以校天文观测台为基地，重点开发天文观测与教育校本课程，为初中、高中相关研究性学习项目提供服务。在初二年级开设机器人课程，同时以机器人社团为载体，加强学生的动手能力和科技思维能力。

几年来，我校共开发了较成熟的科技类校本课程 17 册，包括《无土栽培简介》、《植物组织培养简介》、《动植物标本制作》、《探索神秘的星空》、《探寻万千气象》、《健康教育》、《研究性学习入门体验》、《形体操》、《各年级心理活动》、《简易机器人制作》等。

3. 狠抓特色活动，促进学生个性成长。

我校的特色活动是生态科技、天文观测、气象观测、机器人四大项目。

学校在市教委体美处的支持下，利用科技创新项目申请经费修建了科技生态园，进行无土栽培和组培教学活动。我们引进中国农业科学院的无土栽培专利技术，在空间有限的温室大棚里引进尽可能多的栽培模式（少食多餐），如斜插式墙体栽培、斜插式立柱栽培、可移动式管道栽培、多功能水耕栽培、盆播式基质栽培、箱式基质栽培、红薯树和蔬菜树等栽培技术。我们和北京林业大学合作，开展四倍体转基因刺槐培育实验，并参加北京市创新大赛获二等奖。

气象观测是我校的传统项目。我们不断进行设备更新，现可进行温度、湿度、风向风速、自动侧雨量、手动测雨量、日光、地温、干湿度等观测活动。县气象局对我校给以了大力的支持，支援了部分仪器设备，并经常派技术人员指导师生活动。

天文台是2004年建成并使用的。为此学校专门组织地理教师学习设施设备的使用，组织教师到北京天文台参观，我校申请参加了“北京市青少年天文爱好者协会”，成为团体会员单位，组织师生定期参加活动。包括，专题讲座，如“神秘的宇宙”、“我们的家园”等。实际操作，如介绍天文望远镜的组成部分、各部分的主要功能，观测的时间、天气的选择、观测的注意事项，天文仪器的使用注意事项，各天文仪器的使用方法等。实际观测，如观测行星、北极星、著名的星座、月食、日食、太阳黑子等天文现象。

机器人社团是我校新兴科技项目。我们有基础知识扎实，肯钻研，能吃苦的机器人教师队伍，他们不计较牺牲个人的时间，利用中午和周末的时间为学生辅导，默默的付出。取得了骄人的成绩。连续5年我校在北京市青少年机器人智能大赛中，荣获了初、高中的一、二、三等奖。连续3年在北京市青少年机器人竞赛中荣获初、高中一、二等奖。连续4年参加北京市青少年科技创新大赛，荣获一、二、三等奖。其中作品《数字时钟》、《珠算教学机》、《鱼缸清洁助手》在区教育电视台和延庆电视进行了采访和报道。连续4年参加北京市“金鹏科技论坛”学生获得初、高中的二、三等奖。连续4年在北京市高中生技术创意大赛中获得市级一、二、三等奖。2016年7月我校代表北京市参加第16届中国青少年机器人竞赛中，获得了国家二等奖。张立宣老师被评为“十佳”教练员。王继忠老师连续带领了2届“翱翔”学员，这在我区是首屈一指的。其中黄楠同学登上了市级“翱翔”论坛并做了《基于三维随动的机械手的研究》报告，获得了市教委的好评。

为最大限度地发挥设备场地的作用，我们尽可能扩大四个特色项目的活动效应，组织多个兴趣小组开展活动，如营养液的配制、发芽实验、基质栽培实验、光合效率测定、测太阳高度角、学校小气候与校园绿化、机器人社团等。我校积极承办区教委科技馆委托的科技竞赛及教育活动，收到很好效果，受到上级领导的好评。我校组织了“延庆植被考察”夏令营、“环保志愿者”夏令营。参观了中国气象局国家气象中心等几十个单位场馆。我校还在县气象局、县污水处理厂、野鸭湖湿地保护区等建立了科技教育基地。

学校抓住一切可能机会宣传、传播科学知识，宣传学校科技教育工作，营造学科学、爱科学、用科学的氛围。在新建设的科技楼一楼门厅内我们设置了科技展，有未来科技的发展、互联网+等内容。在科技楼二层、三层我们设置了多间科技活动室、创客教室、“翱翔”工作室以及DIY教室，给学生提供了学习科技教育的空间和设备。校园环境中的静思园、鼎福园、润泽园等，处处彰显科技元素。

4. 开展社会大课堂和综合实践活动，丰富科教育新内涵。

我们把学校科技教育和大课堂活动有效链接起来，充分利用社会资源，开展科技教育活动，培养学生提出问题、解决问题的能力，激发学生研究探索科学的欲望，提升学生的学习能力。我校通过组织学生在社会资源单位开展系列活动，让学生接触社会，接触自然，在“做”、“考察”、“探究”等一系列的实践活动中发现和解决问题，体验和感受生活，使学生在学习中了解社会，在社会中不断学习，从而为学生的全面发展，提高学生综合素质打下坚实的基础。

初中开放性科学实践活动和社会综合实践活动，是市教委优化课程结构，本着构建开放性的教与学模式，努力培养学生的创新精神和实践能力的原则，认真开展并组织好初中学生参加各项活动，拓展学生的学习渠道。我们成立领导和工作小组。在广泛、深入调研的基础上，确立每次活动的主题、目标以及内容，由相关教师写出活动课例，制定详尽、可行的社会大课堂活动、综合实践活动方案和安全预案。

5. 开展科研工作，提升创新能力

学校注重校本课题的研究，有重点、有针对性地开展科技教研活动，以项目研究方式推进科技专项工作。我校承担的中央电化教育馆“十二五”重点研究课题《信息技术与学科教学整合的策略研究》的子课题《农村中学英语学科校园网络资源建设研究》已于2015年12月通过结题，并获优秀课题称号。我校承担的国家级课题《利用课外活动对学生进行积极有效的服务引导》将于今年年底结题。学校自主推出了《开展学科综合实践活动，提升学生自己学习能力》、《科技教育》等课题。

目前，我校已连续3次被评为北京市科技教育示范学校，科技教育成为学校办学结构中十分重要内容，师生员工的科学观念、科学精神、科学技能等素养都得到持续培养。面对“十三五”发展契机，我们将继续大力发展科技教育，大力培育学生科学素养，为培养学生适应经济社会发展需要的本领不懈奋斗。

培养有品位的人

北京市房山区良乡第二中学　　佟明河

作者简介

佟明河，良乡第二中学校长、党支部书记，中学高级教师，房山区教育之星。他从教 33 年，担任校长 23 年，是一位思想型、科研型、开拓型的校长。他的管理理念是：管理不是改造人，而是唤醒人，唤醒人内心的强大动力；制度不是约束人，而是激励人，激发人的潜能极大的迸发。他认为学校教育，特别是基础教育就是培养习惯，挖掘潜能，提出了“学真本领做真实人”的二中精神内核，把培养有品位的人作为育人总目标。

学校是培养人才的地方，是为学生的成长和未来事业奠定良好品德及文化科学知识的第一基地。育人目标是学校一切行为的出发点和落脚点，也是学校文化的核心。在“崇尚优秀品德 追求人生品位”教育理念统领下，良乡二中把“培养有品位的人”作为学校的育人总目标，不断摸索实践，培养全面发展的人。

“有品位的人”的提出

党的十八大提出的“三个倡导”的24字社会主义核心价值观为我们制定育人目标指明了方向。1975年建校以来，学校经过几十年的发展，特别是近年来深入的教育改革，良乡二中人不断拼搏、积极进取，使得二中的教育质量稳居房山教育前列，已然成为初中教育的龙头校。作为区政府所在地，我们招收的学生素质相对于边远的农村学校来说，整体偏高。随着时代的发展，社会对我们学校提出了更高的要求与期望。近年来，我到国内的优秀学校参观，到我国台湾省和英国考察，特别是一年的加拿大皇家大学的学习，使我体会到优秀的学校就应当培养有品位的人。

“有品位的人”的标准

（一）有品位的人应当是学识广博、有理想信念的人

有品位的人，一定是内涵丰富的人，一个胸无点墨之人，无论如何和有品位挂不上钩。他们应该具有理想信念，对于中学生来说，有理想有信念应是实实在在的目标，不能提过大过高的要求，这样他们才能健康成长。

（二）有品位的人应当是勇于担当、有责任感的人

有品位的人，都会有自己的追求，他们具有坚毅的品格，敢于承

担责任，勇于面对困难，不会轻易放弃自己的目标。他们不为自己的失败找借口，总为成功找办法。对事业的执着，对生活的执着，锻造了他们的责任意识。

（三）有品位的人应当是爱憎分明、有独立见解的人

他们有明确的世界观，支持什么，反对什么，喜欢什么，憎恨什么，他们都很清楚。这种清楚，不光表现在认识上，更表现在行为中，他们敢说、敢做、敢制止、敢提倡。遇到需要帮助的人，他们毫不吝啬他们的爱心，甚至倾囊相助。爱心体现他们的宽阔胸襟，同情心体现他们的社会责任感，耐心、包容是他们的涵养所在。

（四）有品位的人应当是举止文明、有道德情操的人

言谈举止是人的外在表现，同时也是内涵外在的体现。说话有分寸，不刻薄，不粗俗，不浮躁，不盛气凌人，不媚俗，既不得理不饶人，也不无理犟三分；穿着讲究得体大方，站有站相，坐有坐姿，走路昂首挺胸，待人彬彬有礼。做有道德情操的人是中华民族自古以来的做人准则，对于初中生来说，要从小事做起，诚信、友善，谦虚、好学。

（五）有品位的人应当是身体健康、有阳光心理的人

有品位的人，应该注重体育运动，养成良好的生活习惯，具有健康的体魄。同时他们以积极的心态换来积极的行动，并形成积极的效果。有品位的人会正确对待身边的事物，不夸大阴暗面，并且用阳光心理去影响感化心理阴暗的人。微笑是他们最常态的表情，善良是他们的最基本的品格，正直是他们做人的原则。

（六）有品位的人应当是爱好广泛、有高雅情趣的人

有品位的人要有广泛的兴趣爱好，他们或用音乐陶冶性情，或用摄影美术丰富视野，或用读书净化心灵，或用体育强身健体，愉悦心智，或用棋类锻炼思维。总之，有品位的人决不和低俗的、不良的嗜好沾边。

（七）有品位的人应当是与时俱进，有创新精神的人

有品位的人应当是永远站在时代前沿的人，他们具有创新精神，时刻把创造新科技、应用新科技作为自己的追求。

这七个标准，落实到学生身上，具体应达到“五掌握”“五具有”这十项任务：

- 掌握一套适合自己的学习方法
- 掌握至少一种艺术素养的基础
- 掌握至少一种健身休闲方式
- 掌握基本的中外礼仪常识
- 掌握扎实的进一步学习的基础知识
- 具有一个明确的人生目标
- 具有主动与人沟通合作的健康心理
- 具有符合中华传统美德的行为习惯
- 具有管理自己的基本生活能力
- 具有基本的法律意识和公德意识

“有品位的人”的培养

（一）践行社会主义核心价值观，为培养有品位的人积淀底蕴

通过落实七条标准和十项任务，涵养化育社会主义核心价值观，培养有品位的人，办好人民满意的教育。

1. 打造精品课程发展人

我校紧紧围绕“培养有品位的人”这一育人目标，深入落实《课程改革一体化实施意见》，努力探索校本课程的开发研究，使课程改革成为拓宽思路的显微镜。

一是研究国家课程的校本化实施。如：总结、梳理、完善、提升阅读课教学，形成初步研究成果。隔周一次连续两节阅读课已成为常态；

建立学校、班级、教研组三级“书库”，把读书场所由阅览室扩大到班级和教研组。组织多种形式的活动交流，既有贯穿全年的系列活动，也有集中展示。如：日常的学生阅读笔记、手抄报展、“我讲西游故事”；初三年级专题阅读讲座、初二年级 “品读名著经典，演绎百态人生”戏剧展演、初一年级“炫青春风采　提人生品位”诗文诵读大赛。这不仅丰富了学生的文化积累，发展了学生的思维，切实提升了学生的素养；而且在阅读中使学生受到了优秀的文化、特别是传统文化的熏陶，思想情感与道德修养明显提升。

二是打造精品校本课程，培养学生特长。围绕育人目标开设的校本课程，充分满足学生个性成长的需求和兴趣爱好的发展。先后出台了“良乡二中校本课程开发计划”、“初一、初二年级的校本课程选修方案”，通过师生“双向选择”，最终确定开设的课程。机器人、单片机编程、英语课本剧、汉服制作等校本课程深受学生喜爱。我们注重学生的养成教育，落实《中小学生守则》，并开发了德育系列校本教材《梧桐启航》《梧桐护航》《梧桐方圆》。

2. 开展丰富活动塑造人

一是办好“四个节”。我们以陶冶学生情操，构建学生健康人格，全面提高学生素质为出发点，全力打造文化特色品牌活动。3 月的科技节，融科学性、互动性、参与性于一体，培养学生创新能力；5 月的艺术节，为学生们提供展示个性艺术修养的舞台，形成生动活泼、品位高雅的校园文明风尚；9 月的体育节，渗透体育文化，让师生们在参与中享受体育的快乐，逐步养成良好的锻炼习惯，培养团结协作、顽强拼搏、奋发向上的精神。11 月的读书节，使校园处处书香馥郁，投射出文化的光彩。

二是根据育人目标组织课外活动。我校学生课外活动丰富多彩，组建有多个社团。如管乐团、民乐团、舞蹈团、合唱团、街舞社团、团报文学社、志愿者服务社等。学生积极参与，活动多姿多彩。“根与芽社团”以创建优质校园文化为目标，形成了“校园是我家，净化、美化靠大家”的社团文化；物理组的“未来工程师项目团队”更是成绩骄人，参与了“过山车”“创意微拍”“安全校车”等多个子项目，取得了优异的成绩，其中“过山车”项目组一路过关斩将，最终在全国赛中取得了一等奖。课外活动增强了学生社会责任感、创新精神和实践能力。

三是创新社会实践活动，瞄准学生实际获得感。初三年级的社会实践瞄准中考的方向，与学科相结合，与传统文化相结合。组织学生去故宫博物院参观游览，让学生体验了五百年的兴衰荣辱，了解中华民族内忧外患的历史，体会了紫禁城博大精深的中华民族智慧和文化精神，培养学生爱国精神。初一、初二年级的社会实践与拓展训练和提高生活能力相结合。选择的实践基地都是新型的红色旅游教育景区，旨在弘扬红色文化，将生命教育渗透到丰富多彩的游戏活动中，达到陶冶情操、增强团结合作意识、提高动手能力的目的。

（二）深化教育教学改革，为培养有品位的人提供保障

随着北京市教育综合改革的逐步深化，用考“宽”倒逼教师教学改革，紧紧围绕“培养有品位的人”的育人目标，努力探索教育教学规律，注重内涵发展，创新教育特色，用先进的教育理念和教育智慧，创造适合学生发展的教育，使教育变革成为改进工作的助推器。

1. 以学生学习方式变革为推手，促课堂教学质量提高

学校将提高教育教学质量的落脚点放在学生学习方式的变革上，“十二五”期间开展了“学导探评思”教学模式的研究并获得北京市教育学会优秀成果二等奖。在此基础上确定了课堂教学研究为“师友互助”学习方式下“学导探评思”的教学研究，和高效课堂协作网合作，专家组走进良乡二中，深入课堂进行“师友互助”学习模式的指导。

2. 发挥教研组群体智慧，强化教学管理

我校 19 个教研组由年级教研组和学科教研组构成，我们发挥人多的强势，加强教研组精神文化、常规文化管理。创建教研组铭牌和教

研组室内文化，凸显学科特点和文化品位。建立学习汇报制度，实现资源共享；集体教研有序有效得法，落实到位；针对学生学习动力不足的问题抓小课题研究，19 个教研组 19 个小专题，每个组都尝试撰写开题报告，定期组织研讨，每个老师都有高招和奇招，小方法凝聚大智慧在研究中得以体现。

（三）打造高素质育人团队，为培养有品位的人铸造支撑

培养有品位的人，提高学生整体素质，做好心中有人的教育，关键要有一支高素质的育人团队。

1. 打造一个智、实、和的干部队伍

我校在干部队伍建设中突出“智”，即有思想；“实”，即能实干；“和”，即有凝聚力的理念。我校将中心组学习制度进行了创造性的改进，紧密联系一线，将三个年级组长纳入中心组学习范围，集思广益精心设计学习专题，提前下发，充分准备，提高学习的实效。不断丰富学习内容，既有党员干部素养、能力、行为的研讨，又包括学校重难点工作、育人目标的确定与落实办法的研究，还有对学生制度建设的讨论等。通过学习，干部的思想修养、服务能力和工作执行力得到不断提升。

2. 建设一支仁、智、学、强的教师队伍

我校的教师观是：教育者首先应当是个仁者，其次应当是个智者、学者和强者。永远让教师的品德修养成为教师文化的主流。我们引导教师树立现代人才观念，尊重个性发展，建立新型的和谐师生关系。加强教师研究能力的培养，多措并举搭平台，助推教师专业发展。加大科研力度，鼓励教师做研究型教师。改变教师以磨时间为主的低效方式，在课堂效率提高上下功夫，把积极吸引学生参与课堂作为出发点，引导学生全身心地投入课堂活动；启动基于课标的教学研究，引领教师教学回归学科本质；明确课改方向，让老师认识到课改的重要性和现实需求；深入研究课堂评价环节，重视课堂反馈。发挥骨干教师作

用，实施“双骨干”培养工程，以培养名师为目标，量身定做帮扶措施，促使教师成名、成家。

品位是一种生活状态的取向，是一点一滴、日久天长的生活积累与修炼。这就需要我们教育工作者有意识的培养。只有我们自身具有高尚的思想、高贵的品质、高雅的品位，才能培养出有品位的学生。

做心中有人的教育

——记北京市房山区良乡第二中学校长佟明河

文／程淑丽

今年九月的一天，北京市房山区良乡二中佟明河校长的办公室里，突然进来了两名男生，他们忐忑又期待地问道：“校长，邀请你参加我班的毛毛虫比赛，可以吗？”

尽管对这个毛毛虫比赛毫无准备，但看着孩子们期盼的眼神，他还是一口答应了下来。“你没见当时那两个男孩子高兴的模样，直接就在我办公室门口跳了起来！”回顾当时的情景，佟校长的欢喜从心底漾到了眉梢。

毛毛虫比赛，是良乡二中体育节。今年新增设的项目，该项目要求六人组成一队，在一只巨大的毛毛虫道具上进行骑行，先到终点者获胜。关键是这个小队，必须由该班同学两人、老师一人、家长一人、学校中层以上干部一人组成。

比赛过程精彩不断，老师、学生、家长笑声鼎沸，尤其是佟校长参加比赛的时候，大家手中的镜头纷纷对准了他，“那灯光闪得，就跟明星出场似的。”佟校长笑道。

在比赛现场，老师们惊喜地发现，初一各班学生为了集体荣誉，很快团结合作起来；生分的家长们也聚在一起，积极地出谋划策，调兵遣将；原本毫无交集的老师和学生就这样熟识了。一场体育节活动让老师、学生、家长打成一片，感情迅速升温。

而这一切，与佟校长在办学中一直秉持和执行的“做心中有人的教育”理念分不开。

什么是做心中有人的教育？佟校长讲了今年教师节发生的一件事情。当时，他刚走进一个教室，准备参加该班的教师节庆祝活动。突然，一个学生站起来说：“谢谢校长，您心里真的是想着我们的！”可能是看他一时没反应过来，这位同学接着说：“您这样安排教室，让我一出门看到的是熟悉的老师，熟悉的同学，就好像还在原来的学校一样。”

“这下，我明白了。”佟校长说。北京市房山区区委区政府以及区教委，基于全区教育发展的整体考虑，将行宫园中学部并入了良乡二中。尽管校舍紧张，在安排教室的时候，他还是设法把这四个班集中在一个楼层，当时主要考虑的是便于老师们交流工作。没想到，这些来自行宫园中学的学生们，一出教室看到的还是熟悉的老师和同学，觉得格外亲切，心里特别高兴。

学生的感谢，让佟校长更加坚定了他长期坚守的教育理念：教育，要做到心中有人。

“心中有人”的教育理念，也深深影响了学校的老师们。佟校长回忆起了一幕感人的场景：中考第一天，他站在办公室里，透过窗户观察学生进入考场的情况。突然，他注意到很多老师穿上了红衣服，有穿红裙子的，还有穿红衬衫的。原来初三老师集体自发穿上红衣服，就是想激励和暗示即将走进考场的学生们，祝他们在中考第一科考试中取得“开门红”。

虽然是一件小事，但佟校长从中感受到，老师们时时刻刻都在为学生着想，老师时时刻刻心中有学生。

北京市房山区教委督导室主任米忠诚曾经在听完佟校长工作汇报之后感慨道：“良乡二中把教育做到了实处。这体现在育人目标聚焦心中有人，学校文化根植心中有人，精品课程体现心中有人，精细管理服务心中有人，责任教师成就心中有人，育人质量证明心中有人。”

学校发展将与教育改革同行

北京市大兴区亦庄中学　　王春彦

作者简介

王春彦，中学高级教师，北师大在职教育硕士。她于 1993 年至 2012 年在大兴区第七中学工作，先后担任班主任、教研组长、教务副主任、教学副校长。大兴区名校长工程班学员、第 31 期全国初中骨干校长高级研修班学员，大兴区学科（校长专项）带头人，现任亦庄中学校长。曾被评为“大兴区教育管理工作突出贡献奖”、“大兴区优秀学科带头人（英语）”、“大兴区优秀共产党员”、“大兴区十佳教师”、“北京市优秀教师”。她的教育理想是办一所师生能够和谐快乐学习和工作，体验享受成长幸福的学校。

站在新时期教育的潮头，新的一年，我们将迎来国家教育综合改革的春天，莘莘学子将享受到基础教育为其提供的更加丰富、开放和个性化的中学课程。面对新形势，齐心协力抓常规管理、革故鼎新促课程改革，我们要将学校发展融入到时代变革的大潮中。

基础教育改革的必要性

基础教育是国民教育体系的组成部分，其在呈现强劲优势的同时，也显现出其鲜明的劣势，如：脱离基础教育的初衷，教育内容与评估的片面性，教育的公平性弱化，学生缺乏创造力，压抑学生个性，学生动手能力差，创造性思维得不到发展，等等。这些问题的存在，都亟须进行基础教育改革，全面落实课程改革精神，促进基础教育健康发展，促进国家社会文明进步。

基础教育改革的方法论与原则

从基础教育改革的进程看，出现了多种基础教育改革方法论，如二元对立论，强调新旧对立；西优中劣论，强调西方中心；自我中心论，罔顾历史；激进改革论，提倡大破大立，急于求成。事实证明，这些改革都缺乏科学的基础，缺乏思辨精神，最终无不以失败告终。基础教育改革必须遵循实事求是原则，克服教条主义和狭隘经验主义。基础教育改革，应采取积极、借鉴、继承的历史观；多样综合，各取所长的辩证法思想；多元对话，寻求重叠共识的民主精神。如此，实现学校改革的目标，提高教育教学质量，全面提升学校的办学品质的目标方能达成。

新时代学校基础教育改革

（一）新时代的技术变革

人类社会的三次技术革命，农业革命改变生存机制，工业革命改变物质活动方式，信息革命改变精神活动方式。信息化是技术变革的时代主题，随着云时代的到来，原有的教育理念、教学模式、教学方式等必然要发生变革，同时，大数据的出现也必将催生出新的资源观、教学观、发展观，正如翻转课堂、MOOC 和微课、微视频出现一样。为此，学校大力推进信息技术与课堂、与课程的整合，并完成了亦庄中学智慧教室、选课平台、电子备课平台等一系列数字化校园工程，推动资源建设转型，完成“导演型”教师转型。

（二）新时代的课程改革

随着中高考制度的改革，我们要增强课程意识，努力成为课程开发者和反思构建者，从传统的教材教法走向课程，更新知识观、教学观和学生观。正如陶行知先生所讲：盖课程为学校教育之中心，假使课程得有圆满解决，则其他问题即可迎刃而解。根据现代课程理论之泰勒原理以及杜威的教育即生活，教育即经验改造，做中学等理论，深刻借鉴反思学科中心论、活动中心论和知识中心论、学生中心论的优势和局限性。以理论为鉴，我校依照北京市、大兴区义务教育课程改革方案，改进新课程计划，推进“亦庄中学义务教育课程设置实验方案”，完善“亦慧”课程图，构建知识、能力、人格三位一体，形成涵盖“三大类”（基础性课程、拓展性课程、综合性课程）、“六大领域”（德育、体育、艺术、人文、科技、学科）的“亦慧教育”课程群，提升学生核心素养。

基础性课程，重点推进国家课程校本化，提升学生学科素养。例如，各年级语文老师每周开设 1 学时竹林书院读写课程，物理老师在七年级开设每周 1 学时物理实验课，化学老师在八年级开设每月 2 学时化学实验课、数学老师也要在学科实践课研发数学实践课程。

拓展型课程，重点加强表演艺术、视觉艺术工作室和STEM实验室建设。设计和实施“科体艺”选修课，提升学生科技与信息素养、艺术素养、身心健康素养、社会与人文素养。例如：七年级每学期必选修15学时开放性科学实践课程；七、八年级每个学期达到每周体育艺术“2+1”标准，即选修两项体育技能，一项艺术技能或科技技能；语文老师在七、八年级开设每周一学时传统文化教育、核心价值观教育课程；各年级语文老师每周开设1学时竹林书院读写课程。

综合性课程，整合“四个一”“社会大课堂”“开放性科学实践活动”“综合性社会实践活动”，使10%综合实践课程规范化、精品化、特色化，提升学生的实践能力和创新精神。例如：将德育纳入校本课程体系，德育课程分层、分类推进，以三自教育（自主学习、自主管理、自我服务），三成教育（成行、成长、成人）、三好教育（读好书、写好字、做好人）、三爱教育（爱劳动、爱学习、爱祖国）、三观教育（人生观、世界观、价值观）等为主线，培育和践行社会主义核心价值观；开展综合实践活动，开设家政、烹饪、手工、园艺等课程；在语文历史德育等学科中，加大劳动观念的态度的培养。

通过课程群建设，促进学生全面发展、个性发展、主动发展、可持续发展。以“读万卷书，行万里路，师万人长，抒万般情”为特色课程引领，以国家课程为核心，构建知识、能力、人格三位一体的校本课程体系，构建兴趣信心体验课程模式，以“亦慧足迹”五大类，“亦慧舞台”四大节，视觉艺术社团、舞蹈社团、特色管乐团、机器人社团等“八大社团”和“二十余门选修课程”为实施途径开展课程研究，提升学生的综合素养。

（三）新时代的课堂改革

根据德国哲学家马尔库塞的“单向度理论”我们可以获知，单向度的学习模式、灌输式的教学方法，把学生变成了容器。课堂上缺少创新和自主，有失民主和公平，缺少质疑和批判，培养了一大批失去理性批判能力的单向度思维的人。我校以“两心一活动”为原则，精心打造以学生为中心，以思维为中心，以学生活动解决问题为主线的互动合作的教学模式。

根据维果茨基的“最近发展区理论”，根据皮亚杰和布鲁纳的建构主义学习理论、马斯洛需要层次理论、罗杰斯的人本主义学习观、爱德加·戴尔提出的学习金字塔理论，加强“分层”策略的研究，推行以“低起点、小步子、快反馈、勤纠正”为特点的“小步教法”，推广“自主学习”“合作互助”模式。高阶学生讲给别人听，他们通过同化、顺应，不仅能自己巩固建构知识，而且能够很好地帮助其他同学，增进感情，意义深远。总之，教无定法，学习有法，在适合我们的理论指导下，走进学生心灵，让好的孩子更好，让中等的孩子变好，让后面的孩子跟上来，让每一位学生都能得到发展。

谁来进行教育改革

无疑，我们应该是基础教育改革的坚定拥护者与执行者。我们该怎样面对基础教育改革？应更加注重自身素质和能力的提高，以人为本，科学管理；更加注重专业发展，潜心钻研，智慧从教，关爱学生。在实践中成长，要拥有达成优质教学的内心世界，不能迷失、自我蒙蔽和故步自封；从同事那里更多地了解我们自己和我们的教学。我们要从个人化的框框中跳出来，建立持久不断的教学对话，展开关于优质教学的真诚对话。在快速变革追求高效的同时，我们要等一等落下的灵魂，加强学生灵魂教育，核心价值观教育。教师要成为有灵魂的教师，有教育情怀的教师，有教育理想的教师。大气、内敛、优雅、包容、敬业、爱生、担当、创新，这是教师该具有的文化品质。教育如养花，一边养，一边看，一边静待花开，慢慢地，静静地，悄悄地，不浮躁，不功利。

《中国学生发展核心素养》已正式发布，其以科学性、时代性和民族性为基本原则，以培养“全面发展的人”为核心，分为文化基础、自主发展、社会参与三个方面，综合表现为人文底蕴、科学精神、学会学习、健康生活、责任担当、实践创新六大素养，具体细化为国家认同等十八个基本要点。根据这一总体框架，研究基于学生核心素养的课程改革、教学实践、教育评价等将成为我们必选的课题。改革是艰辛的，但我们能思策求变，主动作为，能够将学校改革发展融入到时代变革的大潮中，到彼时，符合时代特点与发展要求且充满魅力的教育就会成为现实。

参考文献

[1] 袁振国．信息技术及其对教育的影响[J]．湖南教育，2000，01:17–19.

[2] 吴晗清．新课改以来我国教学模式研究及对它的思考[J]．教育导刊，2009，03:11–15.

[3] 王本陆．当前课程与教学改革理论之争[J]．基础教育外语教学研究，2006，08:3–5

[4] 王本陆．《“全资源课程”建设：案例与反思》，转《课程教材教法》2011.4

愿景随心　践行随行　新常态伴随新状态

北京市门头沟区大峪中学分校　　魏　芳

作者简介

魏芳，中学高级教师，现任北京市门头沟区峪分京师教育集团校长、大峪中学分校法人代表。先后从事过高中英语教师、年级组长、教务主任、教学副校长等工作。2009年7月至今在北京市大峪中学分校任校长。曾获“区政府颁发的做出突出贡献先进个人”、“区优秀共产党员”、“区优秀青年标兵”、“区优秀创业青年”、“区魅力教师”、“区教育系统优秀党务工作者”、“优秀教育工作者”等诸多荣誉称号。2015年5月获得“北京市先进工作者”荣誉称号。

北京市大峪中学分校成立于1998年，原隶属于北京市示范高中校——大峪中学，其办学性质属民办公助初中校，2001年改制为门头沟区教委直属的“国有、公办、民助”校，2008年转为国有公办普通初中校。在18年的发展历程中，校址随之三次变迁，起初坐落于门头沟区永定镇石龙北路，2002年迁至新桥大街65号，2012年又迁址于永定镇石门营石园北路。在深化教育改革的浪潮中，我校又率先圆满完成了区域内的人事制度改革——教师全员竞聘上岗，使本次改革成为区教育系统深化人事制度改革工作的标志性事件，在门头沟教育发展史上具有里程碑式的意义。办学性质的三次变化、校址的三次变迁及第一个进行人事制度改革，均是为了顺应区域内教育整体布局调整和教育发展的需求，也是为了学校能持续健康发展，更是为地区百姓能享受优质资源而做出的努力。

18年来，面对教育变革，峪分人始终不变的是教育初心，那就是教书育人。峪中分校已发展成为一所当地百姓认可的优质初中校，同时吸纳了区域内各个学科的优秀教师。继承和发展是学校办学永恒的主题，更是矢志不渝的追求。“修德成人 求知成才”的校训和“明礼求真 乐学 善思”的学生培养目标很好地贯彻了党的教育方针，学校在三有目标（学生有发展 教师有成就 学校有特色）和三优愿景（优雅的校园环境 优秀的师资队伍 优质的教育质量）的引领下，发扬“不用扬鞭自奋蹄”的峪分精神，以“尊重教育”为核心，正在深化教育综合改革的路上迈开坚实有力的步伐。

“优雅的校园文化，优秀的师资团队，优质的教育质量”是我校的“三优”发展愿景，这是在2012年“优雅的校园文化，和谐的人际关系，浓厚的学习氛围”基础之上的进一步提炼，并得到大家认同且为之努力前行。

优雅的校园文化，造就环境新状态

峪中分校迁入新址已三年了。教育教学设施的完备、周边交通环境的改善、教师队伍发展的稳健、课程建设调整的合理、学生活动开展的多样等，都在诠释着一个理念：为学生发展奠基。这三年我们校园变化很大，综合楼已经竣工投入使用，教学区走廊变成了书写诗词、知识探秘、立志成才、闲时阅读、心理调适、作品赏析的文化美景，再加之一片绿地的色彩点缀，让我们的校园更加充满无限的活力和生命的跃动。

我们始终以尊重教育为核心，开展多个“每一次”（温馨提示、升旗集会、教研备课、培训学习、生日共庆、安排实施等）系列活动，推进学校人本文化。以课题为引领、以活动为载体、以展示为舞台，推进学校诗意文化。德育课程系统化、校本课程常态化，推进学校适合文化。着力加强师德建设，着力培养教师专业发展，推进学校自觉文化。使学校人本文化、诗意文化、适合文化和自觉文化植根于学校持续发展变化中，最终使其成为学校文化建设的主旋律。同时，我们利用网络信息平台，开展评价、学科评价等工作，致力于智慧校园的开发与建设；通过体育节、艺术节、科技节、读书节、传统诗会系列活动，营造育人氛围，建设文化校园，造就环境新状态，培养健康、懂礼、文雅的新时代中学生。

优秀的师资团队，铸就师生新状态

打造优秀的师资团队，发挥其引领带动作用，从而提高学校整体办学水平和可持续发展水平。学校主要围绕：

1. 凝团队智慧，搭提升舞台，展教师新状态

学校紧紧抓住每一次活动，为教师搭建展示的舞台、交流的平台、竞技的擂台。开展校级说课比赛活动，全员说课、民主推荐、学校竞

赛，达到人人参与、人人提高的目的；组织召开“矢志不渝，守巢筑梦，书写四十载教育人生——李淑玲教学实践研讨会”，达到榜样示范、激励引领、观摩学习的效果；举办以“立足教育新常态，分层教学尊差异”的青年教师读书沙龙活动，展开交流，分享成果；举行教学基本功培训、差异化教学研究课、教育教学质量分析会、现场会、晒课评比、微课录制等活动，开展有序，实效明显。

2. 抓活动契机，树核心价值，展学生新状态

为弘扬传统文化，培养和践行社会主义核心价值观，学校以系列教育活动为契机，以多种形式为途径，唱响好声音，传播正能量，育时代新人，展现出了学生的新状态。举行学校第16届“践行社会主义核心价值观，做阳光少年”艺术节、诗歌特色校成立五周年庆典诗会、“向杨勇同志学习，做爱岗敬业的峪分人”主题教育活动；参加北京市纪念“一二·九”运动红色经典朗诵大赛、门头沟区政府纪念“抗日战争胜利70周年”集体诗朗诵领诵活动、“门头沟区首届中学经典诗文诵读”展示活动、第二届北京市古诗文诵读大赛等活动。

优质的教育质量，成就学校新状态

促品质内涵提升，办优质满意教育，不仅是社会的期许，更是学校的目标。一年来，学校努力开发课程，创新人才培养模式，全面提升教育质量，成就了学校的新状态。

1. 尊重差异，谱写课程建设三部曲

（1）尊重学生差异，创建和谐课堂。努力改变传统的教学方式，利用班级成长小组建设课题研究，探讨学生合作交流，探究质疑、创新的途径。

（2）尊重学生个性，打造兴趣课堂。学校共开设6类35门校本课程供学生选择，校内校外教师共同参与授课，许多课程不断改进成熟，尤其是结合北京市深化考试招生制度改革的要求，最大限度地培养孩子综合实践能力的提高，继续探索适合学生发展的课程，这一举措，颇受学生青睐。

（3）尊重学生潜质，搭建体验课堂。组织学生开展丰富多彩的地方课程活动，认真落实“四个一”工程，走出课堂，走进实践基地，培养学生实际动手操作的能力。走出学校，走进孔子故乡，感受传统文化的博大精深。

2. 发掘资源，探索创新人才培养模式

在品尝到首届创新人才培养论坛带给我们的惊喜之后，又继续举行第二届创新人才培养论坛，学生们带着问题研究，伴着专家研究，让想象成为现实，让思绪在试验中飞扬；老师们积极参加“运用思维规律，提升师生学习力”科研项目活动，探索如何拓展学生的思维空间，让质疑成为习惯；依托校本，打造 “简单编程”“科技探索”“创意美术”“科学构建”等精品课程，培养学生科学素养；落实北京市关于在初一开设物理实验课、初二开设化学实验课的文件精神，开创性进行初一年级科学实践课的探索；开展“雏鹰建言行动”活动，并与历史、地理等学科整合推进。

3. 成果斐然，新状态助推学校新成就

仅仅一学年，学校获市级集体奖 3 项、区级 17 项；教师在比赛中国家级一等奖 5 人次、二等奖 1 人次；市级比赛一等奖 11 人次，二等奖 5 人次，三等奖 8 人次，优秀成果 1 个；区级比赛一等奖 23 人次、二等奖 19 人次、三等奖 2 人次，优秀辅导教师 10 人次，发表文章 2 篇。学校是北京市体育传统校、北京市艺术教育特色校、北京市诗歌特色校，今年又被评为北京市优质初中校。

在教育新常态下，北京新一轮教育综合改革构建育人全链条模式已全面启动。在这样的教育背景之下，峪分在努力适应新常态的同时，更加注重的是新状态：

教育观念要新，新在优化教学策略，实现教育教学水平的新提升。
育人模式要新，新在培养守法依规，适合社会发展的多元型人才。
课程构建要新，新在关注学生个性，提高学生的创新和实践能力。
课堂教学要新，新在转变教学方式，激发学生学习的内在原动力。
队伍建设要新，新在顺应时代需求，培养师生员工的核心价值观。
管理机制要新，新在创设和谐氛围，建立有效学校管理运行机制。

学校建设发展永远在路上，峪分人一定会在“发展愿景”的陪伴下，随心随行，脚踏实地，用新状态回馈社会对峪分的厚爱和期望。

用真诚的品质 办求真的教育

——记北京市门头沟区大峪中学分校校长魏芳

文 / 程淑丽

自 2009 年担任北京市门头沟区大峪中学分校校长以来，魏芳校长先后经历了绩效工资改革、门头沟区第一个实行教师全员竞聘重新上岗的人事制度改革试点，从区中心地带迁移到最大的棚户区——石门营地块等重大事件。

大峪中学分校在改革中不断发展，历年各科成绩和优秀率均列全区首位，尤其是 2014 年，学校的中考取得了历史性突破，80% 的学生升入市级重点高中。学校已经成为一所校风优良、师资优秀、教学质量优良、学生和家长信赖的京西知名学校。

“用真诚的品质，办求真的教育”，这是魏芳校长不懈的追求。

为老百姓当好教师，办好教育

“胆大，不怕事，什么事都看得开，心胸开阔，这应该跟我出生在新疆有关。”热情爽朗的魏芳校长用这样一句话开始了自我介绍。

把教师当作职业，是魏芳听从了父亲的建议。“老师多好啊，所有的文化人都是老师教出来的；当老师整天跟孩子们在一起，无忧无虑，心态永远年轻。”时至今日，魏芳校长还记得父亲当年对她说的话。

师范学校毕业后，魏芳在当地的一所学校担任英语教师。

“我干什么都不怵，一心就想着把工作干好，整天就忙着备课、找资料，借书还书。我1985年参加工作那会儿，资料特别少，父亲为了帮我，从他们机关的图书馆借，从他的战友那里借。”就这样，魏芳很快成为学校的教学骨干。学校也对她委以重任，因为师资匮乏，除了干自己的本行教英语，她还教过地理、音乐。

回顾这段工作经历，魏芳说道：“尽管忙碌，但是让年轻的我感受到被需要是一种价值，这促使我不断提高自己。”

1994年，因为爱人工作调动，28岁的魏芳来到北京市门头沟区。到京后的魏芳无意中发现了新桥路中学，“当时我真不知道自己从哪儿来的勇气，直接就走进学校，找到学校领导，就说我想应聘老师”。

校领导听了魏芳的自我介绍后，就对她说：“你明天来试讲吧。”

“现在就行，不用等到明天。只要给我指定好章节，我熟悉一下教材就能讲。”一向爽快的魏芳自信地说道。校领导立刻就找人拿来教材，安排听课的老师。听了约20分钟，该校领导就对她说：“行了，学校同意接收你了。”

当晚，丈夫所在部队的有关领导来到魏芳家里，通知她到另一所中学试讲，“不用了，我已经答应了新桥路中学，其他学校再好，我也不去了。”做人唯诚的魏芳解释道。

到新桥路中学后，魏芳从一名普通的高中英语教师做起，并担任班主任。“我觉得自己身上最可贵的就是有兵团人的斗志，还有执着，干什么都要好好地干下去。”过硬的基本功和优秀的品质，帮助魏芳很快摆脱了初来乍到的陌生感，迅速地融入到新的工作环境当中去，很快，魏芳先后被评为区级优秀德育工作者、区级优秀教师、区百优创新青年，获得区政府颁发的做出突出贡献先进个人等荣誉称号。

2000年，魏芳走向了管理岗位，先后担任过教学主任、副校长，

2009年开始担任校长，全面负责大峪中学分校的整体工作。

当校长，魏芳忘不了几年前一位家长给孩子交费用的情景：“掏出的一大沓子钱，都是一张张毛票，老百姓不容易啊。”魏芳感慨道：“在新疆，我工作的重点是帮助当地的孩子考上理想的学校，使他们能有一个更好的前程。来京后，我感受到北京的教育与新疆比有很大的不同，更注重学生的全面发展，综合素养。不论何时何地，我都觉得自己要为老百姓当好教师，办好学校。”

校长再苦，也要让教师“乐起来”

作为校长，她说就是要充分尊重教师，尽量满足教师合理的需求，还要为教师的发展和进步提供公平、公正的机遇，使教师“乐起来”，让教师“干起来”。

然而，2009年，刚刚走马上任的魏芳，就面临着绩效工资改革，她能让老师们乐起来吗？

在此之前，大峪中学分校由于体制的原因，从1998年9月到2008年8月，这10年里，学校的教职工享受着与其他学校不一样的待遇，平均薪资均高出同行近1000元，拥有着高工资、高福利、好生源。但是，随着2008年9月以后，没有了预算外收入，学校的财政很快就陷入“入不敷出”的困境。

2009年的绩效工资改革，可以说是给学校的发展提供了有力的支持。

关键是怎么做？首先是稳定，稳定压倒一切。

在读懂吃透文件精神的基础上，魏芳认真贯彻文件精神，借机调整以往教师有争议的分配方案，向一线教师、学校骨干力量倾斜，充分体现民主管理。其中干部岗位津贴的分配方案来自教师群体提出的方案，这说明干部的工作得到了老师们的认可和肯定，增加了干部的信心和压力。

由于精心核算，改革前后教职工的收入并无太大波动，因此，“北京市大峪中学分校绩效工资实施方案”在教代会上一次性通过。魏芳认为，绩效工资改革对于她是一次非常好的管理挑战，这样的大力度人事制度改革锻造了她的胆识和能力，同时校长自主办学权凸显，校长的办学理念治学方略能在教育教学管理中得以体现。

借绩效工资改革之风，营造人和之风。

通过绩效工资改革，魏芳悟出并践行着这句话：“营造和谐氛围，让教师‘乐’起来。”为此，教师更亲近干部，干部们真诚和善地关心教师的冷暖，乐于与他们切磋业务；同时营造良好的人际关系，缓解教师压力，使教师能和睦相处，相互帮助，促使教师愿干、乐干。

2012 年，注定了是不平静的一年，挑战与发展并存。

大峪中学分校根据门头沟区整体教育布局调整及调整就要进行人事制度改革的总目标，学校迁入石门营地块，并且进行教师全员竞聘上岗。

当时，新建校舍还留有“7•21”暴雨浸泡的痕迹，据专家评估达不到入驻条件。

“房山区的学校在帐篷里都能开学，我们还有什么困难不能克服！”区领导的一句话给大家鼓足了干劲。

在区委、区政府、区教委的协调下，施工队连夜整修地面，通宵施工；自来水公司特事特办，以最快的速度铺好了水管；送桌椅的直接搬到教室；没黑板，现买现装……一切准备工作终于在 9 月 8 日晚上就绪。随后，学校安排各班主任用短信通知学生，9 月 10 日正常开学。

“那段时间，各级领导几乎天天往学校跑，解决各种难题，而我，也就因此在区里出了名。”魏芳笑着说。

尽管学校开了学，师生们的生活也并不能一下子进入正轨。没有食堂，学校只好找餐饮公司送餐；暂时没有公交车直达学校，一到放学时间，老师们就步行，护送学生到最近的公交车站，直到区里协调公交车公司，特意为学校开通了高峰车进行接送。

“那一阵子，我天天提心吊胆，你想 800 多名学生，任何安全事故都不能出。”魏芳说道。同时，令魏芳头疼的是，学校还要进行教师全员竞聘，“所有老师全部下岗待聘，包括特级教师，这力度多大啊”。

作为校长，本着对教育事业负责、对教育发展负责的态度，魏芳肩负起了教育系统第一次人事制度改革试点校的重任。在改革进程中，尽管前期，在方案的制订上反复推敲，在各层会议上多次动员，但是最终有些老师落聘时，和开始动员时的表态出现了极大的反差。面对落聘教师及其家人的不理解，魏芳校长没有退缩，没有怨言，带头和班子一起积极投入到解释、安抚、协调工作之中，最终用自己的智慧、责任、真诚感动了一个个落聘教师，成功实现了教师转岗、分流工作，圆满完成了改革任务，使本次改革成为区教育系统深化人事制度改革工作的标志性事件，在门头沟教育历史上具有里程碑式的意义。

连续的紧张工作，使魏芳的身体亮起了红灯。2012 年 11 月，魏芳不得不住进医院，接受了肾脏侧切手术。“我是当天检查，当天住院，紧接着就做了手术。相关领导看到魏芳目前的工作太累，不利于身体的休养，准备给她调整到新的岗位，魏芳多次拒绝了这一安排：“是我把那么多的老师和学生带到这儿的，在没安顿好他们之前，我再苦也不能离开。”

经过 3 年多的精心建设，现在的大峪中学分校，环境整洁优雅，教师学生工作学习其乐融融。

提起这 3 年来的经历，魏芳说：“尽管很多事情是我再也不愿意经历的，但是改革就要付出代价。经过这 3 年的磨砺，我的内心变得更为强大，看问题的视角更为开阔，和老师们的关系更为和谐。现在要是让我离开，我内心是无愧的。”

营造以尊重为核心的校园文化

在魏芳看来，作为校长，应该是校园文化的引领者，先进教育理念的传播者、学习者和思考者。

她希望大峪中学分校的教师文化是敬业、乐观、合群；学生文化是明理、诚信、乐学、善思。要实现教育目标，必须依靠校园文化的积淀。

如何营造校园文化？其核心，就是尊重。尊重历史，尊重传统，尊重学校的每一个师生。

其中，大峪中学分校自建校初期，对诗歌教育持之以恒的实践和探索，形成了浓厚的诗歌文化，使该校成为北京第一个以诗歌为特色的学校。

早在1999年，学校就成立了“邓林文学社”。在此基础上，2005年，学校又成立了“山谷风诗社”。师生们每周开展活动，读诗、写诗、诵诗，出诗刊；平时是小型的诗会，遇到节庆日，就开全校的大型诗会。

诗歌教育，成为学校一道独特的风景。

2009年，大峪中学分校的教职工在反复论证学校的特色发展之路时，大家的目光不由得聚集在了诗歌教学上，确定了“建立诗歌特色学校”的共识，并很快得到了门头沟文联和北京市作协的支持与帮助，学校的申请也很快得到批复。

仅2010年至2014年，学校以诗歌为主题的大型活动就开展了16次之多，出版了《山谷风》诗集6册，《青春诗集》3册。众多学生在各级诗歌刊物上发表作品，在各级诗歌比赛中获得殊荣，其中不乏全国比赛大奖。

令魏芳感到自豪的是，大峪中学分校的诗歌教育绝不是仅仅面对诗社的成员，而是面对全体学生，学校要把诗歌渗透于每一个教育环节，贯彻到课堂教学中。为此，学校的语文老师尝试着“诗文互通 读写共进”的语文课堂教学模式，所谓诗文互通读写共进就是要学生读课文后能用对联或诗歌来概括，这样锻炼学生阅读概括的能力，而欣赏诗歌能用想象拓展把诗写成文章，锻炼学生读懂诗歌后的联想、想象、拓展的写作表达能力。

实际上，像这样面向全体学生的尊重教育，在大峪中学分校已经成为大家的共识。

为了给学生提供更好的展示机会，每个教室外墙的展板做成活动的，为的是便于及时更换作品。教学楼的每一个楼道展示的图片，都是在征求学生意见的基础上搜集整理的；展板中12生肖的图案，是学生的剪纸作品……

魏芳这样理解校园文化：“就是要把学校变成孩子的空间，让学生感受到他被尊重，被需要，他就喜欢学校，喜欢老师，教育目标才可以顺利实现。”

教育供给侧改革环境下的学校变革

北京市王平中学　　谢国平

作者简介

谢国平，北京市王平中学校长，中学高级教师，北京师范大学教育家书院兼职研究员，加拿大皇家大学教育领导力与管理硕士学位，曾任北京市历史学科骨干教师、北京市教科院兼职教研员。先后在国家中文核心期刊《历史教学》《基础教育参考》《教育科学研究》《北京教育》《北京初中教育》等杂志发表课堂教学研究论文近百篇；参与部级与区级课题研究 6 个；参与编写中学历史教师教学用书 13 本；2004 年出版了专著《历史学科主体性教育》；2015 年出版专著《为学生成长负责》。

伴随着基础教育纵深改革，教育的功能也在发生着转化，北京市教委在全市推进着供给侧结构性改革以满足学生成长的需求。诚然，学校属于直接为学生提供基本公共服务的环境，无论从教育所服务的对象角度出发，从学校的内涵发展的指向审视，还是从学生成长的需求出发，学校的供给侧改革的出发点与归宿就是如何给学生提供更多更优质的教育资源。而如何将优质资源转化为学生成长的因素，如何增强学生核心素养的实际获得，如何转变学校的教育方式和学生的学习方式，这是当前学校治理中最核心的任务。如果说众多教育工作者对于变革学习方式的重大意义理解还不是很彻底的话（在一些中小学学校存在着不争的事实），在教育作为公共服务领域如何解决供给侧的环境下，只有深入持续的推进学校治理变革，才能有效促进学生成长。

供给侧对学校课程结构的要求

供给侧改革对学校的首要要求是怎样有效地开发与利用可控的优质资源，建设能够促进学生全面且个性发展的课程体系。课程关系着培养什么人与怎样培养人的问题，从学习的需求来看，学生最需要的还是学校丰富多彩的课程设置。课程领导力是学校领导力的核心，课程文化彰显的是学校文化的内核，学校的办学特色应该通过有特色的课程体系来凸现。

学校课程体系建设必须克服认识上的几个误区，即课程改革与课堂教学没有关系；学校课程建设就是校本课程的开发与管理；学校的特色就是某几个有特色的校本课程；校本课程建设的学科化倾向等。课程建设更要着力处理好六个结合，即课程建设与学校办学愿景的结合；课程建设与学生培养目标的结合；课程建设与学校可控资源的结合；课程建设与课堂改进的结合；课程建设与北京市学科改进意见的结合；课程建设与创新人才培养的结合等。

基于以上认识，北京市王平中学立足于地域特色与山区寄宿制学校的特点，坚持为学生提供适合的教育，努力建设将国家课程、地方课程、校本课程优化整合的“学园”课程体系，切实探索国家课程的校本化实施（有效的落实学科课程标准的目标要求）、地方课程的渗透与融合、校本课程的综合性开设，用课程引领学校发展，通过课程建设与实施不断满足学生个性发展需求，引导学生在丰富多彩的课程中树立敢于有梦、勇于追梦、勤于圆梦的理想信念，从而实现每个生命自信绽放。

学校依据地域文化、学校状况、社区资源和学生实际，构建了包括国学园、艺术园、英语园、探究园、体育园、体验园、博学园和生命园的特色“学园”课程体系，主要目的是培养学生的人文素养、科学素养、语言素养、艺术素养、健康素养和生活素养等。如国学园主要是通过语文课的学习，通过带领学生走进马致远故居、鬼谷子书院，通过《弟子规》解读、诗词曲欣赏等，感悟传统文化的魅力与内涵，提升学生的文学素养，增强对传统文化的认知，培育和践行核心价值观。再如体验园，通过劳动技术课、社区服务、社会实践、食品加工、走进现代企业、走进优质高中、走近京西古道和王平湿地等，让学生在体验学习中增强创新意识和实践能力；增强环保意识和社会责任感；开阔视野，活化思维，规划人生，树立人生目标和理性信念。

供给侧对学习方式变革的要求

互联网时代学生的学习方式已经呈现出多样化途径，主要表现为开放性、选择性、协同性、个性化、随时性等，数字学校、云课堂、微视频、慕课、翻转课堂、混合式学习、跨界学习等让学校的教学管理应接不暇。从义务教育课程改革以来，围绕着学生在课堂上的学习变革，很多理论工作者和实践工作者都进行了很多有意义的探索。但是，就如何改变学生的学习方式，让学生学得“宽”一些，学得“活”一些，依然是中小学需要大力推进的重点工作。自 2014 年以来，北京市教委推出了一系列供给侧结构性改革政策，如学校管理体制、考试招生录取、课程方案调整、教师培养、学科教学改进意见、学科开放性实践活动、郊区学生游学等，其中除了对现代学校治理提出相关要求外，也反映出期待着通过改革学生的学习方式以增强学生的实际获得。正如市教委委员李奕所说，“提出 10% 的实践课程，实际上就是引导学生跳出教材，穿越多种边界的资源拓展课程。这 10% 并不只体现在每周某一个下午的外出实践活动，更应该体现在教师教学的每一个环节。教师除了在课堂上讲授教材知识和方法外，还要进行资源拓展，引导学生解决实际问题”。

很多学者和一线教师也在不断探索适合学生的学习方式，因为课堂学习依然是学生学习与成长的主要渠道，尤其是从落实情感态度与价值观目标的角度出发，学生需要学习和掌握系统的知识，需要在互动中发展思维，需要在学习中积淀并呈现学校文化。因此，我们应该静下心来认真思考如何改进当下的课堂学习方式以促进学生成长，这是学校办学的价值取向。改进课堂的目的是推进国家课程校本化实施，让课程标准的目标成为学生成长的因素；改进课堂是切实落实校长办学思想基于学生学习与成长的价值判断；改进课堂归根到底是实现学生在课堂学习中的生命成长。从学生成长的角度出发，改进课堂就是为了探索与研究信息技术条件下的学习方式改变，增强学生在课堂学习中的兴趣、互动与思维。互动学习是国内外课堂着力探究的，也是当代课堂上有效的学习方式。实现课堂上的有效互动，要创设民主的学习氛围，要建立平等的师生关系，要把学习的主动权交给学生，要引导学生在互动中掌握知识、提高能力、形成认识。

基于山区学生及家庭背景分析，依据问题教学理论、学习金字塔理论和翻转课堂范式，北京市王平中学确定了“双主体互动五环节”学习模式，即问题引入（教师主体）—互助探究（学生主体）—诊断评价（师生主体）—点拨跟进（教师主体）—练习巩固（学生主体），旨在将学习目标问题化，解决问题过程化，让学生真正成为学习的主人。

同时，不同年级、不同学科、不同主体在此基础上研究不同的主体互动学习方式。只有不遗余力的推进课堂教学改革，才能让学生会学、学会，才能让每个生命精彩绽放。

供给侧对学习资源优化的要求

我们小时候的学习除了教材，就是为数不多的几本课外读物，恪守的是“书中自有黄金屋，书中自有颜如玉”的古训，学习资源非常缺少。现如今，互联网时代人类的知识总量每十二三个小时增加一倍，只要登录网络，纷繁复杂的资源铺天盖地而来。当前，可供学生接触的资源无论途径还是方式都是多样化的，网络资源、社会资源、社区资源、自然资源、学生资源、教师资源、教材资源……有些属于显性资源，有些属于隐性资源，有些是学校可控的，有些是不可控的。因此，如何优化整合各种资源以提高学生的核心素养，是学校面临的一大挑战。

其实，任何学校都有所处地域文化资源的独特性，这种资源也同时具有生态化和生活化等特征，能够有效地帮助学生提高实践能力，这是开展学科开放性实践活动的有效资源。如京西古道曾经发挥重要的煤炭运输和商旅流通功能，古道文化的变迁和古道两旁的植被与地貌等，这些都是非常好的资源，有利于实现历史、生物、地理等学科的开放性实践活动。再如坐落在学校附近的马致远故居，能够帮助学生近距离认识与理解元曲，初二年级全体师生可以到这里感受传统文化的魅力，体会《天净沙·秋思》的写作背景与作者曾经的内心世界，模仿写作以抒发自己关于事物的情感体验等，这都是坐在教室里无法实现的。北京市教委组织全市中小学生开展的社会大课堂及游学活动，也是为了给学生提供更多的社会资源，开阔视野，丰富成长体验。事实证明，政府和学校以这样的方式优化整合学习资源，一定能够促进学生的身心发生变化。

乔布斯临终之前预言：互联网将来要控制教育。比尔·盖茨预言，21 世纪最大的改变可能是信息技术最终会改变学校的形态，并期待这一种前景尽快出现。预言成为了事实。现在一个必须高度重视的问题是如何引导学生健康、有效地获取网络资源，如何学会在繁杂的网络资源中汲取自己有用的资源。因此，培养学生的信息意识和信息品质十分关键。很多教师和家长很挠头，就是无法干预学生上网。该不该上网？用什么办法引导学生有效上网？不可否认，时代的发展太快了，学生能够接触的各种资源太乱了，但是我们又不能采用堵的方式去解决，而是要引导学生积极面对并优化整合一些积极的网络资源。

供给侧对教师角色的要求

雅斯贝尔斯说“教育的本质意味着：一棵树摇动另一棵树，一朵云推动另一朵云，一个灵魂唤醒另一个灵魂”，这个观点充分说明传统教育中教师的地位以及师生关系基于学生成长的意义。随着时代的发展，我们不得不重新审视经典教育理论关于师生关系的认识，从教育的时代性特征出发，农业时代和工业时代的一些观点显然不能适应大数据时代了。读懂互联网时代的学生，这是教师面临的巨大挑战。卡耐基·梅隆大学教育学院有一句自白：“不得不承认，对于学生，我们知道得太少。”的确，对于出生在互联网时代的现在和未来的学生，他们在想什么、他们如何学，他们基于这样的时代所表现的特征和内心的活动，我们的确缺乏认识。互联网+教育时代，人类知识的迅速增长，学生获取知识的途径的便捷、迅速、碎片化等，在颠覆着传统意义上教师“传道、授业、解惑”的地位，因为学生可以随时随地通过网络获取知识并解决问题，学生获取的知识更加鲜活更加生活化，学生因为这种获取知识的途径变得更加“成熟”了，在很多方面比老师“博学”了。这种变化冲击着教师的角色地位。

教师队伍关系着教育的成败。只有教师发展了，教育改革才能从可能转化为现实。目前，教师队伍的观念、能力等，能不能适应教育供给侧改革的需要，这是学校面临的重要挑战。要满足学生成长的需要，必须解决教师在观念和行动上的变革，不解决教师问题，就很难为学生提供有效的教育服务。毋庸置疑，更多的教育方式和学生个性化发展的需求已经摆在了教师面前。怎么办？教师准备好了吗？

教师不能是知识的简单传授者，不能死守教育经验以布道，而是要成为变革引发变化的研究者，用研究的方式进行原点思考和系统思维。教师要走下讲台，在与学生互动中引导学生用有效的方式自主学习。教师要研究互联网时代学生的特点，在提高自身信息素养的基础上引导学生学会处理信息的能力。教师要成为学生的真正伙伴，以伙伴的角色走进学生个体的内心世界，根据学生个性发展的需要给予个性化的帮助。

努力做好学生满足家长满意的初中教育

北京宏志中学　　熊　劲

作者简介

熊劲，1995年毕业于北京师范大学数学系，曾任北京市171中学副校长，2007年担任北京宏志中学（北京市第142中学）校长，获得过北京市优秀青年人才项目资助，2016年被评为东城区优秀校长，主持多项市区级教育科研课题。所在学校作为在首都教育综合改革背景下“加工能力强”的典型学校被北京市教委重点推出接受媒体的深度采访和宣传。

北京市第142中学是一所普通完全中学，2000年在此基础上创办了北京宏志中学。近年来，高中宏志教育在社会各界的关心和支持下，取得了突出成绩，得到了社会的广泛认可。学校初中生源结构多元，如何提升学校加工能力，提高学校初中教育质量，始终是学校探索和破解的一个难题。尤其是在首都教育综合改革背景下，学校进行了积极的探索和实践，我们欣喜地看到学校一点一点的进步和变化，初中教育质量实现了阶梯式的跃升。

不选择学生，不放弃任何一名学生，让每一名学生切实感受到成长过程中的关爱，让每一位家长对学校充满期待和信任成为学校和教师的工作信条

面对多元化的生源，我们想得和做得最多的是如何把关爱和帮助切实地给予学生，让学生在学校生活中健康快乐地成长。我们从细节入手，系统规划设计学校的教育活动，从第一次入学教育、第一次家长会、第一次家访、第一次班会……做起，我们能看到学生充满了对初中生活的向往，看到了家长因孩子没能派到传统的优质初中校而表现在脸上的遗憾转化为对学校真诚的期待和流露出的一丝丝信任。学校提出了“所有的老师都是所有学生的老师”，并建立了学生帮扶和支持系统，学生会根据自己在学习和成长过程中遇到的困难和烦恼预约到自己喜欢的老师提供帮助。在学校，不管什么样的学生，老师都会给予尊重和关爱，这成为维系师生、家校联系的一条真诚的纽带。

案例

一个随班就读的学生家长发给老师的短信：今天AA终于参加了中考体育考试：篮球绕杆在战栗中踱了过来，而昨晚练习时的成绩是15秒55；实心球没看见怎么扔的；800米起跑的10秒内就落了一大节，但仍坚持跑完全程。这件事对AA意义重大：第一，她明白绕杆看起来很难，但只要认真学也能学会；第二打破了在人前从不奔跑的“神话”。感谢您对她的鼓励，正如您所说的关键词：成长。孩子的成长轨迹并

不相同，在单轨制且缺乏个性教育的时期，您给予这类孩子始终如一的关爱，如果没有内心的仁是做不到的，这也是传说中的师者之风。感谢您，感谢 142 中！

老师回复：孩子是我们的镜子，同样帮助我们成长！没有什么比看到孩子的自我超越更让人感到欣慰和鼓舞的了！愿我们的爱同样让不一样的孩子健康成长，同样获得属于她的快乐和幸福！我为有 AA 这些的学生感到骄傲，142 中学为有 AA 这样的学生感到骄傲！

抓住东城区学区制改革的契机，借力提升学校教育质量

东城区的学区制改革，为学校间资源共享、共同发展提供了平台。在学区制改革背景下，学校老师通过到学区联合教研、跨校听课、跨校师徒结对、跨校兼课这样的形式，让老师能够在一个大的平台上进行教学的交流和学习，有力地提升了教师的专业素养和专业能力，同时也促进了学校教育教学质量的提高。

加强初中课程建设，增强学生的学习兴趣和学习成就感，培养学生的综合素质和能力

曾经有一段时间，学校初中教育教学陷入了这样一个局面，学生学习越差，教师在教学上就更多地付出，学生投入学习的时间越来越多，学生的学习负担越来越重，老师越教越累，学生越学越累，学习质量仍停滞不前，教师和学生的成就感和信心慢慢减退。基于此，学校和初中老师提出了以课程建设为突破口，培养学生的学习兴趣和自主学习能力，增强学生的学习成就感和学习自信，培养学生的综合素质和能力的教学改革思路。三年前，我们提出了让学生“活起来”和“静下来”的课程改革思路。在初中课程里开设了学科综合实践活动课程和阅读课程，确保学生每天有效锻炼一小时。在课程目标上关注学生“实际获得”的成就感，在课程资源的开发上关注课内外、校内外、学科内外的融合性和综合性，在课程氛围的营造上更加关注师生间、亲子间的共体验和共成长……我们的这些思考和实践也恰巧与去年和今年相继出台的《北京市中小学培育和践行社会主义核心价值观实施意见》《北京市基础教育部分学科教学改进意见》《北京市实施教育部〈义务教育课程设置实验方案〉的课程计划（修订）》的文件精神相吻合。

（一）学校坚持每周安排半天的学科综合实践活动，学生走出校门，让每个学生都活起来

学校成立了由教学校长担任组长、各学科教研组长担任组员的综合实践课程领导小组，在学期初，综合各学科教学内容、有针对性地确定社会大课堂资源单位，系统安排学科综合实践活动。

1. 每次综合实践活动，老师都要根据学习目标，精心设计学案，让学生在综合实践活动中依据学案要求来完成相关的学习和探究。这样的学习，在潜移默化中培养了学生的学习兴趣和学习能力，找到了学习的成就感，提升了学习的信心。

案例一

我们在选择颐和园这个资源单位的时候，考虑到它和语文教材八年级《苏州园林》一课联系密切，作为课内内容的延伸，让学生体会中国园林艺术设计的巧妙和高超；园中铜鹿、铜鹤和铜花瓶的摆放设计和门窗家具上雕刻的蝙蝠、葫芦等，让学生领悟汉语谐音文化深厚的意蕴；园内的镇水铜牛和耕织图，又体现了中国的农耕文化；长廊上的彩绘又和美术、四大名著阅读等相关，可以说精选社会大课堂资源单位关系到学生的实际获得。

2. 在学科综合实践活动的学习中，注重跨学科的综合实践活动。

案例二

以“参观焦庄户地道战遗址”学案为例做简要介绍。它和语文教材八年级上册第一单元以战争为题材的课文相关，又与抗日战争暨世界反法西斯战争胜利70周年契合，同时也涉及八年级物理、化学、地理、历史等学科内容。学案目标很明确，体现了学科间的融合性和综合性：

让学生在实践过程中，了解地道战这种作战方式选择的原因（地理）、地道中通风设计（化学）和信息传递（物理）的原理，感悟抗日军民的智慧，激发学生的爱国热情（思品）。同时设计了具有选择性的开放式作业，如手绘地道示意图、制作“土电话”、给参观单位写留言、结合地道战从隐蔽单口洞发展到地道网的历程试着说明个人与集体之间的关系等，这既体现学科改进和社会主义核心价值观践行精神，又体现了尊重与多元，促进了学生的个性成长和独立思考。

3. 融合性和综合性较强的学案设计，提高了学生的多种能力，更带给学生多元化的体验与感悟。

案例三

我校组织前往前门梨园剧场看京剧，学生们在观后感中写道：“第一次感觉到京剧的魅力，它并不单纯是咿咿呀呀的唱腔，还通过虚拟但逼真的动作、美轮美奂的脸谱和服饰等来演绎。”更有学生写道：“看完这出戏，我的心情有些复杂。白娘子是一个多么重感情的人啊，法海为什么非要拆散白娘子和许仙呢？许仙也有错误，他若相信他的妻子，哪里还有后面的种种事情呢？”学生们对京剧的偏见与误会、对京剧的欣赏、对京剧魅力的惊叹、对剧中人物的爱憎、对京剧相关知识的了解等多角度的体验与感悟在学生的观后感中呈现出来，让老师们欣喜于他们的成长。

（二）品读经典，培育心性，让学生静下来

品读经典，让学生静下来。这不仅是学生阅读习惯、阅读能力的培养，更是一种能够在源远流长的传统文化中徜徉、品味的心性，而这种心性的养成也必然会促进学科成绩的提升。学校每周开设两节静读课，并倡导师生共读、亲子共读，学校教师结合学生阅读计划的推进，也给家长推荐好书并陈述推荐理由，旨在给学生在校和在家逐步创设良好的阅读环境。

案例三（学生读后感）

《城南旧事》是林海音写的一部自传体小说，里面许多人物都刻画得逼真动人，如小英子、妞儿、秀贞、宋妈，蹲在草地里的人等。读完以后，我觉得我们现在的生活特别美好。不用像妞一样挨打，也不用承受骨肉分离的苦楚，更不用每天以泪洗面。可以学习知识，增长见识，有一个快乐的童年。和妞儿相比，我们的生活简直太幸福了！我们生活在一个多姿多彩的世界里，有亲人，有朋友，不像妞儿无依无靠的。所以我们要好好珍惜现在拥有的，不要等失去才想办法去弥补，到那时，一切就都晚了。

——初二（1）班李婧铱

除此外，我校阅读篇目还依据学生特点做了适当拓展，从国内作家作品拓展到国外，从文学类作品欣赏拓宽到哲学、史学领域，这在提升阅读品位、增加文化积淀、丰富精神世界等发面发挥了极大作用。

（三）课程建设中引入家长资源参与课程，共同促进学生成长

1. 家长与孩子共读经典

案例一（家长读后感）

目送，不必追

周末老师给家长也布置了一项作业——和孩子一起阅读龙应台的《目送》。读完这篇文章，我不由得回想起儿子在成长中由上幼儿园第一天对妈妈的满满依赖，慢慢过渡到十三岁的少年，他拉起行李箱坚强地走进校园参加军训。这是儿子第一次单独远行，心中有诸多的不舍，我期待他的回头一瞥……慢慢地、慢慢地我意识到儿子终究是要独立面对他的人生，有些事，只能他一个人做；有些路，只能他一个人走。我目送着，不必追！

——初二（2）班许崇睿妈妈

2. 家长分享成果

案例二（学生感受）

10 月 19 日，初二学生颜玉峰妈妈专程来我校为学生讲解“如何阅读经典名著《红岩》”，她化繁为简，用独特的方式为我们解读了《红岩》，并拓展了许多课外知识。她还向同学们展示了如何详细地记录读书笔记，如何将所读内容分类，如何摘取文章核心思想，使我们受益匪浅。我们希望这样的课程多多举办，既提高我们的阅读赏析能力，也让我们感受到家长的严谨、负责的态度，并受到很多启发。

——初二学生　顾丽雅　曾尚

学校教育得到家长广泛认可，学校教育质量逐年提升

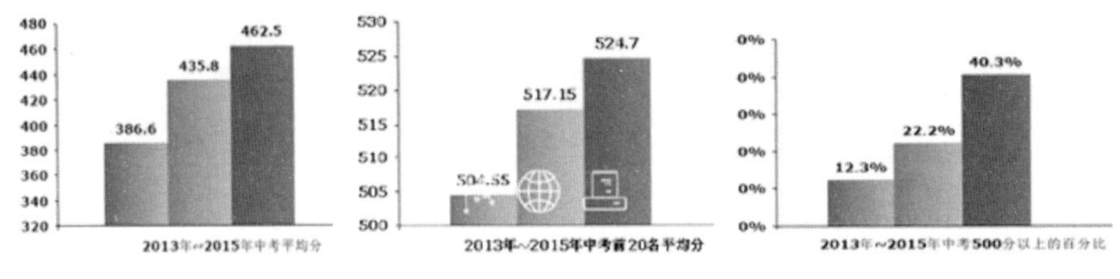

近三年学校中考成绩大幅提升，家长对学校课程改革广泛认可。带着孩子走进社会大课堂的感受：1. 学生在博物馆里通过文物或馆藏，或穿越时空与历史对话，或拓宽眼界增长见识，接受文明的熏陶和洗礼。而今的考试改革导向也非常明显，建议学生“多逛博物馆，少上培训班”。2. 感悟传统文化的“磁场”。很多时候，一个孩子的成长，并不需要家长反反复复教导应该怎样和不应该怎样，而最应该的是家长做好自己。今后，我们期待学校给予孩子们更多这样的社会实践活动机会，从社会大课堂学习更多书本外的知识！

——杜宜蒙妈妈

学科融合　提高学习能力。如何引导学生提高对事物的综合认知能力？宏志中学的学科融合教学，能够很好地解决这个问题。比如，参观焦庄户地道战遗址纪念馆，孩子需要了解很多问题，地道战再抗战中发挥了什么样的作用？为什么地道战主要在冀中地区？什么样的地理条件适合修筑地道？抗日战争是怎么回事？这些问题涉及学校设置的多个学科。通过参观，孩子自学的意识就会得到提升，从而变被动学习为主动学习，学习能力会得到大幅提高。孩子加强了主动学习的意识和能力，就会提高学习兴趣，直接带动学习成绩提高。

——张炳森家长

教育浸润生命，为幸福与高尚的人生奠基

北京师范大学亚太实验学校　　徐向东

作者简介

徐向东，北京师范大学亚太实验学校书记、校长。目前担任北京师范大学合作办学平台、北师大国培计划培训平台、北京市科技创新人才培养计划的指导专家。

曾获“北京市德育先进工作者”、“北京市优秀教师”等称号及北京市第三届、第四届基础教育成果奖。提出“教育浸润生命”办学理念，主持研究“生命浸润”课程体系，目前颇具成效。从教近30年，努力践行“让教育成为生命关怀的事业，让学校成为学生自主成长的乐园”的教育理想。

"一棵树，有一棵树的样子；就好像一个人，有一个人的样子。"一所学校，也应该有它鲜明的个性和特色。

北京师范大学亚太实验学校是一所集小学、初中为一体，寄宿、走读学生兼收的全日制学校；学校软硬件设施齐全，截至2016年底，学校有教学班66个，在校生近2200人，教职员工300余人，整体办学形成规模和品质。

作为北京师范大学和北京市基础教育实践研究与改革创新的重要基地，学校在教育科研（北京市科研先进校）、课程建设（北京市遨游项目校）、科技教育（北京市翱翔项目校）、艺术教育（北京市金帆团）、生命教育、英语教育等诸多方面特色显著，并在北京市享有较高知名度和良好的社会声誉，办学美誉度不断提升和传播。

一、学校核心文化和理念

在北京师范大学以及北京市西城区教委的领导下，在义务教育法和国家课程改革方案及标准的指导下，学校为了学生全面和个性化的发展，为了学生幸福童年和美好未来，给学生提供丰富的、适切的、和优质的课程和教育，积极开展教育教学和课程创新实践研究，并通过多年积累、提炼、逐渐形成我校的核心办学理念：教育浸润生命，为幸福与高尚的人生奠基。

教育浸润生命，是指我们的教育过程，它是一个浸染滋润的过程，是一个养育熏陶的过程；为幸福与高尚的人生奠基，是指我们的教育目标；幸福是指能够把握好自己，高尚是指还能够有益于他人和社会。

总体来讲是指在学校"教育浸润生命"的文化理念润泽下，通过我们的教育、教学和课程，让每一个学生都获得把握未来社会生活和工作的核心素养，进而拥有在未来实现个人和社会价值相统一、成就幸福和高尚人生的基本能力；同时也要让教师因自己的教育成效和生命成长而获得幸福的体验、高品质的生活，以及受人尊敬的职业认同。

二、德育：生命教育及其家校协作特色

我们的教育是以养成教育为基础，以生命教育及其家校协作为特色来进行的。其中生命教育的理念是：生命是一种美丽，要学会欣赏；生命是一种善良，要学会感恩；生命是一种责任，要学会履行；生命是一种和谐，要学会相处……。学生成长的理念是：每天都是新的，每天进步一点点。生命教育家校协作的理念是：大手牵小手，家家为大家，让生命启迪生命，让阳光传递阳光。

学校通过科研先导、课题引领、专家把关，对传统生命教育家校协作方式进行提炼和创新，形成了生命教育“家长课堂”、“家长社团”、“家校网络”三大协作为主的学校生命教育家校协作课程和活动实践体系。其中生命教育“家长课堂”协作方式是生命教育家校协作的核心基石，“家长社团”协作方式是生命教育家校协作的重要拓展，“家校网络”协作方式是生命教育家校协作的有益补充。

在广大教师和家长的积极支持和参与下，学校生命教育“家长课堂”、“家长社团”、“网络互动”三种主要的协作方式在实践中不断得到落实和优化，最终构建学校以生命教育为内涵的现代学校家校协作的新内容和新形式。

在十多年生命教育实践过程中，我们引领学生走进课堂、走进生活、走进社区、走上舞台，共同体会生命真谛。结合学生的生命教育课程、综合实践活动、主题教育舞台、家校协作平台等，唱响心中的爱，体会人间真情，追寻生命的法则，感受生命的美丽……我们用生命的关怀和智慧来回答着青少年成长历程中每一个困惑和烦恼；我们用生命去温暖生命；用智慧去启迪智慧，用阳光去传播阳光，用心灵去撞击心灵；通过我们的辛劳和汗水，取得了生命教育的良好效果。

三、课程和教学：“生命浸润”的课程结构体系

我校课程和教学是以认知心理学为基础，以学习为中心，以“主体、开放、多元、个性、国际视野”等理念为指导，把国家、地方和

校本课程作为整体来通盘考虑和设计：一方面改进和完善学校国家、地方和校本课程的实施和资源开发，进一步加强校本课程特色化建设，另一方面落实学校国家、地方和校本三级课程相互整合，重点就国家课程校本化和多学科融合课程进行实践探索。

我校把日常全部课程划分为语数英基础课程、科技领域课程、体育领域课程、艺术领域课程等类别并形成结构特色，人文领域课程体系正在建设中。以此为基础把学校文化理念“教育浸润生命”浓缩为“生命浸润”四个字作为核心理念贯穿于所有课程建设之中，逐步形成学校“生命浸润”的课程结构体系和课堂结构体系。

为确保“生命浸润”课程体系的良好实施，学校通过理念更新，管理机制的变革，在组织结构、师资、课堂、课时、教学内容、学生编排、课程实施、活动组织开展方式都经过大量的优化和调整。

在学校“生命浸润”课程体系的构建和实施中，我们创造性地进行课程资源整合和学科特色课程开发，通过多种途径和策略进行落实，形成了一大批特色和精品课程，物化成大量课程和教材成果，成为学校师生研究能力和学术水平的最有力见证，也是学校办学品质和核心竞争力所在。

经过近十年的探索与努力，我们的课程结构体系理念已经在亚太实验学校生根、发芽，课程建设的思想已经深入人心。伴随着扎扎实实的实践与研究，我们的学校、教师、学生都发生了可喜的变化，我们的思想变得更加深刻了，我们的教学行为变得更加的科学理性，我们的教学效果有了较大的提升，我们可以更加自信、从容地面对教育的未来。

四、国家课程基础学科校本化的探索

建设学校课程体系关键是将国家课程校本化和校本课程特色化，其中国家课程校本化实施是课程建设的重点、难点和关键点。

我们开展了国家课程校本化课堂教学构建，学校在符合国家课程标准的情况下，实施课程校本化建设的过程。学校国家课程校本化实施课堂教学的模式由多种教材资源整合的国家课程内容、学科课程拓展内容和学科应用实践内容三个层面组成，我们将相关的课程拓展与知识能力应用融入到国家课程校本化实施过程中，构建以国家课程校本化实施为核心，国家、地方、校本三级共融的课程实施策略，它体现了学校根据实际情况创造性地实施国家课程的经验和智慧。学校国家课程校本化还通过分层教学让不同的学生在不同基础上充分发展；通过课程衔接提升学生发展的适应性和内在潜力。

当前学校课程改革已由学校建设走向学科建设。我校语文课程实施由语文基础课程资源整合、多水平阅读资源和儿童文学世界和中国儿童提升计划等资源三个层面组成，重点关注学生人文阅读能力提升，语文课堂进行了细分，增加了“阅读课、书评课、演讲课、竞赛课、欣赏课、表演课、讨论课”等多种新课型；我校数学课程实施由数学基础课程资源整合、数学能力拓展和大视野、数学实践与应用三个层面组成，重点关注数学思维能力的拓展；我校英语学科则是在国标英语多版本教材课程基础上，通过开展“斯坦福个性化英语学习、外教口语和戏剧、国际选修课”等拓展和应用课程全面提升学生的英语学习能力和素养。

我们研究的课堂结构是教学指导性的方向，非教学的模式，也可以理解为是一种教学的思想和工具，通过此结构增强教学的开放性和应用性。教师在日常教学中可以在同一节课内进行三维构建，也可以用一定的课时进行专项的拓展与应用。在基础、拓展和应用的三维空间之间，我们提倡在基础融合贯通之中的自然拓展和自然拓展之后的有效应用。

我校国家课程校本化是对国家课程进行深度挖掘和二次加工，渗透学校办学理念和特色，通过多种课程资源的整合（包括学科内纵向整合和学科间横向整合）开拓学生视野、提高课堂效率、腾出课堂时间和空间；同时我们还通过分层教学，让不同的学生在不同基础上充分发展；通过课程衔接提升学生发展的适应性和内在潜力。

通过国家课程校本化的实施，我们强调对整体学习认知目标的达成，对学生作为一个“人”的整体学习过程的关注，关注他们有效的学习过程、学科情感、师生关系、生生关系等，我们看到了师生在课堂上生命的互动、体验和成长，看到了学生学习力的拓展和提升，也让学生会学和乐学。

在新形势下，学校将进一步深化课程和教育教学改革，进一步推进开放式办学和国际化发展道路，使学校发展成为规模和内涵并重、质量和特色相倚、管理水平领先、办学品质卓越的优质学校。

为此，我们努力着，我们要办一所学生喜欢的学校，要办一所受人尊敬的学校，为师生健全人格和完整人生的形成奠定坚实的基础，让我们的学校成为师生共同发展、实现幸福和高尚人生的精神家园。

且行且思，扎实推进课程计划的实施

北京市赵登禹学校　　徐　唯

作者简介

徐唯，自2000年至今在校长这个岗位已经16个年头，作为九年一贯制的校长，一校三址，他一直在思考学校的融合、发展和提升；更想着要如何更好地办人民满意的学校。在徐唯校长的带领下，学校确立了“质量立校，科研兴校，管理强校”的战略；并以“精致教育”理念为引领，以“追求精致教育，落实精细管理，打造精品学校”为办学目标，坚持以内涵发展为重点，办出学校的特色，让每一位赵登禹人都能得到全面发展。他本人于2013年获得“北京市先进教育工作者”称号。

党的十八大和十八届三中、四中全会明确了立德树人的根本要求，人才强国战略深入实施，时代和社会发展需要进一步提高国民的综合素质、培养创新人才，这对课程改革提出了更高要求。为了充分发挥课程在人才培养中的核心作用，更好地促进中小学学生全面发展、健康成长，《北京市实施教育部〈义务教育课程设置实验方案〉的课程计划（试行）》修订稿应运而生。

此课程计划特别突出课程“整体育人”的基本理念，关注跨学科综合学习、主题化学习及实践活动课程等。同时也给每位义务教育工作者提出了新的要求和新的挑战。我们也深刻认识到课程改革势在必行，绝不能等待和观望，必须立刻行动起来，在实践中不断反思和修正，进而不断深化和完善。

一、调整课程结构，焕发课程活力

我校是九年一贯制学校，在课程建设上一直关注小初衔接，2008年我校就已经研发了语文、数学、英语等衔接课程，编写了相应教材，并且安排初中老师到小学授课。本次课改更加强调连贯性，重视九年一贯整体设置。我校六年级学生调整到中学部就读，既能够让六年级学生提前熟悉校园环境，又能够让他们尽早适应中学的管理模式和教学方式，契合中学的学习和生活节奏。

新的《课程计划（修订）》中最显著的变化就是加强了学科实践活动，部分学科拿出10%的学时用于学科实践活动。为了将每个学科10%的实践活动学时与综合实践活动原有内容、学时统筹使用，进一步加强学科整合突出主题，为学生创设更开放、灵活、可选择的课程空间。我们还将七八年级原有的45分钟的课时调整为40分钟，学校的课程设置变为：6-8年级40分钟的学科课程+9年级45分钟的学科课程+学科综合实践活动。正是由于这样的调整，使得六年级每周就有150分钟、七八年级每周有170分钟可以集中使用。因此，6-8年级每周二一节课，周三、四下午有两节课的课外活动时间，并且挪出周五整个下午集中进行学科实践活动。

二、规范活动安排，提升活动效果

我校一直非常重视综合实践课程的开发：社区服务、社会实践、社团活动等。我校的“采菊东篱”京剧社团、“天籁之音”合唱社团被评为丰台区优秀社团；颐和园实践活动成为我校的传统保留项目，越做越成熟；到马家堡社区的志愿服务得到了社区居民的广泛好评；在卢沟桥抗战雕塑园进行的团队活动、赵登禹将军墓的清明祭扫成为爱国主义教育的必修课；每学期更是开设30多门丰富多彩的校本课，满足学生多方面的兴趣和需要，促进学生充分发挥自主学习的精神。

新课程计划实施以来我校把校本课和社团活动统一为课外活动，在以前每周一次活动的基础上变为每周三次，安排在每周二第八节课后、周三和周四的第七节课后进行。活动主要分为四大类：科学，如生物的人体探秘、数学的数独和有趣的数学；艺术，如合唱、京剧、国画、课本剧、朗诵等；体育，如田径、篮球、街舞、棋类等；科技，如航模、无线电通讯等。经过多年的实践，我校已有规范的网络自主选课系统，开发了一系列包括课程目标、课程主题、课程内容、课程实施、课程评价在内的规范课程。今年拟开设的课程一大部分是外聘的专业老师，突破了校内老师的局限性，更利于开阔学生视野，提升学生能力。

综合实践活动又包括信息技术、劳动技术、社区服务、社会实践、研究性学习等。其中信息技术、劳动技术一直安排了专业老师在国家规定的学时内上课；社区服务和社会实践由活动部和政教处进行全校统一安排，第一学期安排七年级去卢沟桥、抗日战争纪念馆、抗战雕塑园等地进行爱国主义教育活动，八年级到颐和园进行社会实践教育活动；第二学期安排七、八年级学生走进丰台法院，进行法制安全教育活动。

学科实践活动课每周五下午统筹安排。开学前两周各学科组结合本学科教学内容，经过讨论初步确定本组将进行的学科实践活动的内容和时间；在实施前两周上交活动申请表和详细的活动方案。申请表中要注明需要学校提供的支持如摄像录像等硬件和人员帮助，这样学校上下合作，保证一个活动的顺利进行；方案中包括目的、意义、步骤和评价方式等；方案经过多次修改、学校审批后方可进行。每一次活动完成后还有成果汇报展示会。每一次活动结束后，学生还要填写《综合实践活动手册》，对每次活动内容、承担的任务进行记录，并且对自己进行评价，教师也会给每个学生一个等级评价，到学期末根据一个学期学生的表现，评选出优秀学员。

三、推进实践探索，促进课程改革

从实施新课程计划的第一学期，各年级学科组群策群力，仅半学期就开展了近二十次学科综合实践活动：

六年级“天安门之旅”，同学们从不同学科、不同角度认识了解了天安门。第一节语文课，班主任老师化身为讲解员，绘声绘色的为学生们演绎天安门广场及周边建筑的历史背景、发展变革等。第二节数学课，每位同学通过步测估算长度，综合运用所学知识，得到天安门广场的周长和面积，亲身体验到数学在生活中的运用。第三节观赏课，学生们走进神秘的人民大会堂，在历史的长河中徜徉。第四节活动课，来到了前门天街，考察北京老字号，溯根源、晓文化、重传承。本次活动是我校学科综合实践课程探索的初体验，也为学校开设常态化的实践课程奠定了基础。

七年级：生物“妙趣横生的校园生物”；语文“中秋诗会”；“探访古北口”综合实践活动；“矗立舞台，展个人魅力；班徽闪耀，秀团队班风”班徽设计大赛；“爱读书，爱数学”好书推介会。

八年级：英语“中秋节英文演讲”活动；物理“速度的测量”；语文“传统节日”推介会；数学“好书推介”；“走进颐和园”综合实践活动。

九年级语文“浓情中秋，情系诗词”诗词连句活动；九年级化学“节水海报”设计大赛。

学校还统一组织了两次各学科综合的实践活动：七年级“探访古北口”综合实践活动和八年级的“走进颐和园”综合实践活动。

1. “探访古北口”综合实践活动

2015 年 8 月 12、13 日两天，校领导带领各学科组长到古北口进行实地考察，各学科组各自寻找实践活动的切入点。考察结束后，组长们在学习领悟北京市《课程计划（修订）》精神的基础上，立刻着手设计本学科的实践活动方案。方案在学校审批、多次修改后确定了九大主题，编制成活动手册。提前两周让学生选题，确定人员后，各组指导老师给本组学生进行辅导，之后 10 月 15、16 两天赴古北口，进行了“探访古北口”综合实践活动。在古北口同学们走御道、观庙院、登长城，祭扫烈士墓，参观古北口抗战纪念馆，考察古北口村污水处理、聚落文化、生物多样性，从建筑中寻找黄金分割，体会数学的实际应用，了解太阳能发电原理和相关数据测量等。同学们在古北口收获良多。回校后，同学们以小组为单位交流活动感受，在老师指导下形成了一篇篇内容详实、生动具体的调查报告，并在年级组内进行成果汇报，并且把学生们的成果集结成册，永久保留。

这次活动从筹备到完成几乎用了一年的时间，在这个过程中学校策划、教师指导、上下一心、通力合作，才有了学生最后的精彩展示。在这个过程中不但学生能力提高，而且也加强了老师和各部门间的合作，增强了学校的凝聚力。

这是我校在新课改背景下进行的一次大胆尝试和探索，内容丰富，意义深远。此次活动也受到了北京晨报的关注，并在 10 月 22 日的 B11 教育关注版面中，对我校进行了专题报道。

2“走进颐和园”综合实践活动

2015 年 10 月 26 日，我校八年级的 257 名学生和 20 名老师，来到中国最大的皇家园林——颐和园，进行为期一天的综合实践活动。这也是我校自 2004 年来始终坚持开展的一项与学科相结合的综合实践活动。

学校对此次活动精心筹备，整体布置。活动前，教科研室召开了年级动员大会，为学生介绍了颐和园的历史变迁及相关文化背景资料，并给学生明确了活动中需要完成的个人任务、小组任务和班级任务（任务卡）。个人任务主要是记录游园感受、撰写思考小论文、拍摄摄影作品；小组任务则是以 6-7 人的小组为单位完成学校下发的任务卡，任务卡内容涉及语文、数学、外语、物理等各个学科，同学们需要在园中按照提示，找到指定地点，并完成相应题目；班级任务则是根据每班不同的主题，例如牌楼文化、长廊文化、植物造景艺术等，在园中收集相关资料并加以记录。活动结束后，学校举行了活动展示表彰会，各班在会上进行班级主题内容的展示并评奖，同时还评选出最佳摄影奖、优秀论文、最佳小组等奖项。

活动刚刚开始，也许学生们的研究和展示还仅仅停留在罗列事实和资料的层面，但我们坚信，随着活动的深入开展，教师理解和思考的深化，学生们会在真正的科学研究道路上越走越远。

四、反思梳理经验，锤炼精品课程

1. 多种评价方式

新的课程中我们将更多的引导教师关注过程性评价，强调评价工具的个性化开发。打破以往纸笔测试的分数或等级评定，鼓励学生以成果形式完成课程，力争实现成果形式的多样化，如视频、照片、研究报告、手抄报等等。

2. 加强教师培训

随着学科实践活动的深入，对教师组织能力、指导能力、专业知识水平的要求也不断增加，要打破以往教师只专注于课堂教学的狭隘局面，从各方面提升教师专业技能，开阔教师视野。

以英语教师为例，我校将委托剑桥大学外语考试部为学校培养 1-2 位符合剑桥大学外语考试部标准并获得讲师资格证书的英语师资培训讲师，再由这些讲师组织校内英语教师参加在线和面授培训，并组织教师参加和通过剑桥大学外语考试部的英语教学能力证书（TKT），最终实现全面提高我校英语教师的专业素质水平的目标。

3. 落实行前课

对于各学科综合的实践活动，应设计严谨的行前课，对学生进行相关知识、方法、技能的培训。让学生带着问题和解决问题的方法进行实践，切实在活动中得到知识和能力的提升。

4. 开发多种课程形式

开发小微课程，四课时完成一个课程，学生上课更灵活，解决了本校教师没有精力上长课程的问题；从家长中发掘资源，请家长开设讲座；鼓励学生在网上学习。

5. 扩大课程内容的涵盖面

（1）重走登禹将军抗战路

我校是以抗日名将赵登禹将军的名字命名的学校，因此我校始终以赵登禹将军的英雄事迹为线索，设计开展各类爱国主义教育活动。下一步，我们设想开设“重走登禹将军抗战之路”的综合实践课程，带领学生从赵登禹的出生地——山东菏泽起步，探访喜峰口、张北等将军曾经的抗战之地，再次亲身感受将军一生投身抗战的英雄气魄和爱国情怀，同时实现社会主义核心价值观教育的渗透。

（2）注重立足全球视野培养学生的国际意识、人类精神，我们正在竭力为学生搭建更为广阔的平台。我校去年成功争取到聘请外国专家资质，学校十分重视这一资源的利用和拓展，本学期已聘请了一位英国籍外教，在七八年级开设英语口语课。这不仅仅是为了提升学生的英语水平，更是为了让学生接受更多元化的教育，拓宽视野，同时也为教师们创设了良好的中外沟通交流机会，近距离的感受西方的教育模式。接下来，我校还准备从德国友好校聘请一位德国籍教师，开展德语教学，更大程度的扩大中外文化交流，营造良好的国际理解氛围，推进国际理解教育。

（3）引导学生关心时事、关注社会

攫取社会热点问题，形成课题，引领学生用自己所学进行解决，加强学生的社会责任感。

（4）与学科教学紧密联系

利用学科知识进行一些小制作等。如学完物理声学后制作乐器，学完电学后制作小台灯等。使课下完成的实践积极的影响到课堂，让学生感受到知识的实用价值。

我校还计划购买《足球英语》课程。此课程以英国英格兰超级联赛公司和英国文化教育协会开发的《学转英超》足球英语教学内容为蓝本，以足球话题为主线，以构建学生实用英语沟通技能为核心目的，培养学生的英语学习兴趣，帮助学生建立英语的基本沟通能力。

总之，我校在本次课改的征途上才刚刚迈出第一步，未来还有很多需要我们思索、探索之处，我们将始终秉持“且行且思，扎实推进”的理念，推进课程计划的实施，让我们的教育充满生命的活力，让赵登禹的师生共同成长，栖居于理想的枝头！

驾教育之车 行改革之路 “深综改”背后的“新思考”

北京市前门外国语学校 杨 梅

作者简介

杨梅，现任北京市前门外国语学校校长，北师大教育管理硕士，曾任东城区第十三届政协委员、常委，2016年11月当选东城区第十六届人大代表。平时善于学习的她，积极参加各种培训，并能学以致用，热爱学习的她能捕捉到当前教育改革的前沿信息，带领师生再创学校辉煌。伴随着北京市初中学生综合素质评价改革的步伐，为了吸引和鼓励学生在思想品德、学业水平、身心健康、艺术素养、社会实践、个性发展等各个方面取得进步，在2016年的开学典礼上，启动了“学生奖励积分卡”制度，深受师生们的欢迎与喜爱。

以规划为导航系统，促进学校的有效发展

今年是“十三五”开局之年，面对教育改革的深入开展，未来我们将走向何方，是每个教育人必须思考的问题。对于校长来说，身处在教育“深综改”的背景下，若没有前瞻性思考，学校的发展就会停滞不前，甚至急流勇退。这时，做好学校的发展规划，就显得尤为重要。

作为校长，要有学校的发展“规划”。“计划”只是对战术问题的执行，而“规划”是对战略问题的思考。随着教育“深综改”的不断发展，校长应站在战略层面思考问题，才能少走错路、弯路和迷路。要发挥其作用，就要把握三个关键要素，那就是“定位点”、“目标点”和“行驶路径”。

“定位点”，即我们现在所处的位置。具体到学校的发展，就是要清楚自己所身处的环境、所拥有的资源、所经历的阶段，用“脚踏实地”的风格，做一些我们“能做的事”。以“前外”为例，在经历了布局调整之后，打通了学段间隔。向下与前门小学对接，进行寄宿学校九年一贯制的探索；向上与优质高中大比例对口直升实验——这都是学校未来发展的定位点。

“目标点”，即我们希望到达的位置。具体到学校的发展，就是要有远大的理想、有明确的方向、坚定的信心，用“仰望星空”的视野，做一些我们“该做的事”。以“前外”为例，既经历过中考连冠的“盛世”，又经历了因政策调整而生源减少的“低谷”，不同的考验，使我们经历了淬火锻造，愈发透射出坚忍的光芒。实现学校的复兴，是每一个“前外”人心中的梦。建设一所特色鲜明、内涵丰富、质量过硬、校风优良的充满活力的九年一贯制学校，是我们未来的发展目标。

“行驶路径”，即我们到达目标的方式。具体到学校的发展，就是要对改革形势做出正确研判、对教育资源进行合理配置、对管理过程进行有效监督，要用“与时俱进”的理念，去做一些我们“会做的事”。时至今日，前外逐渐找到了自己的发展路径：一是外语特长，突出了

国际化的发展趋势；二是小班教学，标志着精品化的发展模式；三是走寄结合，代表特色化的发展方向。这三条“复兴之路”在脚下延伸，必将引领学校走向成功。

作为新校长，我的首要任务就是做好学校发展的整体规划设计，坚持做好“能做的事”，努力做好“该做的事”，用心做好“会做的事”。

以制度为安全系统，促进学校的和谐发展

对于基层学校来说，校长是学校的“法人”，但不是学校的“大人”。人的因素固然重要，法治的力量却更为持久。因此，学校的制度就是我们的“法”，也是保护我们的“栏杆”。

初任校长，我切身感受到了制度的重要性，这还要从两件事说起：

一件是职业倦怠。每周政治学习，老师们总喜欢迟到个三五分钟。表面上看是时间观念的缺乏，但实质上却是精神状态的懈怠。一个连开会都不准时的学校，又怎么可能发挥出攻坚克难的战斗力呢？

为彻底解决这一问题，我决定从两方面入手：一是重新梳理完善考勤制度，明确会风要求和奖惩措施；二是认真调研学习内容，从内容上提升学习兴趣和学习效果。几周下来，标本兼治的方法是显著的。迟到的现象消失了，办事拖拉的习惯也在慢慢改进。这让我深刻感受到：制度是一架梯子，督促着我们不断攀登，它延伸到什么高度，人就能到达什么高度。

一件是职称评定。由于种种原因，老师在以往职评过程中遗留了许多问题，积压了许多矛盾。作为新校长，如果处理不好，会造成很大的麻烦。因此，我觉得应建立一套科学合理的量化考评机制。让大家参与规则的制定，从而知晓规则的内容；让大家监督规则的运行，从而尊重规则的判断。这样，职评的过程，就变成了研究标准而非评委，关注能力而非人脉，依赖数据而非感觉。经过这样的改革，标准清晰了，矛盾就解决了；过程透明了，猜忌就少了；结果公正了，人心就凝聚了。

我惊喜地发现：现在，教师们主动上研究课的多了，主动搞科研的多了，主动要求当班主任的也多了……这让我深深感受到：制度是一条轨道，引领着前进的方向，它指向何方，人就走向何方。

作为新校长，我的一项基础工作就是建立健全学校的规章制度，在“栏杆”的界限内，沿着“轨道”前进，顺着“梯子”攀登。

以课程为燃料系统，促进学校的持续发展

广渠门中学的吴校长常把课程比作“学生的食谱”，食品丰富不丰富、有没有营养，都是评价课程建设水平的标准。受此启发，我深深的感到，若把学校教育比作一辆汽车，那么学校课程就是燃料系统，其意义至少体现在三个方面：

一是从内涵层面上说，燃料品质决定燃烧效率。高品质的燃料经过反复的加工提炼，去粗取精，去伪存真，保留最纯的成分，才能释放出最强的力量，课程建设也是同理。在当前中高考改革的背景下，我们逐渐认识到，知识是载体，能力是手段，提升素养才是课程的核心。因为只有素养，才是知识与能力的综合运用。它是跨越学科的综合，是思想方法的融汇，是联系实际的应用，是解决问题的出路。

二是从外延层面上说，不同的发动机需要不同的燃料。只有燃料对路，发动机才能正常运转，课程建设也是如此。针对学生千差万别的个性特长，建立多元化课程体系来满足其成长需求，建立立体化课程体系以拓展其成长路径，才能激发出更强劲的前进动力。

三是从发展层面上说，可再生能源是持续发展的保障。应用可再生的新型能源，是燃料供给的终极解决方案，也是人类社会发展的最佳出路，课程建设也是同理。教育的最高境界是人的自我教育，教育者的最根本任务是捍卫学生的主动性。一个良性循环的课程体系，必然是以人为本的，必然是开放自主的，其核心目标不是让学生成为我们期望中的人，而是让他们成为最好的自己。

以评价为动力系统，促进学校的健康发展

长期以来，素质教育的呼声不断，应试教育的势头不减。在这样的背景下，也只有通过考试评价系统的改革，才能引起人才培养模式的深层变革。

但真正落实到学校层面，我们关注更多的似乎还是“怎么考”与“考什么”的问题，这是“应试教育”的思维惯式，如果在这次评价改革中还不能将其摒弃，那么也只能是开启新的一轮“应试教育”。

温总理曾说：“要让人民生活得更加幸福、更有尊严”，这句话把幸福与尊严联系在一起，有其背后的深意。人只有获得尊严，才能实现幸福。

反思我们的教育，我们的学生在学校里幸福吗？难道是在苦难中寻找乐趣，在打击中唤醒尊严，这是多么扭曲的教育价值观呢？而评价改革的根本目的是为了让学生们活得更加舒服，更有尊严，从而更加快乐和幸福。为此，前门外国语学校正在酝酿一场深层次的评价改革，不仅仅局限于中、高考的层面，而是站在人的发展的角度，让评价发挥其光芒。

以文化为品牌价值，促进学校的特色发展

人们常说：“养鱼养水，养树养根，养人养心。”作为一所学校，“水”就是我们所处的地缘环境，“根”就是我们经历的发展历史，“心”就是我们保持的精神状态。这三者合一，应当就是学校文化之本源。

前门外国语学校致力于核心文化的梳理，希望能够找准自己的发展定位，形成自己的特色品牌。经过仔细的研讨和分析，我们提出了“三知三行”的教育理念。其内涵如下：

所谓“三知”，即“知自我”“知国家”“知世界”。在“知自我”层面，人应当先觉知自我，再悦纳自我，最终超越自我，这是一

个由浅入深的过程，体现了义务教育的基础性特点。在“知国家”层面，身处祖国心脏的我们，首先要铭记历史，其次要勇担责任，最终要坚定信念，这是一个由小到大的过程，体现了民族精神的核心价值。在“知世界”层面，以外语为特色的我们，首先要增进了解，其次要拓展视野，最终要提升能力，体现了面向国际的发展方向。

所谓“三行”，即“行大道”“行公道”“行正道”。在“行大道”层面，首先要尊重生命，其次要敬畏自然，最终要和谐发展，这是一个生命意义的探求过程，体现了教育的以人为本。在“行公道”层面，首先要秉持公心，其次要倡导公平，最终要热心公益，这是一个正能量的放射过程，体现了教育的以德为先。在“行正道”层面，首先要为人正直 ，其次要维护正义，最终要弘扬正气，这是一个社会责任的塑造过程，体现了教育的社会价值。

在此基础上，学校又提出了“古今融汇，内外兼修”的校训。“古今融汇”，即是倡导师生要“知晓过去之所来，立足现在之所在，放眼明日之所趋”，此乃集大成者之基础。“内外兼修”，就是要“以良好的修养塑造文明的举止，以多元的视角孕育丰富的内涵，以知行的统一奠定成功的基础”，此乃成人成才之阶梯。

经过此番梳理，我深深感受到：学校的文化灵魂得以彰显，发展力量就得以凝聚。有了整体办学思想的指引，各项工作才能内涵丰富，方向明确，效果显著。

“驾教育之车，行改革之路”——我是一名老司机，却是一名新校长。改革的路固然坎坷，但是我坚信：设计好规划就有方向，完善好制度就有保障，建设好课程就有内涵，引导好评价就有动力，打造好特色就有抓手。因此，我将带领前门外国语学校，向着心中的目的地，前进！

务实高效　办人民满意的教育

北京市怀柔区桥梓中学　　张凤勤

作者简介

张凤勤，现任北京市怀柔区桥梓中学校长，中学高级教师，北京市学科带头人，北京市初中教育研究分会学术委员会委员，北大国培授课专家，北京市农村中小学教师研修工作站指导教师。历任北京市怀柔区第三中学主任、教学副校长、党委书记等职，曾先后荣获“北京市优秀青年教师”、“勇于改革教书育人优秀教师”、“教育系统先进教育工作者”、“精诚优秀教师”、“教学工作先进教师”、“优秀党务工作者”等殊誉29项。主持并参与了多项国家、市、区级课题研究，有多篇论文在国家和市级评比中获奖并发表，出版了课程教材《中小学生语文阶梯式阅读》，专著《如何使学生作文从低起点到笔下生辉》。

怀柔区桥梓中学是一所普通农村学校，始建于1958年，经历了普通初中、完全中学、普职并存再到普通初中等多种办学模式的转变。学校秉承“德才兼备，发展为本”的教育理念，学校坚持创新、协调、绿色、开放、共享的发展理念，以提高质量，追求教育最大附加值为宗旨，以立德树人为根本任务，以培育和践行社会主义核心价值观及中华优秀传统文化教育为统领，以精细化管理为抓手，牢固树立质量就是需要、质量就是满意、质量就是发展的意识，不断改革，不断创新，不断探索，全面提升学校教育教学水平，努力创办优质特色、人民满意的教育。

一、以精细化管理为依托，打造务实高效的干部队伍

学校把以身作则，率先垂范，作为班子成员的工作准则。实行干部包年级制度，使深入课堂成为常态化，做到既管理又服务。把规范细化到环节，细化到过程，把责任落实到人，落实到岗位，形成事事有人管、人人用心管的良好局面。同时充分发挥教代会职能作用，真正让教职工具有知情权、参与权和决定权，使教师获得与学校发展共荣辱的归属感，努力创设一种和谐、民主、充满活力的氛围，上下同心，团结协作、全力以赴、相互补台，从而促进学校管理效能的提高。

二、以阶梯目标为导航，提升教师专业化水平

学校确立了以事业来凝聚人，以目标来培养人的教师队伍建设思路。面对年轻教师少，人员流动少，存有不同程度的职业倦怠的现状，学校采取多种形式，激发工作热情，以阶梯目标为导航，加大对教师专业成长目标的引领，有计划地为教师搭建各种学习交流平台，拓宽视野和发展空间，努力打造一支学校公认、学生喜欢、家长满意的儒雅谦和、爱岗敬业、勤学善思、业绩突出的高素质教师队伍。借力而行，以培训促提高，借助学区和手拉手校际间的学习研讨和外出培训，把走出去、请进来的活动做细做实，大量的出去学、回来研的举措，推动了教师课改步伐的进程，对不断提升教师的能力和专业水平起到

了推波助澜的作用。坚持研训一体，以教研促培训，以培训促提高，深化教研，以活动促发展。有效开展学科教研，以年级组为横向辐射，以学科组为纵向辐射，有针对性地开展各类赛课、竞课和教育教学论坛活动。

加强青年教师和骨干教师培养。学校实施多层面的培训策略，通过采取分层培训和重点培养等方式，以“三新”（新理念、新技术、新课程）、“三高”（课堂效率高、教研水平高、学历层次高）为主要内容，以“师带徒”为纽带，全方面“传、帮、带”青年教师工作，做到 “带德、带教、带研”，培养了一批青年教师和骨干教师。以此来激发教师成长的内驱力，形成相互激励、相互帮助和共同提高的团队意识，以逐步实现个人成长与学校发展同步，教师发展与学生成长同步。

三、强化德育的实效性，促进学生全面发展

学校坚持“实践导向、综合培养、过程参与、多元评价”的原则，全员育人、全面育人、全程育人。构建不同学段之间纵向连贯、不同学科之间横向贯通，分层递进、整体衔接的德育课程体系。做实、做细中小学衔接工作，分别召开毕业年级教师、学生联系会，充分调研，为学生量身定制了寒暑假学习任务，并定期回访。学校课程德育取得了重大突破，各学科充分发挥课堂主阵地、主渠道作用，有计划地从各个不同角度、不同方面贯穿和渗透社会主义核心价值观教育，使社会主义核心价值观教育入眼、入耳、入脑、入心。数学教师孙丽英在北京市第三届课程德育说课比赛中，荣获了怀柔区数学学科仅有的一等奖。

创新活动形式，促学生综合素质的提高，为学生搭建展示平台，确保学生实际获得。学校坚持“全员育人、全面育人、全程育人”，充分利用升旗、广播、橱窗、板报等宣传阵地加强社会主义核心价值观及中华优秀传统文化教育。分别走进了首都博物馆、国家博物馆、

抗日战争纪念馆、中国科技馆、故宫博物院、孔庙、鹿世界主题园、永弘艺珐琅厂、雁栖经济开发区、生存岛、水长城、圣泉山、牡丹园等，学生们感受到了中华民族的历史文化，做享了甄别各种动物毛发的小侦探，学会了掐丝、点蓝的工艺，乐享了自制升降国旗的力学体验，掌握了救护常识，体验了长城文化。动手实践了无土栽培、农作物及中草药种植等学农劳动。有效开展了民族艺术、科学家、国防、法制进校园，促进学生实现全面发展，和谐发展。依托主题实践活动，提升学生在活动中的价值判断和选择能力，使志愿活动常态化，读书活动习惯化，主题班会制度化，实践活动长效化。形成了学生自我教育、自我超越、自我发展的良好态势，助推了学生综合素质的提升。

抓实“体育、艺术 2+1”工作，确保学生身体素质的提高，保证每天不少于 1 小时体育锻炼活动，健全学校社团活动制度，吸引学生广泛参与，相继开发了舞蹈、合唱、腰鼓、三球、定向越野、棒垒球等多个课外社团，培养学生的实践能力和创新精神。学校社团积极参加各级各类的比赛，个人获奖率达到 32.8% 的好成绩。同时在 2016 年怀柔区中小学科技英语团体表演赛中荣获全区第一名。体质健康工作取得了可喜的进步，由 2014 年全区平均分第二名跃居到 2015 年第一名，全市体质健康测试赛第二名。使学生真正做到在活动中学习、在活动中成长、在活动中发展，推动了学生体育、艺术素质的提升。

四、做强家校合作，提高德育效果

以导师制为龙头，做实德育，每位教师认领帮助指导 1-2 名学生，做到导向、导心、导学、导行。通过导师制，实现人人都是德育工作者、真正做到静心教书、潜心育人。

坚持多方参与的育人机制，提高德育效果，如实行学校开放日，家长随时来校听课、参与学校活动。通过家访，家长培训会、家长协会等多种形式，有效地实现家校互动，引导了家庭教育，助推了学校教育教学工作的顺利开展。真正做到静心教书、潜心育人。

五、深化教学改革，全力提升教学质量

加强教学常规管理，狠抓课堂目标的达成度。实施课改边界、课程边界、课堂边界、资源边界和考试评价边界的五“穿越”，打造生态课堂，提高学生核心素养。优化教育教学内容，丰富教学形式与方法，坚持因材施教，推进走班制，满足学生成长发展需求。加强学生学业规划指导，培养学生自主选择的能力。不抛弃、不放弃任何一个孩子，以生命影响生命。引导教师不断更新教育观念和育人理念，彰显教育的魅力，如数学教师邢桂英，对待学困生哄着学，天热了给孩子买西瓜吃，有了进步发个小奖品，不是班主任却在假期跟着家访，正是持之以恒的“哄”才有了初一、二从没及过格的李同学，做对了中考圆的计算，得了 92 分，取得了中考总分 480 的好成绩，才有了初一入学考试总分只有 6 分的刘同学期末达到了总分 224 分，这对孩子来说努力就有奇迹，对老师来说，不轻言放弃就有成果。正是有老师们的不懈努力，艰辛付出，学生们的拼搏进取，近两年来桥梓中学教育教学质量发生了翻天覆地的变化，2015 年中考成绩两率一分跃居全区第四，2016 年中考以平均分 513.71，优秀率 75%，及格率 100% 的好成绩稳居全区第一，并摘取了单科十三项指标第一，示范性高中率达到了 66.67%，为 2016 年怀柔区教育整合，茶坞铁中顺利撤并到桥梓中学奠定了坚实的基础。

学校不仅要让孩子们通过现在的努力获得将来的幸福，也要让孩子们现在的成长过程充满幸福和快乐。让孩子“从心所欲不逾矩”，让每一个学生的潜能都充分发挥出来，让每一个学生都各得其所，各达其标。如今的桥梓中学已经由多年来的农村基础薄弱校，跃居为全区教育的前列，真正让农村孩子享受到了优质教育，赢得了家长和社会的认可与高度赞誉。一路走来，正如我们的干部和老师所说：我们走得辛苦但快乐，过得充实而美丽，我们踏着荆棘却嗅得万里芳香。

教育永远在路上，我们将继续立足学校实际，紧紧围绕学校办学的总体规划和目标，传承中发展，发展中创新，务实高效，努力创办优质特色，人民满意的教育。

让孩子的发展之路更宽广

北京市怀柔区第三中学　　张金星

作者简介

张金星，中学高级教师，自2012年8月起任北京市怀柔区第三中学校长；曾任怀柔区喇叭沟门满族中学教导主任、副校长，汤河口中学副书记、副校长，长哨营满族中学校长、党支部书记，渤海中学校长。任教期间多次被评为“北京市优秀青年教师”，“‘紫禁杯’优秀班主任”，“北京市德育先进工作者”。2000年8月开始担任校长，多次被评为“北京市民族教育先进个人”、“怀柔区民主管理先进个人”；担任多项市级规划课题负责人，学校多次获市区级先进集体称号。

办学理念有宽度，办学视野要宽阔

教育改革之路在哪里，北京教育改革明确提出初中要“宽”，也就是教得宽，学得宽，考得宽。其核心理念就是教育要回归本真，要多样化，特色化，这才符合初中阶段学生的身心特点，是合目的性且合规律性的发展。教育就要珍视每一个生命，以尊重天性、涵养德性、发展个性为基点，这才是教育的本真。教育是一种动态化的追求，是一种过程而非终端的结果，也就是说，初中三年只是孩子漫长人生中一个成长的节点，所以就不能单纯地以升学考试为目的，应该全面地、多元地、立体地培养，因此，学校的办学理念要有宽度，办学的视野就应该更宽阔。

教师态度更宽容，学习环境要宽松

随着中考难度的降低，教师也要将教学的重点有所转移，不能再纠缠那些偏题、怪题，而是要给学生提供更宽松的学习氛围，在培养兴趣、教会方法、拓宽知识面上下功夫，“授之以鱼，不如授之以渔”。为学生的幸福成长奠基，教师就应该有更宽容的心态。

课程设置要宽泛，学生出路更宽广

尊重学生的个性差异，优化学校的课程设置，使之多样化、特色化，也就是课程设置更宽泛，达到学生自我教育的程度，这是教育的最高境界。课程设置可操作、可检测、可坚持，而这种“手低”，承载的是起点高、境界高、品位高的“眼高”的理念，带给学生的终端增值不是只有考试升学一条出路，而是更宽广的未来发展之路。

信念坚守是最重要的教育坚守

北京市昌平区流村中学　　张庆民

作者简介

张庆民，昌平区流村中学校长兼党支部书记，中共党员、中学高级教师、区级学科带头人。曾先后被评为“昌平区优秀教学干部”、“十佳教学干部”和“区级先进教育工作者”。《运用支架式学案培养寄宿制初中学生自主预习习惯的实践探索》获昌平区第28届教育科研成果一等奖。他努力实践“让每一名学生都成功，让每一位教师都成长”的办学理念，带领全体教师朝着“办优质寄宿制初中校”努力奋斗着。

流村中学始建于1958年。2007年8月，原山区校高口中学、深山区老峪沟中学一起并入流村中学，学校成为昌平区规模最大的山区寄宿制初中校，承担着镇域280平方公里28个行政村学生的教育任务。

我想用学校“四自教育，让山里飞出金凤凰”的实践探索来说明这样一个观点：“信念坚守是最重要的教育坚守。”

曾经困惑

2012年4月，我被教委调到流村中学担任校长。我校作为山区寄宿制学校，办学条件、师资水平、生源质量与平原校、城镇校有一定的差距。几年前，制约我校发展的瓶颈主要有以下几点：

学校硬件环境较差，教学设施陈旧、老化、欠缺。

安全隐患：学校三辆校车每周2次进山接送深山区学生，山路崎岖，隐患较大。

学生状况：1/3学生来自半山区、深山区，家庭条件、学习基础相对较差，思维相对封闭。

教师状况：学科组教师人数少，骨干教师少，优秀教师队伍不稳定；教师参与高水平教学活动的机会较少，专业水平处在较低层次。

这种情况，严重制约了学校的发展，也阻碍了学生的成功和教师的成长。

确立“金凤凰腾飞”信念，提出“四自教育”

“学校发展信念”体现在学校的办学理念、办学目标之中，是校长的治校之本和学校的发展之魂。

2012年，我校发动全体教师，针对学校存在的问题，在广泛调研、充分研讨、专家论证的基础上，结合学校实际情况制订了“金凤凰腾飞”五年发展规划，明确了学校的办学理念、办学目标、办学策略。

办学理念：让每一名学生都成功，让每一位教师都成长

“学生成功”指的是学生在校学习期间实现自己所确立的预期目标，收获自己想要的理想结果；“教师成长”指的是教师专业能力实现一种积极向上的变化，自身的教育教学水平得到不断提高与发展。办学理念要求教师在教育教学中不放弃任何一个学生，对特殊学生予以更多的关爱。同时学校也关心帮助每一位教师赢得自身的专业发展。

办学目标：建最好的山区寄宿制学校，让山里飞出金凤凰

具体为实现学校的三个腾飞：即学校向区级一流和特色发展腾飞；教师向专业成长腾飞；学生向生活和学习成功腾飞。

学校倡导并实施“四自教育”，即以师生“四自能力”培养为抓手，全面实施素质教育，推进三个腾飞的落实。学生四自能力是生活自理、道德自律、学习自主、身心自健；教师四自能力是自学、自省、自研、自创。师生“四自能力”培养的两个根本指向是“学生成功”和“教师成长”。

“建最好的山区寄宿制学校，让山里飞出金凤凰”，这就是流村中学每一位师生共有的发展信念。

坚守“金凤凰腾飞”信念，实施“四自教育”

如何把确立的学校发展信念转化为坚守的实践行动，实现学校的三个腾飞呢？我们以“四自教育”为抓手，采取了“ 1234”策略：

个愿景引领

我们始终以办学目标作为愿景，引领师生主动前行，将“三个腾飞”和“四自教育”贯穿学校工作的方方面面，使其在师生中入脑入心，让“说三道四”成为学校的一种风气。

两项建设支撑

在推进“三个腾飞”和“四自教育”的实践中，我们重视育人环境建设和优秀教师团队建设。

育人环境建设：近四年，我校抓住“北京市中小学三年行动计划”，加强校园硬件环境建设。2012 年，投入 150 万元为校园内所有建筑物做了防水，改造了校园排水系统；粉刷了教室、路椅，更新了桌椅、窗帘、垃圾桶，修缮了厕所、门窗，改造了运动场大门，装饰了门厅、楼道；为每名一线教师配备了笔记本电脑。2013 年，投入 200 多万元，校园内安装了太阳能路灯，使夜晚更安全；教室装修并安装了先进的触摸屏教学系统，进行了文化布置；宿舍粉刷、维修了太阳能浴室并安装了宿舍呼叫系统，使住宿更温馨；学生食堂改造并添置了新的设备，更换了食堂刷卡系统，使就餐更便捷。2014 年，争取资金约 400 万元，对教师食堂、供暖、运动场、黑板、院墙、大门等进行了改造。2015 年，更换了宿舍楼、教学楼的门窗，运动场加装了照明设备，改造了综合楼各专业教室，装修了教师宿舍。经过不懈努力，我校办学条件发生了明显变化，环境更宜学。

另外，去年 5 月开始，公交设专车接送我校深山区学生，消除了困扰学校多年的巨大安全隐患，同时保证学生能够按时上课。

优秀教师团队建设：实施素质教育的关键是教师，发展高质量的教育必须有高素质的教师。我校也非常感谢区教委义教科，紧紧抓住并利用好义教科对山区校的师生培训项目，注重和谐、专业的教师团队建设。采取的主要措施是：第一，成立“青年教师先锋队”，培养“三格”教师，即“一年入格，三年出格，五年风格”。第二，实施“名师工程”：借助区进校、北师大力量，全力打造我校骨干教师队伍。我校是区“七校联盟”教研协作组成员，并与三帆学校、天津普育学校、北京化工大学建立了手拉手关系，为干部教师发展创造了更多锻炼的机会。第三，设立“课改大讲堂”与“教师论坛”，每周有 3 名教师上研究课，请专家评课，深入推进我校课堂教学改革；每 2 周安排教师把自己的教学与班主任工作与同人分享，搭建了交流与展示的平台，提升了教师水平。

三大任务驱动

在实现三个腾飞、开展“四自教育”实践中，我们明确学校工作的三大任务：课程建设任务、课堂打造任务、课题研究任务。通过三大任务，让“四自教育”在学校落地开花：

课程建设：学校精心设计课程方案，校本课程重特色，德育课程重系列，学科课程重实践，科学统筹三级课程，精心打造“四自”课程体系。结合自身优势、学生需求、地域特点开设了乒乓球、象棋、花式跳绳、霸王鞭、形体与礼仪、龙鼓舞乐、健美操、压花、朗诵主持、创客、物联网等体育、艺术、学科三大类系列校本课程，让山里的孩子同样享受到多彩的课程。其中“龙鼓舞乐”校本课程来自本地的北京市非物质文化遗产——漆园村龙鼓，我校教师仅用1年时间就克服重重困难完成了从开发传承、竞赛展示到校本教材编写的过程。2015年我校被正式授牌为“北京市非物质文化遗产传承校”。目前，我校已开发完成四种校本教材的编写工作，填补了我校校本教材的空白。

课堂提升：学校紧密结合生源情况、寄宿管理特点，突出“学习自主”能力培养的课堂教学改革，着力实现常态课优质化。课改理念是“以学定教、顺学而教、当堂达标”，通过实施“小组合作学习”课堂教学模式，确保学生学习的持久动力。探索“一校一模、一科多模、一模多法”的课改模式；狠抓“学案导学、小组合作、当堂达标”课堂三要素；以导学案为抓手，不断强化培养学生自主学习能力；努力实现“向教研要质量、向课堂要质量、向管理要质量”。

课题研究：2014年，学校专门成立“科研处”，圆满完成我校区级“十二五”课题——“山区寄宿制初中校学生自主预习习惯的培养研究”的结题，研究成果被评为A类。2015年，我校“运用反思日志促进教师专业发展的实践研究”课题获市级课题立项批准，顺利开题，现已进入实施阶段。

四个举措保障

为全力推进“三个腾飞”和“四自教育”，我们确立了四项举措作为有力保障：

专家支持：学校落实“请进来、走出去”思路，聘请北师大、教育学院、区进校各位专家对干部教师进行针对性的系列培训。

制度建设：学校逐步摸索出行之有效的寄宿制管理措施，形成规章制度，并不断修订完善，结集出版了《流村中学规章制度汇编》、《流村中学安全手册》《流村中学教师工作手册》《流村中学学生手册》。

文化营造：针对学生发展特点，确定年级文化教育主题：初一年级为“志学互助，播种习惯”；初二年级为“勤学善问，学会感恩”；初三年级为“乐学高效，志在一流”。这为学生张扬个性、展示特长、追求成功创造了机会。另外，合理规划学生在校时间，努力实现德育工作课程化、系列化：每天早晨安排晨练，磨炼意志；无口令课间操，乐曲即口令，培养学生高度自觉；餐前经典诗文诵读，化零为整传承民族文化，使德育工作润物无声。

平台搭建：自我管理平台：各年级成立学生自我管理委员会，设置学习部、纪律部、生活部，文宣部。在自习课、课间、宿舍、食堂初步实现自我管理。

展示平台：开展学校社团活动，举办学校体育节、艺术节等，为师生锻炼、展示搭建平台。

自我诊断平台：创立教学反思平台、班级诊断平台，记录师生成长过程，实现学生、教师、家长多方互动。

多元发展激励平台：学校设立金凤凰教育奖励基金，每年表彰 50 名（每班 5 名）品学兼优的学生，每人 500 元，激励学生勤学上进。每年在教师中评选师德标兵、教学质量标兵、服务标兵、最美女教师，并对其表彰，加强了师德建设，增强教师的归属感。

坚守“金凤凰腾飞”信念的初步成效

学生方面

学生四自能力明显提升：食堂有序、宿舍整洁、自习安静，“自己的事情自己做”，即使随班就读的学生自理能力也明显提高，为学生今后人生的发展奠定了坚实的基础。

体育成绩：区春运会，我校团体成绩实现连续攀升，2013 年获得第 8 名，2014 年获得第 4 名，2015 年获得第 3 名；初三体育加试，连续 2 年进入全区前 10 名。

各类竞赛：跳绳、棋类比赛荣获市级团体一、二等奖。《龙鼓舞乐》节目在区艺术节比赛中获一等奖，并在北京市农业嘉年华开幕式上演出。近三年，我校学生 150 多人次分别获得艺术、体育、征文、摄影等各类比赛市区级奖项。

教师方面

课堂大赛：2014 年我区“创先杯”青年教师课堂教学大赛，5 人参赛，一等奖 3 人，二等奖 2 人；2015 年区“创先杯”中青年教师课堂教学大赛，6 人参赛，2 人一等奖，4 人二等奖。

承担研究课：近 2 年先后有多名老师（英语郝爱华、沈海荣、陈冬梅，数学赵莉莉、张艳兵，劳技王玉，美术张婷等）承担区级研究课；2015 年 4 月音乐刘福玉老师、舞蹈和佳蕾老师承担市级研究课，得到好评。

教育科研：上一学年，我校 26 篇论文获市、区级论文评审一、二、三等奖，占全校教职工人数的 39%，论文数量、质量均实现历史性的突破。

骨干教师队伍：区级骨干教师、学科带头人数量从 4 人增至 11 人，校级骨干达到 10 人。

集体荣誉

学校中考成绩实现连续三年攀升，2013 年中考，在全区 3321 名考生中，我校有 6 名同学进入全区前 230 名，最高分学生列全区第 85 名；2014 年中考，我校及格率 100%，平均分排全区 18 名；2015 年中考，90 名考生，及格率 100%，平均分 473 分，超过 500 分的学生有 29 人，我校被评为昌平区中考优秀学校，6 个学科中 5 科被评为区优秀学科，数学学科进入区十佳行列。

学校连续三年被评为区师德先进集体，连续三年被区教委评为一等奖学校；学校还获得交通安全、法制教育、宣传工作等先进单位称号；去年，我校被评为北京市第二批学校文化建设示范校、全国艺术教育示范学校；学校还代表我区接受了“义务教育均衡发展”国家级检查并获得好评。

对“信念坚守”的思考

坚守不是维持，而是要发展；坚守不是守旧，而是要创新；坚守不是口头上的坚守，而是要落在行动中；信念坚守不是校长一个人的坚守，而是要变成全体教师的共同行动。

坚守有方向；坚守有真情；坚守有品格；坚守有智慧。

我们有一个美好的愿望：从流村中学走出的每一位学生都能有一段初中生活的美好回忆，都能有一个磨炼自己的独特的故事，让他们珍存记忆；都会有一颗或大或小的种子，深深地埋藏在他们的心里，在未来的岁月悄悄地萌发、成长。每一位教师，也都会因为在流村中学而感到幸福！

让信念坚守成为坚守型学校的不竭动力，让信念坚守成为所有教育同人的一种精神、一种文化、一种品质，让信念坚守变成我们为首都教育奉献才智的坚定行动！

多措并举，培育和践行社会主义核心价值观

北京市密云区东邵渠中学　　张玉淑

作者简介

张玉淑，自2013年7月至今，任密云区东邵渠中学校长。她自参加工作后，任教初中英语学科，先后被评为区级骨干教师、区级学科带头人、北京市骨干教师。曾获得北京市青年教师教学基本技能大赛一等奖、全国中小学外语教师园丁奖。在“以人为本、和谐发展”的办学理念引领下，她带领东邵渠中学全校教师，努力将学校打造成“学生快乐成长、教师舒心工作、师生教学相长”的和谐乐园。

社会主义核心价值观是中国特色社会主义的本质体现。培育和践行社会主义核心价值，是深化教育领域综合改革、促进学生健康成长的现实选择。培育和践行社会主义核心价值观，要遵循教育规律和学生成长规律，以“富强、民主、文明、和谐，自由、平等、公正、法治，爱国、敬业、诚信、友善”为基本内容，以理想信念为核心，以养成良好行为习惯为重点，注重教育引导、舆论宣传、实践养成、文化熏陶相结合，将培育和践行社会主义核心价值观融入到教育教学全过程，使其成为每一名学生的精神追求和自觉行动，切实将习近平总书记提出的“记住要求、心有榜样、从小做起、接受帮助”十六字要求落到实处。

以社会主义核心价值观为统领，精心营造和谐的校园文化氛围

在校园文化建设过程中，形成了以社会主义核心价值观为统领，以“和谐教育”为依归的校园文化氛围，为充分发挥环境育人作用奠定坚实基础。

学校大门口主甬路南侧、校园内主甬路尽头的“社会主义核心价值观”文化墙，教学楼内的文化布置，“核心价值观”的内容处处可见，旨在让全校师生时刻“记住要求”。

教学楼内文化氛围的创设，分为楼厅、楼道、楼梯三个主题区域。

楼厅文化突出学校发展的主体，即教师和学生。东侧教师文化墙，“展优秀教师风采，争当四有好老师”；西侧学生文化墙，“打造优秀班级文化，培育美丽中学生”；北侧电子屏展示学校主题活动。

楼道文化主题鲜明，一层楼道展示“社会主义核心价值观”的具体内容及其解读；二层楼道的主题是“师友和谐互助”；三层楼道突出“和谐教育”的办学理念，设计了“健康生活”、“静心读书”、“快乐工作”三个板块。

楼梯文化突出“社会主义核心价值观”个人层面的八字要求，自

下而上西侧为“爱国”“敬业”，东侧是“诚信”“友善”。每个板块，都整合“三节三爱”教育内容，并加以具体的解读，如“爱国”细化为：认真参加升旗仪式并唱响国歌；排队购物、乘车；不随地吐痰；保护环境，不乱扔废弃物；爱护资源，节粮节水节电；不信谣不传谣等。“诚信”解读为：遵守时间；践行诺言；不说谎；不作弊；知错就改等。

整个楼内文化布局，寓意以“社会主义核心价值观”奠基，师生共同推进“和谐互助”教学模式改革，努力践行“和谐教育”的办学理念。

我校还根据学生年龄特点不同，布置了不同的年级文化，初一年级以“静”和“专”为主题，初二以“积累”和“恒持”为主题，初三以“磨砺”和“取长补短”为主题。三个年级文化亦是对个人层面“核心价值观”的具体解读。

各班在“师友互助，和谐共赢”师友积分榜和班级之星园地基础上，体现班级特色的班级文化，如二(2)班“jing文化”，“静”“敬”“竞”“净”，四字含义各异，凝聚了师生共同的核心价值观。

以“社会主义核心价值观”为统领，积极营造富有正能量的和谐育人氛围，培育全面发展的美丽中学生，是我们不懈的追求。

二、以主题活动为抓手，核心价值观内化于心

为使社会主义核心价值观内化于心，成为学生宝贵的精神营养，我校开展了丰富多彩的教育活动。

（一）培训文化讲解员，学生“记住要求”

为发挥文化育人的作用，培养学生敢表达、会展示的良好素养，学校依托校园文化建设，开展了培训文化讲解员活动。文化讲解员自主设计讲解思路、撰写讲解词，班主任指导其完善讲解词。校级文化讲解员的培训在班级文化讲解员培训的基础上进行，讲解词由学生撰写，教务主任指导把关、完善。

文化讲解员实行轮换制，“老”讲解员负责培训“新”讲解员，旨在使更多学生参与文化讲解活动。学校还定期组织“走进班级”活动，

展示班级文化。这不仅锻炼了学生写作能力、表达能力，更加深了对班级文化、校园文化的理解和认识，真正使习近平总书记对少年儿童提出的“记住要求”落到了实处。

（二）学生会竞选，体验“民主”，感受“公正”

为调动学生参与班级和学校管理，培养学生民主意识，从班级“人人有事做、事事有人做”的岗位竞聘，到“先进个人”的评选，再到班干部、学生会干部的竞选，我们始终坚持“公正公开，民主参与”的做法。

如在进行学生会干部竞选过程中，首先，由学生根据竞选职位向班委会提出竞选意向，班委会进行研究后确定代表本班参加竞选的同学，并向校竞选委员会提出竞选申请；然后，候选人撰写竞选稿，进行竞选述职；最后，在全校师生参加的竞选大会上，发表竞选演说。全校同学根据竞选者的演说，进行投票。期末，当选的学生会干部在全校学生大会上进行总结述职，同学们根据其履职情况进行民主打分评议。评议不及格的，由校务委员会和各班学生代表协商是否免除该生的职务，空缺的职务则由其他学生竞选补缺。

在这个过程中，无论是竞选者还是普通的同学都行使了自己的民主权利，感受到了选举的“公开、公正、公平”，潜移默化中受到了民主法制教育。

（三）系列主题活动，从优秀传统文化中汲取营养

在“北京市部分学科改进意见”的指导下，我校扎实推进“阅读工程”，取得良好的效果。学校统一购买经典名著，充实到班级的“近慧书橱”当中，学生在老师的指导下进行阅读，并开展“经典阅读”手抄报比赛、“诗歌朗诵会”、“名著阅读”展示等活动，让学生从中汲取营养，感受中华传统文化的迷人魅力。

此外，开展了“核心价值观”知识竞赛、手抄报比赛、主题班会等活动。利用校园广播、班级园地介绍“百位英雄人物”，利用班会、

集会等时间组织学生收看爱国题材的电影，组织学生参观焦庄户“地道战”遗址，到天安门观看升旗仪式，全校师生步行到“刘殿文”烈士墓，缅怀革命先烈，进行文明祭扫。在活动中“爱祖国”的种子在学生心田生根发芽，核心价值观真正内化于心，铸就了学生健康的人格。

三、加强习惯培养，核心价值观外化于行

培育和践行社会主义核心价值观，重在让学生真正理解，外化于行。“四个习惯”（学习习惯、锻炼习惯、卫生习惯、礼仪习惯）和“四种意识”（劳动意识、合作意识、节约意识、效率意识）的培养过程，就是我们培育和践行社会主义核心价值观的过程。

为培养学生良好学习习惯，我校认真落实《密云县中学生学习习惯培养八项要求》，制定《学习小组管理细则》和《“星级”激励性评价实施方案》，将课堂表现、作业表现、预习改错、劳动纪律表现积分化，培养学生“学习习惯”和“合作意识”。

在劳动意识培养方面，学校要求学生在家要做力所能及的事，在校要做好值日，在社会中要积极参加志愿服务活动。学校提出“节约就是爱劳动”的口号，开展“地区水资源现状调查”、“光盘行动”，提倡“节水、节电、节粮”，培养学生朴素的道德意识。

近几年来，学校一直致力于“师友和谐互助”教学模式的研究。“师友和谐互助”教学模式的特征是“和谐”，核心是“互助”。无论课上还是课下，学师真诚帮助学友，学友常怀感恩之心接受帮助，并以学师为榜样，自我约束、自主管理，提升综合素养。

为推进“师友和谐互助”课堂教学模式的研究，老师们做到“节节有评选，天天有小结，周周有总结，月月有表彰”。即每节课最后2分钟评选当堂优秀师友，每天放学后十分钟班级总结，选出每日优秀师友，每周五班会进行周总结，每三周为一个评选周期，第四周周一升旗仪式后作为学校表彰时间，表彰月度优秀学师和优秀学友。同时为将研究推向深入，我校还举行了“我和师友的故事”征文演讲比赛。

学校还制定了《“美丽中学生”评选方案》，分别从“孝敬父母、尊敬师长”、“心怀梦想、不懈努力”、“文明礼貌、遵规守纪”、“热爱劳动、讲究卫生”、“团结友善，诚信负责”、“自知自控、自尊自护”等六大方面39点进行评价。优秀师友和美丽中学生的评选，为同学们树立了学习的“同伴榜样”，真正落实了习总书记提出“记住要求、心有榜样、从小做起、接受帮助”的要求，同时也有效落实了我校“和谐教育”理念的有效落实。

四、拓宽教育渠道，学生在“接受帮助”中健康成长

学校建立了全员成长导师制度。即每位教师都担任学生导师，每个学生都有专任导师。导师对学生进行思想引导、学业辅导、生活指导、心理疏导，帮助学生科学制定奋斗目标。在实施过程中，严格落实“导师三个一”，即每周发现学生一个闪光点，每月谈话一次，每学期走进学生家庭一次。

为深入推进学生成长导师工作，我校参与区级科研课题“关注学生道德成长，培育美丽中学生”的研究。教师面向全体，用欣赏的眼光发现学生的闪光点，推荐其成为班级之星。班级之星可由教师推荐，还可以师友互荐、家长推荐。教师、师友、家长发现学生点滴进步，撰写推荐词，课前朗读推荐词，并在“班级之星”园地进行展示，（根据学生年龄特点不同，班级之星园地的名称有所不同：初一年级“成长的足迹”、初二“青春旋律”、初三“成功阶梯”。）然后将展示记录收集在学生的道德成长记录册中。在毕业典礼上，老师将道德成长记录册作为礼物送给学生，相信他们会永久珍藏。

学校和班级还都成立了家长教师协会，常年坚持家长开放日，定期组织家长教师协会活动，鼓励家长走进学校、走进课堂。同时学校还积极引进“区关工委”、“区法院”、“镇派出所”等社会教育资源，开展家庭教育、青春期教育、法制教育等活动。

全员导师制度、学生道德成长记录、“家校社”联动机制，营造

了和谐的师生关系、家校关系，促进了学生优秀品质的养成，最大程度让学生在“接受帮助”中健康成长。

五、立足课堂主阵地，核心价值观教育常态化

为了让教师在课堂上培育和践行核心价值观，我校以《北京市部分学科改进意见》为指导，反复研讨，加强培训，使核心价值观真正内化为教师的价值观。为此，教师一方面积极参加相关教研活动，一方面将“在课堂中培育践行社会主义核心价值观”作为教研组和校本培训的一项课题来研究。我们还鼓励教师深入研究教材，研究教法，挖掘教材内涵，鼓励教师让核心价值观教育成为课堂常态。

例如，在讲解“分子与原子”的关系时，化学老师点拨道：“分子是由原子构成的，任何一种物质的分子都有着稳定的原子数目，例如 co2 是由一个碳原子和两个氧原子构成，如果一个氧原子要追求‘自由’离开二氧化碳分子，就会破坏这个稳定的结构，变成 co，所以无论是物质世界，还是人类世界，都要建立起共同认可的规则，不能为了追求所谓的‘自由’而破坏规则。”

社会主义核心价值观凝聚了国家的奋斗目标、社会的价值取向和个人的价值准则。培育和践行社会主义核心价值观，要坚持立德树人、多措并举，培养阳光自信、全面发展的美丽中学生。

在坚守与创新中实现学校新的发展

北京市通州区运河中学　　张佳春

作者简介

张佳春，从事中学教学与管理工作三十七年，担任正职校长二十四年。他提出并在实践中完善了“和谐发展教育”办学思想，带领办学历史不足二十年的运河中学一举跻身于北京市示范高中校的行列，实现了跨越式发展。他倡导“校兴科研、科研兴校”的理念，带头开展教育科研，主持的教育科研课题多次获得市区级奖励。先后被评为全国优秀教育工作者、北京市先进工作者。2013年被评审为北京市首批正高级教师。

有两个传承千年的文明古迹--万里长城与京杭大运河，她们像一撇一捺在华夏大地书写了一个大大的“人”字。京杭大运河是贯穿祖国南北、连接五大水系的世界上最长的人工河。北京市通州区运河中学就坐落在大运河的北起点首都北京。在千年流淌的古运河畔，运河中学内白墙蓝瓦、杨柳依依、翰墨飘香，无数莘莘学子在这里成长。伴随着城市副中心建设，充满现代气息的运河中学南校区落成投入使用，学校开启了“一校两址办学，初高中分部管理”的办学模式。

信息时代的生活充满了变化。京津冀协同发展作为国家战略有力推动了首都城市副中心建设。首都城市副中心建设对教育提出了很高的要求，我们必须迎难而上，提升教育品质。在深化综合改革的背景下，教育改革也是经济社会发展改革中的重要组成部分。学校教育要实现内涵发展，就需要进行育人模式的改革，再下位就是教学方式的变革，比如课堂教学模式的创新、翻转课堂，课程整合中的社会实践、学科融合等。

作为北京市示范高中校，我们在首都城市副中心建设和深化教育综合改革的大潮中，要创造让学生欢迎、让人民群众满意的教育，既要有坚守，也要有创新。

那么，我们坚守的是什么呢？

我认为，首先应该是学校的传统与文化，以及多年来积淀形成的精神内核。一个时期以来，名校到郊区办分校风起云涌，有的实至名归；也有的徒有虚名，甚至挂了牌又摘掉。首都城市副中心建设把一批名校送到了通州区，同时也把部分学校翻了牌。回顾历史，运河中学从小到大，由弱变强，正在逐步成为让人民满意的京城名校。从 1984 年组建的只有十二个高中班的通县新城东里中学，到 1991 年迁址更名为运河中学，成为一所完全中学，再到 2003 年跻身北京市示范高中校，如今运河中学又开始了“一校两址办学，初高中分部管理”的新的办学模式。运河中学经历了学校的初创期、发展起步期以及稳定和谐的跨越式发展期。30 多年来，和谐发展、积极向上、开拓创新、奋发有为的精神品质，成为运河中学持续发展的精神底色。这种和谐发展教育的文化体现在学校的整体氛围上，也体现在运河中学的每一位教师、学生身上。

在办学思想上，我们坚守“和谐发展教育”办学思想，坚守的是人的和谐发展，即学生和教师的和谐发展。“一切为了学生的发展”，是运河中学的办学宗旨。一个学校的办学理念，指引着学校软实力的提升。运河中学在2000年建设北京市示范高中方案中提出了和谐发展的办学理念。这一理念指导着我们的实践，我们又在实践中不断总结提炼形成“和谐发展教育”的办学思想。十几年持续努力，学校教育科研、队伍建设、课程改革以及办学质量都实现了跨越式发展，学校办学的软实力明显提升。

在教育教学管理上，我们坚守“校兴科研，科研兴校”的发展战略。我们围绕学生，着眼于学生，是学校工作的出发点和着力点，由此，我们也非常重视直接关乎学生发展的教师的专业成长。“十五”期间，我校以市级立项课题《以校为本，在师生互动中促进教师专业发展的行动研究》引领教师专业发展，有力地促进了教师队伍的建设。我们坚持以“校兴科研”促进“科研兴校”，校长带头做课题研究，推动干部教师把教育教学中的问题上升成为课题加以研究。在通州区“十五”“十一五”“十二五”教育教学成果表彰大会上，我们的获奖数量和等级始终领先。我们尝到了开展教科研的甜头。教科研促进了学生发展和教师成长。

近年来，我们在教师成长方面继续提供了大量支持，请各级教研部门和培训组织指导进行课改，提升教师的专业技能，加快专业成长。当教师的教育教学方法在学校、在区域相对固定的环境中进入滞长期时，学校尽力创设环境、搭建平台，支持教师实现自我教育理念、教学专业再提升以及教学风格的形成与提炼。

在教育教学上，我们坚守的是教育质量的提升。教学的主阵地在课堂，教师教学最本质的还是上一堂好课。何谓一堂好课？好课的标准千千万，不一而足，但是归根结底，能够让学生收获知识、提高能力、实现健康成长的就是好课。通向好课的路径不尽相同，课堂教学的方法也不尽相同。我们把教师们在课堂教学方法上进行探索和实践的成果编辑成《发现教学模式》，激励老师们进一步探索总结，提升教学质量。

我们引导老师们正确处理教学中学生与教师进与退的问题，把握好主导与主体的关系，可以更好地促进高效课堂建设，提高课堂教学的有效性。

无疑，教师是课堂教学的主导。主导的主要任务就是“导”。教师要精心设计教学的各个环节，从新课引入到教学展开、从实验探究到小组讨论、从例题讲解到练习展示，从总结提升到习题选取，做到环环相扣、层层递进。教师要时刻注意激发学生积极性，鼓励学生，让学生在兴奋、愉悦的情境下完成学习任务。要向优秀的电影导演学习，把展示的舞台教给学生。2008 年北京奥运会开幕式数千人的盛大演出令人赞不绝口，你在现场看到导演了吗？教师要主动的、适时的“退居二线”，让学生到一线去演出。

学生是学习的主体。学生不仅仅是在听课，这只是教学很小的部分。主要的是要仔细观察、要动手操作、要亲身体验、要积极思考。学生积极主动地“进”，有利于知识的理解、能力的固化，更大的作用在于培养了对于学科的兴趣。兴趣是最好的老师。学生喜欢某个学科，就会深入钻研它，苦点累点也高兴。

近年来，我们在深化课堂教学改革方面进行了多方面的探索，做出了实际的行动，取得了较大的实效。我们进行“教学模式”的研究，并不是要僵化、固化大家的教学行为，而是在一个大的研究主题和方向下，希望老师们总结自己的教学风格和特色，探寻教学规律，探索新型的教学关系，探究教育的本质。我们不是要全校一个模式，或者每个学科一个模式，而是鼓励大家百花齐放，百家争鸣，不拘一格，只要符合教育规律，只要能使课堂效率得到提升，能使学生的知识和

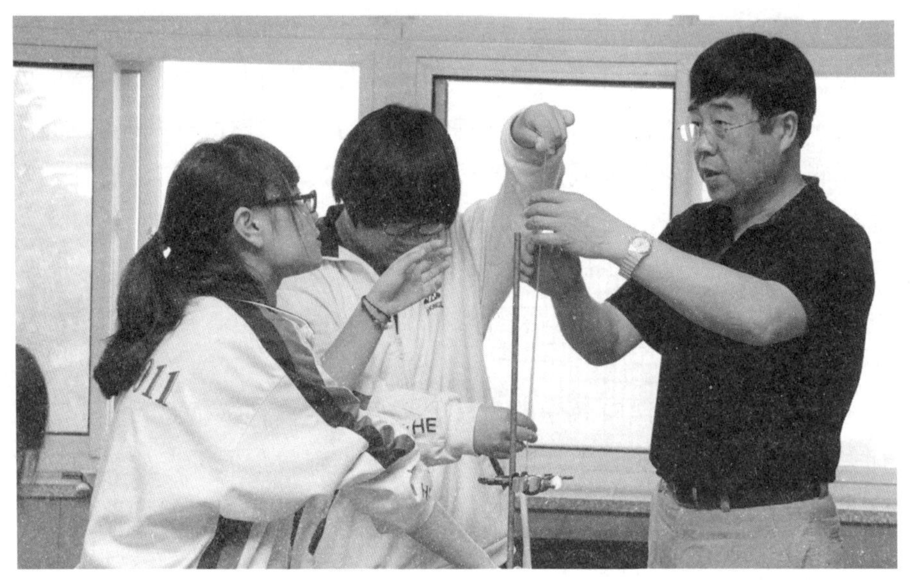

能力得到提高，就是好的课，好的方法，好的模式。

固守中生发出创新，创新也来自于实践。

近年来运河中学的老师们有很多持续深入的教学实践，更有课改理念的转变和提升，这是我们从教育教学质量的固守中生发出来的创新。我欣慰地看到，运河中学的教师队伍中更多有作为、有个性、有思想的优秀教师正在涌现出来。

初一数学组在马堂老师的带领下，在全校率先开展了“小组合作学习”的学习方式改革，他们远赴外地课改学校进行研修，请课改专家多次进行听评课指导交流。经过较长时间的调整和磨合之后，课堂效果有了明显提高，特别是在初中一年级第二学期后，学生对小组合作学习模式已经非常喜欢，师生之间的交流互动越来越顺畅，他们切实地贯彻了新课程改革倡导的自主、合作、探究的学习方式。

英语组的李兰平老师运用图式理论指导高二英语阅读教学实践，探索出了“三阶段五步骤”的英语阅读教学模式，实现了学生在阅读理解过程中的积极参与。以李老师为代表的英语组更进一步地认识到，无论采用什么样的教学模式，英语教学都必须从根本上改变以书本知识为本位、以教师为中心和以传授或灌输为主要方法的教学模式，构建以学习者为中心、以学生主动学习为基础的新型教育模式。

陈伟老师在多年的美术课堂教学实践活动中不断摸索总结形成了“中学美术课堂三段法”，既凸显美术学科特色，又注重学生的合作学习和探究能力的提升，构建出了一种独特且具有时效的中学美术教学模式。肖智老师在美术欣赏课中进行了“大数据导学互动模式”的行为研究。他们通过五年的实践、论证，逐步形成了中学美术欣赏课的教学模式，将美术欣赏的学习资源拓展到海量数据之中，有效利用移动终端用于教学，创设动态课堂结构，使教师“乐教”“会教”，使学生“乐学”“会学”，构建了新时代大数据背景下美术鉴赏课更为多元的维度和更加丰富的形式。

张妍老师在长期的信息技术教学实践中，尝试将前沿的教学方法和教学模式“本土化”、“学科化”，提出了“三助两空间”信息技术教学模式，即通过学生自助、同学互助、老师辅助完成知识的内化，同时创造出课堂外自主探究的空间和课堂内合作探究的空间，学生在自主探究的空间里按需学习，在合作探究的空间里基于问题、任务去学习。这种教学模式在注重学生个体发展的同时，也使教学有效性得到很大提高。

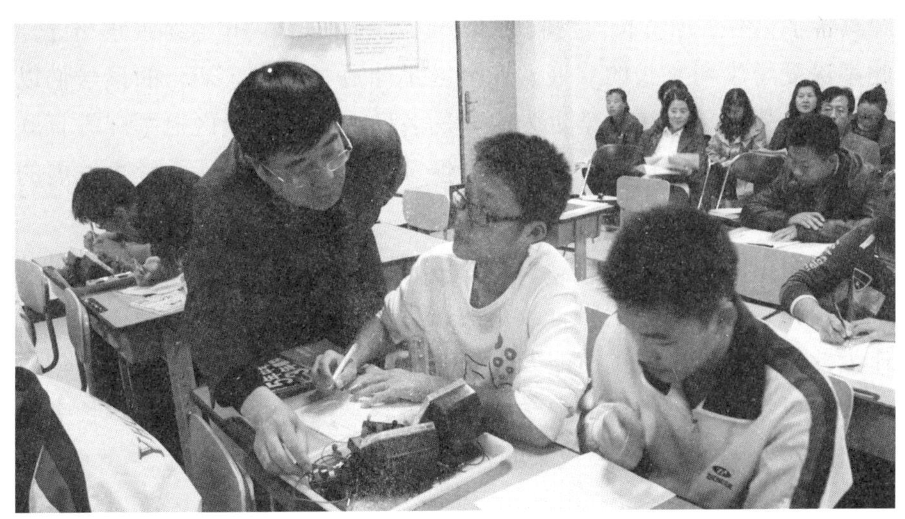

以探究教学模式为抓手，探索新型教学关系，是教学模式研究中的深层次主题，通过对教师研究成果的梳理，教师初步触摸到了新型教学关系的核心。课堂教学不是囿于某一个模式，而是更进一步地探究科学的教育规律。教学不仅是教师的教，更是学生的学，更是2000多年前孔子就提出的“教学相长”。新型的教学关系下，关注学生的不同特点和个性差异，发展每一个学生的优势潜能，培养学生适应未来社会的能力，是我们不断思考和探索的课题。

除了教学模式的探索之外，在教育深综改的背景下，我们也注重培养学生的核心素养，在学科融合、课程整合以及社会实践方面做了很多有益的探索和实践。

我们根据上级教育行政部门的部署，依托作为示范高中的运河中学，联合周边的初中校和三所小学成立了运河中学教育联盟。在联盟内，我们交流学习借鉴办学理念，组织干部教师到小学去座谈听课，组织小学学生到中学体验学习。有力促进了中小学的衔接。在调研的基础上，我们尝试部分课程的贯通培养。当下的基础教育被人为地分为六年小学、三年初中、三年高中。但是人的成长并不是分段进行的。我们根据学生的兴趣爱好特长，实现部分课程有机衔接，持续不断的培养学生，努力创造适合学生成长的教育生态。例如部分初一的新生在小学就已经具备了一些足球特长，我们把孩子们组织起来，聘请教练继续培养。此举深受学生和家长的欢迎。在全区足球冠军赛中，初一的孩子们以小打大，战胜了以初三学生为主体的各队，取得了全区冠军。教育联盟已经取得了一点成绩，我们还会继续探索，去创造适合学生发展的教育。

我们相信，只要真实践，善总结，我们的教育探索就会不断深入，就会走在越来越宽广的教育改革的路上。运河养育了我们，在通州区作为北京城市副中心的战略发展背景下，坚守传统，坚守质量，创新方式，更新理念，把运河中学办好，培养一批批发展全面、特长突出的运河学子，是我们一直以来的行动和追求。

理性融入，在机制建设中体现校长的价值领导力

北京市延庆区下屯中学　　张昕轶

作者简介

张昕轶，从2006年起至今先后在延庆区八达岭中学、延庆区下屯中学担任校长、书记工作。工作中，秉承“做有幸福感的和谐教育”、“做适宜发展的生态化教育”理念，坚持学习型学校的建设、坚持校本培训研究、坚持运用地域优势促进学生全面发展的研究。坚持将生态理念融入学校的课堂教学、课程建设、德育教育、总务管理、队伍打造等工作中，力争实现“大家不同，大家都好”的学生、老师、学校共同的可持续发展。

随着教育改革的深化推进，关于学校管理的理论也层出不穷。各种理论中提出，校长的角色定位首先就是一个管理者。而现代学校管理的重心渐渐由“管”向“理”转变，也就是说，管理的首要职责不再是“管”，即不再是管制、命令和控制，而是“理”，即充分发挥校长在学校文化中的价值领导力，与大家一起以人性化的计划、战略、愿景，引领学校发展。

作为一名有十年校长工作经历的人，我离开了原来熟悉的学校，调任到另一所学校当校长。面对全新的环境、老师和学生，如何尽快地融入到新学校中，顺利开展工作？我选择了理性融入这一途径，从尊重、继承学校文化传统的角度上开展各项工作，既不盲目否定，也不畏首畏尾，用文化建设带动其他工作的开展。我致力于机制建设中的价值领导力的体现，力争用学校积极健康的主流价值，引领学生、老师和学校全面而各具特色的发展。

一、理智调控工作进程，在治校机制中体现引领的价值和民主的价值

如何做好一名新任校长，我想作为一名负责任的教育工作者，必须理智的对待学校原有的工作状态，这样才能够客观的分析现状、做出正确的决策、处理突发的状况，推动学校的发展。因此，我在治校机制建设中，突出了自己的引领价值和团队成员的民主参与价值。

1. 事前充分预见——思考很重要

校长要善于思考，在做出决策之前，思考做这件事的目的是什么？达到目的的措施有哪些？可能会遇到什么困难，如何应对？还有没有其他得更好的方式？只有这样，才能够避免盲目，才能够做出可行的实施方案，有利于干部教师的理解和执行。课程改革、人事改革、职称改革，每一项都是艰巨的工作，当传统的教育教学方式受到冲击的时候，当惯性受到阻碍的时候，当老师的个人发展受到新的教育要求制约的时候，教师们难免会有不知所措的畏难情绪、固守习惯的抵触情绪。作为校长，我在新学校推行各种改革的时候，都会认真分析我

们要继承什么？扬弃什么？小步骤、多台阶的进行推进。给老师适应的时间、给老师理解的空间，最终实现量变到质变的飞跃。

2. 过程勤于指导——实践很重要

校长的示范和引领是建设和谐团队的基础。因此，校长要重视自身的示范带头作用，特别是专业引领作用的发挥。新到这个学校，我们的教育教学质量处于低谷期，老师们自己觉得自己都很努力，但是质量无法提升，于是把原因归结为生源差，家长不重视。因此，我每天会花大量的时间进行听课、评课，参加教研活动，参加年级质量分析会，参加学生会和家长会，及时发现问题，及时思考。同时，无论是干部的管理工作还是教师的教育教学工作，如果遇到制约发展的瓶颈问题，紧急情况，我会结合自己的专业知识和管理经验给出建议，提出措施；有思考时间的问题，我会给他们推荐相应的书籍，鼓励他们自己找出解决的方法。深入实践，有利于了解工作进程，合理的调整工作策略。

3. 问题妥善处理——心态很重要

学校的发展不是一帆风顺的，我们难免会遇到一些困难；干部教师在推进工作中难免会有各种不足，甚至是失误。同时，学校不同，原有的做法有一些不适应新的学校，推行起来比较困难。来到新学校，我一直提醒自己要摆正心态，以平和、常态的眼光看待问题。我首先学会了接受问题，然后是宽容失误，这样才可以理智地与干部教师对话，寻求解决问题的方法。在行政会上，我也注重把这个观点介绍给中层干部，让他们避免急躁情绪，找到解决问题的办法。

4. 学校大家共建——民主很重要

要想学校健康发展，要想使我的管理理念适应新的学校，充分发挥团队成员的民主参与价值是至关重要的。新到这个学校，我十分注重干部教师在每项工作中的参与程度。为了了解干部教师的现状，我采用逐一谈话的方式，让干部教师分别说说自己的优势、专业发展目标以及对学校发展的期待，有利于了解每一个成员，为他们个性化发展提供帮助。对于学校文化建设体系的构建，我采用征求意见的方式，每位老师对学校的文化体系建设见仁见智，使得学校的文化更有生命力。对于学校制度完善、考核评价体系健全方面，我充分发挥教代会的作用，让所有的老师知道制度和评价的内涵，从而使得制度建设更加科学化，便于今后推进工作。

二、理顺各项工作关系，在实施机制中体现规范的价值和团队的价值

管理就是协调各种关系，处理各种矛盾，营造和谐、顺畅、高效的工作机制和格局。我刚到新学校，在实施机制的建设中构建顺畅的工作关系，从而使自己适应学校原有的节奏，进而形成自己的工作节奏，使学校工作在规范管理和团队合作的基础上进一步提高效率。

1. 明确责任分工关系，体现个体能力

有分工才会有责任，有责任才会有方向。首先，我在工作中强调每位干部教师都要明确自己的职责，并且在学校的制度汇编中和校章中将岗位职责加以公布，达到自己清楚、相互监督的效果。然后鼓励干部教师发挥主观能动作用和自己的聪明才智，创造性地完成自己的工作。明确干部教师的责、权、利，干部教师各司其职，既保证了工作的时效性，又调动了他们的积极性。

2. 细化工作流程关系，体现工作延续

学校各方面工作都有流程，我新任职的学校也是一样的。因此，我在工作之初，尊重各项工作中原有的流程，特别是教育教学工作，保证在教师的聘任、校本课程的开设、教学研究的开展、学生行为习惯的养成和基础道德的培养、综合素质提升工程的设计、心理健康和体质锻炼活动的开展等工作中，都有着相对固定的流程，做到“衔接无缝隙”，便于干部计划工作、便于教师提前设计相应的方案。工作的延续性，保证了学校稳定的发展。

3. 构建团队协作关系，体现合作水平

我校是一所农村中学，教师数量不多且存在着单科单岗的不足，每一位教师都承担着多种工作。随着教育改革的推进，跨学科综合实践活动成为课程的一部分，如何克服教师结构带来的困难，推动学校整体工作的开展，团队协作就至关重要了。在团队建设过程中，我们坚持榜样带动与自主发展相结合，让骨干教师进行学科展示课和德育展示课，既促进了骨干教师的业务提升，也带动了全体教师队伍的发展；我们坚持合作探究与个体实践相结合，教研组活动和“一师一品质”工作共同推进；我们正在推行捆绑评价与特色评价相结合的原则，鼓励教师以开放的心态展示自己、欣赏别人、相互学习、共同进步。教师之间的亲密无间、和谐共融的相互合作是一所学校长期可持续发展的根本动力。

4. 巩固内外配合关系，体现共育效果

学校是社会的一个组成部分，如何赢得学校外部各个方面的支持和理解，是学校发展的支撑和保障。我在学校的管理中也十分注重与家长和社会资源单位沟通与配合，形成大的教育团队，合作服务于学生的发展。首先是建立机制，各年级成立了家长委员会、学校成立了家长学校，保证及时传达学校的办学理念、征求家长和社会对学校的建议和要求。其次是举办“学校开放日”活动，学校的艺术节、初三誓师大会、毕业典礼、传统文化主题活动等大型活动，都邀请社区和家长参加，展示学生风采，汇报学校工作。第三是每学期固定的集体家访，教师们在一年中要走进每一个家庭，了解学生家庭情况，及时调整教育教学策略。第四是做好中小衔接工作，在学年的第二学期，走进附近小学，对小学的老师、家长宣传考试招生政策，从而使得中小教育融为一体。同时利用信息化手段，建立老师和家长的经常新联系渠道，及时沟通孩子的学习教育情况。家、校、社联动，提升了教育的效果。

三、理想标示工作方向，在发展机制中体现目标的价值和激励的价值

《领导力》一书提出了这样的一个观点：领导力就是动员大家为了共同的愿景努力奋斗的艺术。《孙子兵法》中说："上下同欲者胜。"在学校的管理中，校长要善于凝聚人心，在学校教师中最大限度地达成共识，上下同心。因此，在我刚到新学校工作的半年中，注重了共同愿景的构建和激励机制的建设，力争调动每一位团队成员，在原有的基础上都得到专业的发展。

1. 共同愿景层次化，形成团队发展凝聚力

今年适逢制定学校的十三五规划，我们把共同愿景分为学校师生、学校与家庭、年级、班级、教研组愿景五个层次，学生、家长和教师肩负着不同的愿景。大到学校发展规划的制定，小到班级日常管理总分目标的提出，团队成员都尽心竭力，体现了极好的凝聚力和战斗力，推进了工作的开展。

2. 职业规划个性化，调动自主发展内驱力

结合学校十三五规划，我校的教师都有自己的职业生涯规划，明确了每位教师的优势、不足、发展空间、努力方向和行动计划。学校依据个性化的规划给每位教师提供不同的支持和帮助；教师也有计划有步骤地在教育教学实践过程中，进行针对性地研究和学习。同时，我们还定期总结规划的实施效果，对优秀教师进行表彰，对个别教师的规划进行调整。教师们看到自己的发展轨迹，成就感和荣誉感促使他们更加努力的学习和工作。

3. 学校目标公开化，产生持续发展助推力

我校会在每学期的开学典礼、家长学校开班典礼上，给学生、家长讲解学校的建设目标、发展愿景；我们也会利用各种开放活动，向当地政府、资源单位介绍我们的办学思路。通过学校目标的公开，赢得家长和社会对学校工作的理解和支持，从而推进学校各项工作的顺利开展。

4. 评价方案公平化，保持教师发展公信力

教师的发展需要有各种推动力，学校的评价反馈和激励机制是其中重要的一种。为了保证评价激励的公正性，我们做到了方案制定民主参与、评价实施数据清晰、评价过程群众监督、评价结果公开透明，保证了评价机制的激励效果。

四、理解优化工作氛围，在动力机制中体现尊重的价值和人性的价值

校长应该多站在教师的立场上思考问题。我在原学校就一直坚持人性化管理，效果很好，因此，来到新学校，我坚持这种作法。我想，这一方法也是营造和谐校园氛围的途径。

1. 尊重个体发展诉求，处理好工作与学习的矛盾

每一位教师都有个人发展的愿望。我来到新学校，注重教师的培训工作，为他们外出培训，开阔视野提供了机会。同时，采用请进来的方式，鼓励教师承办各种专题的大型活动，承担研究课任务，让老师们在更大的舞台上展示自己，体现合作。当然，工作和学习势必在时间上有矛盾，作为校长，我积极协助干部帮助教师调整工作安排，提供学习便利，搭建展示平台，从而解决好工学矛盾，满足教师的发展诉求。

2. 关心个人实际困难，处理好工作与生活的矛盾

每一位教师都会遇到各种各样的生活困难，牵扯他们的精力，从而影响工作的干劲和效果。今年我校有六名教师的孩子参加高考，我们对他们的工作进行了弹性安排，让他们在工作之余更多的时间照顾孩子。今年，职称改革深化，评职称的条件进一步严格，要求川山区教师要有一年城区学校顶岗培训的经历。由于学校小，很多学科学校只有一名教师，如何满足他们外出培训获取职称评定资格的要求，也是我正在着力解决的问题。人性化管理，使得这些关系到教师个人生活和利益问题得以解决，从而帮助教师减轻生活压力和思想负担，形

成对学校的归属感，促进学校的发展。

教育领域综合改革正在全面推进，现代教育需要现代学校管理理念，作为到新学校任职的校长，我会进一步理性地融入到学校的各项工作中。不辍耕耘，不懈努力，用提炼学校精神的方式，打造学校文化；用人的发展是学校管理第一要务的理念推进文化育人与人性管理的结合。在“新校长”的路上，实现自己关于“民主、科学、和谐、发展、公平、自主、尊重、幸福”等方面的价值领导力。

后　记

二十一世纪，数字时代，信息化社会，互联网+，大众创业、万众创新，身处这样的社会环境，很多人对教育的未来都充满了期待。

在很多人的心目中，一切都变了，唯有教育没变。

考虑到互联网对社会产生的巨大影响，人们相信教育也很快会发生变化。

教育会发生变化吗?

不要忘了，无线电广播出现的时候，我们有过类似的期待；电视出现的时候，我们也有过类似的期待。但结果呢?

技术在变，在进步，为什么?

因为从业者的知识在不停地积累，技能在不断提高。反观教育，情况是怎么样的？教育理论和教育实践过去是严重脱节的，现在仍然是。教育理论过去是学派林立，自相矛盾的，现在仍然是。我们有几十种教学活动设计模型和无数的课程开发理论，没有几个老师知道，更谈不上驾轻就熟；而即使知道，也让人无所适从。教学实践中，除了考试，我们还是不知道如何去测量和评估一个教学干预的效果。我们更是搞不清楚我们是如何学习的，学习到底发生了什么。我们也搞不清楚我们是怎么理解新概念的，什么是知识，知识是怎么存在的，为什么有些东西我们记得住，而有些东西却记不住。

其实，简单地分析一下就不难发现：教育能够影响其它行业，而其它行业很难反过来影响教育。我们承认，信息技术或者说互联网技术会在未来的教育中发挥极为重要的作用，但是，教育的未来在于教育自身的发展。

讨论教育，我们应该对教育有正确的认识。现实情况却是，当人们谈论教育的时候，每个人脑子里想到的东西都是不一样的。

在我们的理解中，教育的定义很简单：指导下的学习。人一生有很多的学习方式，教育只是其中的一种，是人类希望下一代能够在指导下，更高效地在知识、技能、态度、价值观、兴趣等等这些方面发生改变所从事的一个社会活动。

传统的教育学研究主要是以心理学、社会学以及哲学为工具，近代的研究则寄希望于脑科学、神经科学以及认知科学的发展。

研究，本身就是一个学习和分享的过程，是通过有计划地、系统地收集、分析和理解数据的方法，针对感兴趣的问题去找到可以信赖的答案。

研究尤其是科学研究是人类获取有效知识的最佳来源；基于研究的政策和行动让我们尽可能地少犯错误；比起拍脑门决策或不停试错的行为来说，基于研究的行动更高效。引入一个新的软件系统或其它的教学干预仅仅是一个教育研究课题的假设，这是基于研究的设计的基本主张。面向理论，协作，迭代，有目的的干预，有依据的响应，以教学活动的开展为引擎，同时达到设计的目标和理论研究的目标，这是教育设计研究的特征。在教学活动中引入教育研究课题，学校建立起教育理论研究者、教育实践者和教育政策制定者共同参与打造的教学、科研一体化的生态环境，能够为教师职业发展提供最好的培训条件。

我们有丰富的研究经验，熟悉各种研究方法和研究策略，尤其是基于研究的设计和基于设计的研究。

我们把软件开发的理念、过程、方法移植到教育领域，提供最先进的基于云技术、大数据、移动优先的工具平台。采用我们的工具平台，每个学校能够根据自己的实际情况和教学目标，去开发建设自己特有的数字化课程体系，轻松实施混合式学习。

把与学习和记忆相关的科学发现，通过数字技术和互联网技术转换成教学活动中的实际应用，着眼于教师素质的全面提升，强调协作、开放和遵从国际学习技术标准，在全球范围内推广和传播科学的教学方法。这是我们的使命。

中国教育的改变需要社会各阶层的人共同努力。我们的目标是找到与我们有共同的理想和教育情怀的人，找到更多的致力于教育改革的人，并以能够与他们一起奋斗为荣。

在这本书中，让我们找到了这样的一群人，他们致力于为学生提供更好的发展，让学生拥有更多的“获得感”。

北京石油学院附属中学长期坚持以“铁人精神”为“校魂”，确立了“真爱每个学生，为每个学生的发展优质服务”的办学思想；北京市第二十七中学“以全人教育”理念为指导，以“五育并举”为途径，致力于把学校办成特色鲜明的具有示范引领作用的优质中学；北京教育科学研究院附属石景山实验学校从课程上，变本位主义为“为可持续成长奠基”的设计理念，为孩子健康快乐成长奠基；北京市延庆区第四中学着眼学校未来发展，不断丰富办学思想；北京市金盏学校全面构建九年一贯学校的管理体系，发挥九年教育连续性的优势；国家教育行政学院附属实验学校注重构建良好家校合作关系，全面提高育人质量；北京市大兴区德茂中学注重学校课程建设与课堂改进的探索和实践，努力为差异性教学提供更多的空间；北京市延庆区第二中学注重开展科技教育，培育学生科学素养；北京市大兴区亦庄中学完善“亦慧”课程图，构建知识、能力、人格三位一体。

教育教学的改革给学校、校长带来了挑战。北京这些富有创新实践精神的校长们正在改革的道路上，不断地促进教育的优质均衡发展，致力于为每个孩子提供最适合的教育，让孩子幸福快乐的成长。

北京市通州区运河中学坚守“和谐发展教育”办学思想，促进学生和教师的和谐发展；北京市赵登禹学校重视综合实践课程的开发，如社区服务、社会实践、社团活动等，旨在满足学生多方面的兴趣和需要，促进学生充分发挥自主学习的精神；北京市房山区良乡第四中学构建学校“礼•责”文化理念体系，努力为社会培养出更多“明事理、知礼节、立德行、敢担当”的学子；北京市通州区第六中学创新“德育教育的新平台”，让学生走进电影院，通过优秀影片，开展德育活动；北京市昌平区流村中学确立“金凤凰腾飞”信念，提出“四自教育”，让每一名学生都成功，让每一位教师都成长；北京市延庆区下屯中学致力于机制建设中的价值领导力的体现，力争用学校积极健康的主流价值，引领学生、老师和学校全面而各具特色的发展；北京市怀柔区第三中学倡导“办学理念要有宽度，办学视野要宽阔”的理念，致力于让孩子的发展之路更宽广。这些工作在一线的校长们正在为基础教育的发展做着有益的探索。

“小天地大舞台，小学校大教育”，深化基础教育领域综合改革一直在进行中。通过对这本书的一些微薄贡献，希望能够向致力于教育改革的一线教育工作者表达敬意。

ahamojo.com OSE 创始人：郭应寿

2016 年 12 月